데이터를 다루며 배우는 파이썬
Python for Everybody

Python for Everybody
Exploring Data in Python 3
by Dr. Charles Russell Severance

데이터를 다루며 배우는 파이썬: Python for Everybody

초판 1쇄 발행 2019년 8월 22일 **2쇄 발행** 2022년 3월 2일 **지은이** 찰스 세브란스 **옮긴이** 김현욱 **펴낸이** 한기성 **펴낸곳** (주)도서출판
인사이트 **편집** 이지연 **제작·관리** 이유현, 박미경 **용지** 에이페이퍼 **출력·인쇄** 에스제이피앤비 **후가공** 에이스코팅 **제본** 서정바인텍
등록번호 제2002-000049호 **등록일자** 2002년 2월 19일 **주소** 서울시 마포구 연남로5길 19-5 **전화** 02-322-5143 **팩스** 02-3143-5579
이메일 insight@insightbook.co.kr **ISBN** 978-89-6626-248-9 책값은 뒤표지에 있습니다. 잘못 만들어진 책은 바꾸어 드립니다. 이
책의 정오표는 http://blog.insightbook.co.kr에서 확인하실 수 있습니다.

데이터를 다루며 배우는 파이썬

찰스 세브란스 지음 | 김현욱 옮김

인사이트

차례

3장 조건 실행

4장 함수

9장 딕셔너리   133

10장 튜플   147

14장   객체 지향 프로그래밍   213

15장   데이터베이스와 SQL 사용하기   231

16장 데이터 시각화   261

부록 A 기여   275

부록 B 저작권 세부 정보   281

옮긴이의 글

파이썬은 활용 범위가 넓고 쉽게 배워 쓸 수 있는 언어로 인기가 높습니다. 파이썬이 맹활약하는 곳은 많지만, 대표적으로 데이터 과학, 빅데이터, 웹 스크래핑 같은, 데이터를 다루는 분야를 들 수 있습니다. 학문적 정의에 얽매이지 않고 단순하게 보자면, 데이터를 입력 받고 분석해서 필요한 정보를 출력하는 것인데, 비단 전문적인 프로그래머가 아니더라도 일상에서 데이터를 다루고 싶거나 필요한 경우를 한 번쯤 경험했을 것입니다.

책의 저자인 찰스 세브란스(Charles Severance) 교수가 서문에 밝혔듯이, 이 책은 전문 프로그래머를 위한 책은 아니며, 파이썬을 이용해 일상의 데이터를 취합하고 분석하고 정리하는 방법에 초점을 뒀습니다. 그래서 입문자에게 쉽게 와 닿지 않는, 복잡한 알고리즘이나 추상화 등의 개념 설명보다는 정규 표현식, 뷰티풀수프(HTML 파싱 라이브러리), json 라이브러리 등을 써서 데이터를 다루는 실전에 집중합니다.

비록, 파이썬이 배우기 쉽고 이 책이 전문 프로그래머를 대상으로 하지 않는다고 하더라도 프로그래밍 언어를 처음 대하는 분이라면, 읽는 도중에 당연히 혼란을 느낄 수밖에 없을 것입니다. 본문 1장 12절에도 나오지만, 그럴 때는 '완전히 이해하기 전에는 절대 다음 페이지로 넘어가지 않을 거야'라는 결심보다는 우선 계속해서 읽어 나가는 것이 중요합니다. 앞에서 읽은 내용을 다시 찾아보고, 다시 까먹고, 또 읽다 보면, 어느새 흩어져 있던 것들이 정리되면서 (무릎을 탁 치지는 않더라도) 머리가 맑아지는 순간이 올 것입니다.

각 장의 끝에는 연습문제가 들어 있습니다. *https://www.py4e.com/lessons*에는 저자가 각 챕터당 한 개씩의 문제 풀이 과정을 설명하는 동영상 강좌가 있습니다. 한글 자막을 켜서 볼 수 있고(친절하게 자막 달아주신 이호성 님께 감사드

립니다), 코드를 직접 타이핑하며 설명하기 때문에 이해하는 데 큰 어려움은 없을 것입니다.

여러 번 검토했지만 책에 잘못된 곳이 있거나 궁금한 내용이 있다면 nnhope@hotmail.com이나 *corecode.pe.kr* 도서 페이지에 남겨 주시기 바랍니다. 연습문제에 대한 문의도 좋습니다.

이 책을 통해 파이썬의 매력과 실생활의 데이터를 다루는 또 다른 재미를 경험하시길 바랍니다.

김현욱

서문

오픈 북 리믹스

학자들이 항상 무언가를 처음부터 새롭게 만들고 싶어하는 건 자연스러운 현상이다.

히지만 이 책을 맨 처음부터 새롭게 쓴 건 아니다. 그 대신 앨런 다우니(Allen B. Downey), 제프 엘크너(Jeff Elkner)를 비롯한 몇 사람이 쓴 『씽크 파이썬: Think Python 컴퓨터 과학자처럼 생각하며 배우는 파이썬』(조현태 옮김, 길벗, 2017)이라는 책을 리믹스했다.

2009년 12월, 미시간 대학에서 "SI502 - 네트워킹 프로그래밍" 강의의 다섯 번째 학기를 준비하면서 알고리즘과 추상화 대신, 데이터 탐색에 초점을 맞춘 파이썬 교과서를 만들어야겠다고 결심했다. 이 수업의 목표는 일상 생활에서 파이썬을 이용해 데이터를 다루는 기술을 가르치는 것이었다. 수업을 듣는 학생 중 컴퓨터 프로그래머가 되고 싶어하는 학생은 많지 않았다. 대부분은 도서관 사서, 관리자, 법률가, 생물학자, 경제학자 등을 꿈꿨으며, 각자가 선택한 분야에서 기술을 능숙하게 활용하기를 원했다.

수업에 어울리는 데이터 지향 파이썬 책을 찾을 수 없었기 때문에 나는 직접 교재를 만들기로 했다. 운 좋게도, 작업을 시작하기 전에 아툴 프라카쉬(Atul Prakash) 교수가 그의 수업에서 사용했던 『씽크 파이썬』을 내게 보여줬다. 그 책은 짧고 명확한 설명으로, 쉽게 배우는 데 초점을 맞춘, 잘 만들어진 컴퓨터 과학 도서였다.

나는 가능한 한 빨리 데이터 분석 문제에 접근하고 초반부터 데이터 분석에 대한 사례와 연습문제를 다룰 수 있도록 책의 전체 구조를 변경했다.

2장에서 10장까지는 『씽크 파이썬』과 비슷하지만 중요한 변화가 있는데, 숫자 지향적인 예제와 연습문제를, 데이터 지향적인 문제들로 바꿨다는 점이다. 각 장의 주제들은 점점 더 복잡한 데이터 분석 문제를 해결하는 데 알맞은 순서대로 배치했다. try, except 같은 주제는 앞으로 가져와서, 조건문을 배울 때 같이 설명한다. 함수는, 복잡한 프로그램을 다루기 전에는 아주 기본적인 내용만 배운다. 거의 모든 사용자 정의 함수는, 4장 이외의 예제와 연습문제에서 제거됐다. '재귀(recursion)'라는 단어는 이 책에 전혀 등장하지 않는다.

1장과 11장부터 16장은 모두 새롭게 채워진 내용이다. 여기서는 정규 표현식을 이용한 탐색과 추출, 자동화 작업, 네트워크를 통한 데이터 검색, 웹 페이지 스크래핑, 객체 지향 프로그래밍, 웹 서비스를 이용한 XML/JSON 데이터 분석, SQL을 이용한 데이터베이스 생성과 사용, 데이터 시각화 등 실제 생활의 데이터를 다루는 간단한 파이썬 예제에 중점을 둔다.

이러한 변경의 최종 목표는 컴퓨터 과학보다 정보 과학(Informatics)에 더 집중하고, 전문 프로그래머가 아닌 누구에게나 유용한 주제들로 수업 내용을 채우는 것이다.

이 책이 흥미롭고 더 깊이 탐구하고 싶다면,『씽크 파이썬』을 살펴보기를 제안한다. 왜냐하면, 두 책은 겹치는 부분이 있기 때문에,『씽크 파이썬』에 추가된 기술적인 프로그래밍과 알고리즘 영역을 빠르게 익힐 수 있을 것이다. 또한, 이 책의 스타일이 잘 맞는다면『씽크 파이썬』역시 읽는 데 어려움이 없을 것이다.

『씽크 파이썬』의 저작권 보유자인 앨런은, 이 책에 포함된『씽크 파이썬』의 라이선스를 GNU 자유 문서 라이선스(GFDL)에서 좀 더 최근의 CC-BY-SA(크리에이티브 커먼즈 라이선스)로 변경할 수 있는 권한을 내게 주었다. 이는 공개 문서에 대한 라이선스가 GFDL에서 CC-BY-SA(예: 위키피디아의 라이선스)로 옮겨가는 추세에 따른 것이다. CC-BY-SA를 사용하는 것은 이 책의 강력한 '카피레프트' 전통을 유지하면서도, 새로운 작가들이 저마다 적합하다고 판단하는 대로 책 내용을 재사용하는 것을 훨씬 쉽게 만든다.

나는 교육의 미래에 공개 자료가 왜 중요한지, 이 책이 그 예를 보여준다고 생각하며, 이 책을 공개 저작권으로 허용한 앨런 다우니와 캠브리지 프레스에게, 그들의 미래 지향적인 결정에 감사하다는 말을 전한다. 그들이 나의 노력의 결과에 만족하기를 바라며, 독자 여러분 또한 우리의 공동 노력에 만족하기를 희망한다.

이 책을 둘러싼 저작권 문제를 처리하고 해결하는 데 많은 도움을 준 앨런 다우니와 로렌 콜스(Lauren Cowles)에게 감사의 말을 전한다.

찰스 세브란스(Charles Severance)
www.dr-chuck.com
Ann Arbor, MI, USA
2013년 9월 9일

찰스 세브란스는 미시간 대학교 정보학과 부교수다.

1장

P y t h o n   f o r   E v e r y b o d y

왜 프로그래밍을 배워야 할까?

프로그램을 만드는 일(또는 프로그래밍)은 매우 창의적이고 보람 있는 활동이다. 프로그램을 만드는 이유는 생계를 위해서, 어려운 데이터 분석 문제를 풀기 위해서, 단지 재미를 위해서 또는 다른 사람의 문제 해결에 도움을 주기 위해서와 같이 다양하다. 설령, 지금 당장은 이 기술을 어디에 써야할지 떠오르지 않더라도, 배우는 과정 중에 적당한 대상을 찾게 될 것이다. 이렇게 보면 프로그래밍을 배워야 할 이유는 확실하다.

우리들의 하루는 노트북에서 휴대폰에 이르기까지 다양한 컴퓨터에 둘러싸여 있다. 이런 컴퓨터들은 우리를 대신해 많은 일을 처리하는 '개인 디지털 비서(personal digital assistant)'로 생각할 수 있다. 요즘 컴퓨터의 하드웨어는 기본적으로 "다음으로 어떤 작업을 처리할까요?"라는 질문을 계속 이어가도록 만들어졌다.

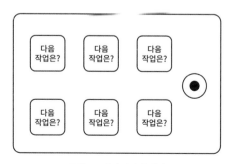

그림 1.1 개인 디지털 비서

개인 디지털 비서는, 프로그래머가 하드웨어 위에 운영체제와 애플리케이션을 올려서 만들며, 우리가 여러 가지 다양한 일을 하는 데 큰 도움을 준다.

컴퓨터는 빠르고 방대한 양의 메모리를 가지고 있다. 그래서 처리할 '다음 작업'을 컴퓨터가 이해할 수 있는 언어로 설명하기만 하면 컴퓨터가 그 작업을 알아서 처리한다. 그러니까, '컴퓨터가 이해할 수 있는 언어'를 알아 두면 지루하고 반복적인 작업을 우리 대신, 컴퓨터가 하도록 지시할 수 있다. 흥미롭게도 컴퓨터가 가장 잘 할 수 있는 일은 사람들이 재미를 느끼지 못하는 지루한 작업들이다.

예를 들어 *https://www.py4e.com/code3/words.txt*에서 가장 많이 사용된 단어와 그 단어가 몇 번 사용됐는지 알아낸다고 해보자. 단어를 읽고 이해하는 데 몇 초면 충분하지만, 단어 수를 세는 건 쉽지 않을 것이다. 이런 일은 사람이 풀기에 적당한 종류의 문제가 아니기 때문이다. 컴퓨터는 우리와 반대다. 종이에 써진 글을 읽고 그 뜻을 이해하기는 어려운데 반해, 단어 수를 세고 어떤 단어가 가장 많이 사용됐는지 찾는 것은 컴퓨터에게 매우 쉬운 일이다.

```
python words.py
Enter file:words.txt
to 16
```

개인 디지털 비서는 words.txt에서 'to'가 가장 많이 사용됐으며 사용 횟수는 16번이라는 것을 즉시 알려준다.

이처럼 사람이 익숙하지 않은 일을 컴퓨터는 잘 다룰 수 있기 때문에 '컴퓨터 언어'를 배워야 한다. 이 새로운 언어를 배우고 나면 컴퓨터에게는, 컴퓨터가 잘하는 일을 위임해 두고, 우리는 우리만이 할 수 있는 고유한 일을 하는 데, 시간을 더 쓸 수 있다. 이처럼 컴퓨터와 사람 사이의 파트너십에 창의성, 영감을 불어 넣는 건 우리 몫이다.

1.1 창의성과 동기부여

이 책이 전문 프로그래머를 위해 쓰여진 책은 아니지만, 프로그래머라는 직업은 재정적으로나 개인적으로 매우 보람 있는 일이다. 다른 사람들을 위해 쓸모 있고, 우아하고, 영리한 프로그램을 만드는 건 굉장히 창조적인 활동이다. 우리들의 컴퓨터나 스마트폰에는 서로 더 주목받기 위해 경쟁하는, 여러 프로그래머 그룹이 개발한 프로그램이 들어있다. 프로그래머들은 우리의 요구를 충족시키고 뛰어난 사용자 경험을 제공하기 위해 최선을 다한다. 때로는 우리가 선택한 소프트웨어로 인해 프로그래머들이 직접적인 보상을 받기도 한다.

프로그래머들의 창조적인 노력으로 만들어진 결과가 프로그램이라고 볼 때, 아래 그림은 스마트폰의 여러 프로그램의 바람을 보다 현실적으로 드러낸다.

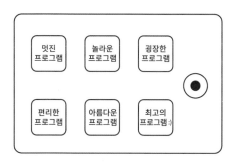

그림 1.2 프로그래머들의 실제 바람

지금 우리의 목적은 돈을 벌거나 다른 사람을 즐겁게 하는 것이 아니라, 일상생활에서 마주치는 데이터와 정보를 좀 더 효과적으로 처리하는 것이다. 프로그래밍을 처음 시작하는 단계에서는, 여러분은 프로그래머이자, 한편으로는 개발한 프로그램을 사용할 최종 사용자(end user)가 되기도 한다. 그렇지만 시간이 지나면서 기술이 늘어나고 프로그래밍이 자신에게 잘 맞는다면 다른 사람을 위해 프로그램을 만드는 단계로 나아갈 수도 있다.

1.2 컴퓨터 하드웨어 구조

컴퓨터에게 명령을 내리기 위한 언어를 배우기 전에 컴퓨터가 어떻게 구성되어 있는지 간략히 알아보자. 컴퓨터나 스마트폰을 분해해서 그 내부를 들여다보면 다음과 같은 부분을 찾을 수 있다.

각 부분에 대한 정의는 아래와 같다.

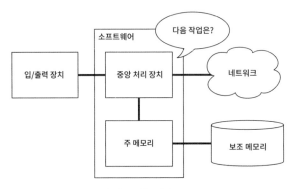

그림 1.3 하드웨어 구조

- **중앙 처리 장치**(CPU)는 '다음 작업은?'을 전담해서 처리한다. 만약, 여러분의 컴퓨터 속도가 3.0GHz라면 '다음 작업은?'과 같은 요청을 초당 3천만 번할 수 있다는 뜻이다. CPU를 따라잡으려면 컴퓨터에게 내리는 명령 역시 빨라야 한다.
- **주 메모리**는 CPU가 즉시 필요로 하는 정보를 저장하는 데 사용한다. 주 메모리는 CPU만큼 빠르지만, 여기에 저장된 정보는 컴퓨터 전원을 끄면 사라진다.
- **보조 메모리** 역시 정보를 저장하는 데 사용하지만, 주 메모리에 비하면 속도가 훨씬 느리다. 보조 메모리의 장점은 컴퓨터이 전원이 꺼지더라도 저장된 정보가 유지된다는 점이다. 디스크 드라이브나 플래시 메모리(USB나 휴대용 음악 플레이어)가 보조 메모리의 대표적인 예다.
- **입/출력 장치**는 모니터, 키보드, 마우스, 마이크로폰, 스피커, 터치패드 등이다. 즉, 컴퓨터와 상호작용하는 데 필요한 모든 수단이 여기에 해당한다.
- 요즈음 대부분의 컴퓨터는 **네트워크**를 통해 필요한 정보를 가져온다. 그렇지만 네트워크는 매우 느리며 항상 동작 중이라고 신뢰할 수도 없다. 이렇게 보면 네트워크는 더 느리고 신뢰하기 힘든 보조 메모리의 또 다른 형태라고 볼 수 있다.

이와 같은 구성 요소들의 동작에 대한 세부적인 사항은 컴퓨터 제조업자의 몫이지만, 각 요소의 이름과 하는 일을 알아두면 프로그램을 개발하는 데도 도움이 된다.

프로그래머로서, 우리가 할 일은 각 구성 요소를 지휘해서 문제를 해결하고 거기서 얻은 데이터를 분석하는 것이다. 또한 CPU에게 명령을 내리고 다음에는 어떤 작업을 처리해야 할지 말해줘야 한다. 때로는 CPU에게 주 메모리, 보조 메모리, 네트워크나 입/출력 장치를 사용하라고 알려줘야 한다.

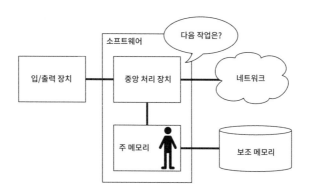

그림 1.4 사람이 컴퓨터 속으로 들어간다면?

우리는 CPU가 묻는 '다음 작업은?'이란 질문에 답을 줘야 한다. 사람을 5mm만큼 줄이고 컴퓨터 안에 들어가게 해서 초당 3천만 번씩 CPU에게 명령을 내릴 수는 없다. 그래서 컴퓨터에게 내릴 명령들을 미리 작성해 둔다. 이렇게 미리 작성해 둔 명령들을 프로그램이라고 부르며, 명령을 쓰고 수정하는 행동을 프로그래밍이라고 한다.

1.3 프로그래밍 이해하기

이 책은 여러분들이 프로그래밍 기술에 능숙해지도록 돕는다. 책을 읽고 나면 전문적인 프로그래머는 아닐지라도, 데이터/정보 분석 문제를 풀기 위한 프로그램 정도는 만들 수 있게 될 것이다.

프로그래머가 되기 위해서는 두 가지 기술이 필요하다.

• 첫 번째로, 여러분은 프로그래밍 언어(파이썬)와 관련된 단어와 문법을 알

아야 한다. 단어의 철자나 올바른 문장 구성 방법을 이해해야 한다.

· 두 번째로, 스토리(story)를 만들 수 있어야 한다. 스토리를 만들 때는 상대에게 아이디어(idea)을 전달하기 위해 단어와 문장을 조합한다. 스토리를 만들기 위해 필요한 기술이 있으며 보통 여러 번의 습작과 피드백을 통해 기술이 향상된다. 프로그래밍 관점에서 보면 '스토리'는 프로그램이고 '아이디어'는 해결하려는 문제로 볼 수 있다.

파이썬 같은 프로그래밍 언어를 한번 배워두면 자바스크립트나 C++ 같은 또 다른 프로그래밍 언어를 훨씬 더 쉽게 배울 수 있다. 물론 언어들은 각각 고유한 단어와 문법을 가지고 있다. 그러나 문제를 풀어가는 기술만큼은 모든 프로그래밍 언어에서 동일하다.

곧 경험하겠지만, 파이썬의 '단어'와 '문장'을 배우는 건 어렵지 않은 반면에, 새로운 문제를 풀기 위해 일관된 프로그램을 만들 수 있게 되기까지는 제법 시간이 필요하다. 이 책에서는 마치 글쓰기를 가르치는 것처럼 프로그래밍을 다룰 것이다.

프로그램을 읽고 한 줄씩 설명하는 것부터 시작해서 단순한 프로그램을 만든 다음, 점점 더 복잡한 프로그램을 만들어 본다. 이 과정을 반복하다 보면 어느 시점에서 여러분은 '깨달음'을 얻게 된다. 이때가 되면 자신만의 패턴을 볼 수 있게 되며 문제를 풀기 위한 더 자연스러운 방법을 찾고 거기에 맞게 프로그램을 만들 수 있다. 이 수준에 이르면 프로그래밍이 매우 즐겁고 창의적인 과정으로 느껴진다.

자, 이제 파이썬 프로그램의 단어와 구조부터 시작해 보자. 기억하기 힘들겠지만, 우리가 맨 처음 무언가를 읽기 시작하던 때를 떠올리면서 간단한 예제를 살펴보자.

1.4 단어와 문장

사람의 언어와 비교하면 파이썬의 단어 수는 매우 적다. 이 단어들을 '예약어(reserved words)'라고 부른다. 예약어는 파이썬에서 매우 특별한 의미를 갖고 있으며 오직 하나의 뜻으로만 해석된다. 프로그램을 만들 때는 변수(variable)

라고 하는, 의미 있는 자신만의 단어를 만들어야 할 때도 있다. 변수 이름은 자유롭게 지을 수 있지만, 파이썬의 예약어를 변수 이름으로 사용할 수는 없다.

개를 훈련시킬 때는 '앉아', '멈춰', '가져와' 같은 특별한 단어를 사용한다. 개와 의사소통할 때, 이러한 예약어를 사용하지 않는다면 개는 어리둥절한 표정으로 예약어 중 무언가를 말할 때까지 우리 얼굴을 쳐다만 보고 있을 것이다. 예를 들어보자. 만약, "사람들은 충분한 휴식을 취하기 위해서 산책을 더 자주 해야 해"라고 말했다면 아마 개에게는 "어쩌고 저쩌고.. 산책… 어쩌고 저쩌고"와 같이 들릴 것이다. 개에게 '산책'이라는 말은 일종의 예약어로 볼 수 있기 때문이다. 사람과 고양이 사이에는 이러한 예약어가 없다고 한다.[1]

파이썬의 예약어는 아래와 같다.

```
and        del        global     not        with
as         elif       if         or         yield
assert     else       import     pass
break      except     in         raise
class      finally    is         return
continue   for        lambda     try
def        from       nonlocal   while
```

이게 전부다. 개와 다르게 파이썬은 이미 완벽하게 훈련을 마쳤다. 우리가 "try"라고 말하면, 파이썬은 여러분이 시킨 일을 거스르는 법 없이 매번 시도한다.

위의 예약어들과 이들을 언제 쓰는지 곧 배우게 된다. 하지만 지금은 파이썬으로 말하는 방법을 먼저 알아볼 것이다.

파이썬으로 말하기에서 좋은 점은 인용 부호에 메시지를 넣어 말하고 싶은 바를 얘기할 수 있다는 점이다.

```
print('Hello world!')
```

우리는 방금, 처음으로 문장 구성법에 있어 완벽한 파이썬 문장을 만들었다. 이 문장은 print 함수로 시작하며 작은 따옴표 안에 텍스트 문자열이 들어있다. 작은 따옴표와 큰 따옴표는 동일한 의미로 사용된다. 문자열 내에 작은 따

---

1 *https://xkcd.com/231*

옴표(또는 어퍼스트로피(apostrophe))를 또 써야 하는 경우는 큰 따옴표를, 그 외의 경우는 대부분 작은 따옴표를 사용한다.[2]

1.5 파이썬과 대화하기

조금 전 파이썬의 단어와 간단한 문장을 배웠다. 배운 지식을 테스트하기 위해 어떻게 파이썬과 대화할 수 있는지 방법을 알아보자.

먼저, 컴퓨터에 파이썬 소프트웨어를 설치하고 파이썬을 시작해야 한다. 이번 장이 너무 길어지는 걸 방지하기 위해 여기에 세부적인 내용을 설명하는 대신, 윈도우와 macOS에서 파이썬을 설치하고 실행하는 방법에 대한 안내 글을 *www.py4e.com*에 올렸다. 해당 내용을 참고하여 파이썬을 설치하자.[3]

설치를 마친 후, 터미널 혹은 명령 창에 **python**을 입력하면 파이썬 인터프리터가 인터랙티브(interactive) 모드로 실행되면서 아래와 비슷한 내용이 출력된다.

```
Python 3.7.2 (tags/v3.7.2:9a3ffc0492, Dec 23 2018, 22:20:52) [MSC v.1916
    32 bit (Intel)] on win32
Type "help", "copyright", "credits" or "license" for more information.
>>>
```

>>> 프롬프트는, 파이썬이 여러분에게 "다음으로 어떤 작업을 하기 원하세요?" 하고 묻는 표시다. 파이썬은 여러분과 대화할 준비를 마쳤다. 이제 파이썬 언어로 말하는 방법만 알면 된다.

아주 단순한 파이썬 예약어나 문장조차 알지 못하는 상태로, 어느 머나먼 파이썬 행성에 도착하여 원주민과 파이썬으로 대화를 나눠야 하는 상황이라고 가정해 보자.

```
>>> 안녕하세요. 여러분의 지도자를 만나고 싶어요.
  File "<stdin>", line 1
```

---

2 (옮긴이) 예를 들면 문자열 내에 작은 따옴표가 중복해서 들어가면 오류가 발생하므로, 이런 경우는 큰 따옴표를 쓴다. print("You say, 'Hello world!'.")

3 (옮긴이) 설치 방법에 대한 안내는 *www.py4e.com/install*에 나와 있다. 영문이지만 OS별 셋업 파일이 지원되므로 설치에 어려움은 없을 것이다. 단, 파이썬 버전은 이 책에서 사용한 3.7.2를 선택하길 바란다.

```
안녕하세요. 여러분의 지도자를 만나고 싶어요.
                      ^
SyntaxError: invalid syntax
>>>
```

뭔가 잘 되어가는 것 같지 않다. 빨리 조치를 취하지 않으면 머나먼 낯선 땅에
서 생명을 마감하게 될지 모른다.

　정말 다행스럽게도 여러분은 이 책을 가지고 있다! 그리고 이 페이지를 재빠
르게 찾아내서 다시 대화를 시작했다.

```
>>> print('안녕하세요! 여러분!')
안녕하세요! 여러분!
```

문제가 해결된 것 같다. 좀 더 많은 대화를 나눠보자.

```
>>> print('당신은 하늘에서 내려온 전설적인 신이 틀림없어요.')
당신은 하늘에서 내려온 전설적인 신이 틀림없어요.
>>> print('우리는 오랫동안 당신을 기다렸어요.')
우리는 오랫동안 당신을 기다렸어요.
>>> print('그런데, 전설에 의하면 당신을 머스타드와 함께 먹으면 아주 맛있다고 했거든요.')
그런데, 전설에 의하면 당신을 머스타드와 함께 먹으면 아주 맛있다고 했거든요.
>>> print '당신이 아무 말도 없으면 우리는 오늘 밤 잔치를 벌일 거야.
  File "<stdin>", line 1
    print '당신이 아무 말도 없으면 우리는 오늘 밤 잔치를 벌일 거야.
                                                      ^
SyntaxError: Missing parentheses in call to 'print'.
```

잠깐 동안 잘 진행되는 듯 했으나, 작은 실수를 범했고 파이썬은 다시 창을 꺼
내 들었다.

　지금까지의 상황을 보면 파이썬이 놀라울 정도로 강력하지만, 소통에 필요
한 구문은 까다로운 편이며 파이썬 자체는 그리 똑똑하지 않다는 걸 짐작할 수
있다. 앞의 대화는 실제로 자기 자신과 나눈 대화일 뿐이지만 문장 자체는 잘
못 되지 않았다.

　어떻게 보면 다른 사람이 만든 파이썬 프로그램을 사용할 때, 파이썬은 우리
와 다른 프로그래머 사이의 대화에 있어 중개자 역할을 한다. 즉, 프로그램을
만든 제작자가 어떻게 대화를 이어갈 것인지 파이썬을 통해 표현하는 셈이다.

이 책을 읽어가면서 여러분 역시 프로그램 사용자와 대화하기 위해 파이썬을 사용하게 된다.

파이썬 인터프리터와 첫 번째 대화를 마치려면 파이썬 행성의 원주민들에게 올바른 '작별 인사'를 건네야 한다.

```
>>> good-bye
Traceback (most recent call last):
  File "<stdin>", line 1, in <module>
NameError: name 'good' is not defined
>>> if you don't mind, I need to leave
  File "<stdin>", line 1
    if you don't mind, I need to leave
                     ^
SyntaxError: invalid syntax
>>> quit()
```

두 번의 오류가 발생했는데 오류 원인은 각각 다르다. 두 번째 오류의 경우, if 가 예약어이기 때문에 파이썬은 우리가 무언가 말하려 한다고 생각했다. 하지만 문장 구문이 잘못됐기 때문에 오류가 발생했다.

파이썬에서 올바른 작별 인사는 "good-bye" 대신, quit()을 >>> 프롬프트에 입력하는 것이다. 아마 파이썬 셸을 빠져나가는 방법을 추측하는 데 시간이 걸렸을 것이다. 이래서 좋은 책을 가까이 두는 것이 도움이 된다.

1.6 용어: 인터프리터와 컴파일러

파이썬은 고수준(high-level)의 언어로, 사람이 코드를 읽고 쓰는 것과 컴퓨터가 읽고 처리하는 것이 상대적으로 쉬운 편이다. 자바, C++, PHP, 루비, 베이직, Perl, 자바스크립트를 비롯하여 많은 고수준 언어가 존재한다. 하지만 실제로 CPU는 이들 고수준 언어 중 어떤 것도 이해하지 못한다.

CPU가 이해할 수 있는 언어는 기계어(machine language)다. 기계어는 0과 1로만 표현되므로 형태가 단순한 반면에 이해하고 쓰기는 어렵다.

```
0010100011101001001010100000001111
1110011000001110101001010101101101
...
```

위와 같이 기계어는 0과 1만 사용하므로 겉보기에는 아주 단순해 보이지만, 구문상 파이썬에 비해 훨씬 복잡하고 난해하다. 따라서 기계어를 사용하는 프로그래머는 거의 없다. 그 대신 다양한 변환기(translator)를 만들었고, 프로그래머가 파이썬이나 자바스크립트로 만든 프로그램을 이 변환기가 읽은 다음, CPU가 이해하고 실행할 수 있는 기계어로 변환한다.

한편, 기계어는 컴퓨터 하드웨어와 밀접하게 관련되어 있기 때문에 다른 종류의 하드웨어로 이식(portable)할 수 없다. 이에 반해, 고수준 언어로 만든 프로그램은 다른 컴퓨터 사이에서도 이식이 가능하다. 왜냐하면, 해당 기계에 맞는 인터프리터를 사용하거나 코드를 다시 컴파일해서 기계어를 생성할 수 있기 때문이다.

이처럼, 프로그래밍 언어 변환기는 일반적으로 인터프리터(interpreter)와 컴파일러(compiler)의 두 가지 범주로 구분한다.

인터프리터는 프로그래머가 작성한 프로그램 소스 코드를 읽고, 분석하고 명령을 즉시 해석한다. 파이썬을 인터랙티브 모드, 그러니까 대화형 모드로 실행하면 인터프리터로서 동작한다. 그래서 한 줄의 코드를 입력하는 즉시, 파이썬이 코드를 처리하고 다음 입력을 기다린다.

일부 입력 값은 나중에 다시 사용하기 위해 파이썬에게 그 값을 기억해 두도록 지시할 필요가 있다. 값을 기억하게 하려면 이름을 골라야 하며, 필요할 때 그 이름으로 값을 가져올 수 있다. 이처럼 이름표(label) 역할을 하는 것을 변수(variable)라고 부르며 저장된 데이터를 참조할 때 사용한다.

```
>>> x = 6
>>> print(x)
6
>>> y = x * 7
>>> print(y)
42
>>>
```

위 코드에서, 파이썬에게 6이라는 값을 x라는 이름표를 사용해 기억해 두라고 요청했기 때문에 나중에 이 값을 가져올 수 있다. 파이썬이 정말로 값을 기억하고 있는지 검사하기 위해 print를 사용했다. 그 다음에는, x의 값을 가져와서

7과 곱한 뒤, 그 결괏값을 y에 저장하도록 했다. 마지막으로 현재 y에 저장된 값을 출력한다.

한 번에 한 줄씩 명령을 입력했지만, 파이썬은 이 명령들을 순서대로 다루기 때문에, 앞의 명령에서 생성된 데이터를 뒤의 명령에서 가져올 수 있다. 방금 입력한 4줄의 코드는 논리적이고 의미 있는 순서로 작성됐다.

이처럼 마치 대화를 나누는 것처럼 명령을 쓸 수 있는 것이 인터프리터의 특징이다. 이에 반해, 컴파일러는 전체 프로그램 소스를 파일로 전달받는다. 그런 다음, 소스 코드를 기계어로 변환하고 파일에 저장하여 나중에 실행할 수 있게 한다.

윈도우를 사용하고 있다면 이러한 실행 가능한 기계어 프로그램은 실행 가능함(executable)을 의미하는 ".exe", 또는 동적 링크 라이브러리(dynamic link library)를 나타내는 ".dll" 접미사를 가진다. 리눅스나 macOS에서는 실행 파일을 의미하는 고유한 접미사가 없다.

텍스트 편집기로 이러한 실행 파일을 열어 보면 도무지 이해할 수 없는 이상한 문자가 가득한 걸 보게 될 것이다.

```
^?ELF^A^A^A^@^@^@^@^@^@^@^@^B^@^C^@^A^@^@^@\xa0\x82
^D^H4^@^@^@\x90^]^@^@^@^@^@^@4^@ ^@^G^@(^@$^@!^@^F^@
^@^@4^@^@^@4\x80^D^H4\x80^D^H\xe0^@^@^@\xe0^@^@^@^E
^@^@^@^D^@^@^@^C^@^@^@^T^A^@^@^T\x81^D^H^T\x81^D^H^S
^@^@^@^S^@^@^@^D^@^@^@^A^@^@^@^A\^D^HQVhT\x83^D^H\xe8
....
```

기계어를 읽거나 쓰는 일은 쉽지 않으므로, 파이썬이나 C와 같은 고수준 언어를 사용 가능하게 하는 인터프리터와 컴파일러가 필요하다.

인터프리터와 컴파일러에 대한 지금까지의 내용을 읽으면서 아마 파이썬 인터프리터에 대한 궁금증이 생겼을 것이다. 파이썬 인터프리터는 어떤 언어로 만들었을까? 컴파일 되는 언어로 개발했을까? 'python'을 입력하고 실행했을 때 정확히 어떤 일이 일어나는 걸까?

파이썬 인터프리터는 또 다른 고수준 언어인 C로 만들었다. 파이썬 인터프리터의 실제 소스 코드는 *www.python.org*에서 Downloads | Source code를 차

레로 클릭해 내려받을 수 있다. 결국 파이썬은 기계어 코드로 컴파일되는 하나의 프로그램이다. 파이썬을 컴퓨터에 설치하면 파이썬 프로그램의 기계어 코드 사본이 시스템에 복사된다. 윈도우에서 파이썬의 실행 가능한 기계어 코드는 보통 다음과 같은 경로에 위치한다.

```
C:\Python37-32\python.exe
```

파이썬 프로그래머가 되기 위해 이 내용을 반드시 알아야 하는 건 아니지만, 처음 공부를 시작할 때 작은 궁금증을 해소해 두는 것이 좋다.

1.7 프로그램 작성하기

지금까지는 인터프리터에 명령을 입력하는 방식으로 파이썬을 사용했다. 파이썬 인터프리터에 명령을 입력하는 건, 파이썬 기능을 실험하기 위한 좋은 방법이지만 더 복잡한 문제를 풀기에는 적당하지 않다.

이때는 텍스트 편집기를 사용해서, 필요한 파이썬 명령어를 스크립트라고 부르는 파일에 작성한다. 파이썬 스크립트의 이름은 규약에 따라 **.py** 확장자를 붙인다.

스크립트를 실행하려면 파이썬 인터프리터에 파일 이름을 알려준다. 아래와 같이 명령 창에 `python hello.py`를 입력한다.

```
$ cat hello.py
print('Hello world!')
$ python hello.py
Hello world!
```

$는 운영체제의 프롬프트며, `cat hello.py` 명령은 'hello.py' 파일에 문자열을 출력하는 한 줄짜리 파이썬 코드가 있음을 보여준다. 파이썬 인터프리터를 통해 대화식으로 파이썬 명령을 입력했던 것과 다르게 이번에는 파이썬 인터프리터가 'hello.py' 파일에서 소스 코드를 읽도록 한다.

파일 안의 코드는 `quit()` 명령이 없다. 파이썬이 파일에서 소스 코드를 읽을 때는, 파일 끝에 도달하면 자동으로 멈추기 때문에 `quit()` 명령을 쓸 필요가 없다.

1.8 프로그램이란?

프로그램의 가장 기본적인 정의는, 무언가를 하기 위해 파이썬 명령들을 순서대로 조합한 것이다. 방금 봤던 hello.py 스크립트도 하나의 프로그램이다. hello.py가 한 줄짜리 코드고 그다지 의미 있는 작업을 하지도 않지만, 파이썬 프로그램이라는 것에는 변함이 없다.

프로그램이 무엇인지 이해하는 가장 쉬운 방법은, 해결하고 싶은 문제를 생각한 다음, 그 문제를 해결할 프로그램을 찾는 것이다.

예를 들어 여러분이 페이스북 게시물에 관한 소셜 컴퓨팅 연구를 하고 있으며, 여러 게시물에서 가장 빈번하게 사용되는 단어를 찾아야 한다고 하자. 게시물을 모두 인쇄해서 각각의 단어 수를 직접 세어 볼 수도 있지만, 이 방법은 많은 시간이 필요하며 실수가 자주 발생한다. 빠른 시간에 일을 정확히 마치고 남은 시간에 다른 재미있는 일을 하고 싶다면, 문제를 해결할 파이썬 프로그램을 만드는 것이 현명한 방법이다.

아래 글에서 가장 많이 사용된 단어와 그 수를 세어 보자.

```
the clown ran after the car and the car ran into the tent
and the tent fell down on the clown and the car
```

이 정도 길이의 글에서는 특정 단어 수를 세는 것이 그리 어렵지 않을 것이다. 하지만, 수백만 줄에서 같은 작업을 해야 한다고 생각해 보자. 아마 파이썬을 배우고 단어 수를 세는 프로그램을 만드는 것이 손으로 일일이 단어 수를 세는 것보다 훨씬 빠를 것이라는 데 동의할 것이다.

좋은 소식은 여러분을 위해 텍스트 파일에서 가장 많이 사용된 단어를 찾는 프로그램을 미리 만들었다는 것이다. 이 프로그램을 만든 후, 테스트도 충분히 했기 때문에 여러분은 이 프로그램을 써서 시간을 절약할 수 있다.

```python
name = input('Enter file:')
handle = open(name, 'r')
counts = dict()

for line in handle:
    words = line.split()
```

```
    for word in words:
        counts[word] = counts.get(word, 0) + 1

bigcount = None
bigword = None
for word, count in list(counts.items()):
    if bigcount is None or count > bigcount:
        bigword = word
        bigcount = count

print(bigword, bigcount)
```

 # Code: http://www.py4e.com/code3/words.py

설사 파이썬을 모른다고 해도 프로그램을 사용하는 데 아무 문제가 없다. 단지 프로그램의 사용자로서, 이 영리한 프로그램 덕분에 시간과 노력이 얼마나 절약됐는지 놀라기만 하면 된다. 프로그램을 실행하려면 words.py 파일을 만들어 코드를 입력하거나 *http://www.py4e.com/code3*에서 소스 코드를 내려받아 실행하면 된다.

이 프로그램은 파이썬이 최종 사용자와 프로그래머 사이에서 어떻게 중개자 역할을 담당하는지 보여주는 좋은 예다. 컴퓨터에 파이썬이 설치됐다면 공통된 언어를 써서 필요한 명령을 교환하는 것이 가능하다. 따라서 파이썬과 직접 얘기하는 대신, 파이썬을 통해 서로 커뮤니케이션할 수 있다.

1.9 프로그램의 구성 요소

앞으로 몇 개의 장에 걸쳐, 파이썬의 예약어나 프로그램 구조에 관해 배운다. 파이썬의 강력한 기능을 알아보고 이 기능들을 어떻게 조합하여 유용한 프로그램을 개발하는지 배운다.

프로그램을 만들 때는 몇 가지 저수준(low-level) 패턴이 사용된다. 이러한 패턴은 비단 파이썬에만 국한되는 것이 아니며, 기계어부터 고수준 언어에 이르기까지 모든 프로그래밍 언어에서 공통적으로 사용된다.

입력(input) '외부(outside world)'로부터 데이터를 가져온다. 데이터는 파일 뿐만 아니라 GPS나 마이크로폰 같은 다른 종류의 센서에서 얻어올 수도 있다. 지금까지의 예제들에서는 사용자의 키보드 입력에서 데이터를 가져왔다.

출력(output) 프로그램의 실행 결과를 화면에 표시하거나 파일에 저장하거나 스피커 같은 장치에 써서 음악을 재생하거나 텍스트를 읽게 한다.

순차적 실행(sequential execution) 스크립트에 작성한 순서에 따라 차례대로 명령을 수행한다.

조건부 실행(conditional execution) 특정 조건에 따라 명령을 차례대로 실행하거나 다음 명령으로 건너뛴다.

반복 실행(repeated execution) 약간의 변화를 주면서 일부 명령을 반복적으로 수행한다.

재사용(reuse) 필요한 명령들을 만들고 여기에 이름을 부여한 뒤, 나중에 프로그램 내에서 이 명령들을 다시 사용한다.

얼핏 단순해 보이지만, 사실 그리 단순한 내용은 아니다. 마치 걷는 것은 '한 발을 다른 발 앞에 두는 것'이라고 말하는 것과 같다. 프로그램을 만드는 '예술'은 위에서 열거한 기본적인 요소들을 여러 번 결합하고 조립해서 사용자에게 유용한 무언가를 만들어 내는 것이다.

조금 전 다룬 단어 수를 세는 프로그램은, 기본 요소들 중 하나를 제외하면 모든 패턴을 직접 사용한다.

1.10 잘못될 가능성

앞에서 다소 유치하게 파이썬 행성의 원주민과 대화하는 예를 들었지만, 실제로 파이썬 코드를 쓸 때는 매우 정확해야 한다. 작은 차이나 실수로 인해 파이썬이 오류를 내뿜으면서 여러분의 프로그램 실행을 거부할 수 있다.

이제 막 파이썬을 시작한 사람들은 얼마 지나지 않아, 힘들게 작성한 코드에 무자비하게 쏟아진 오류를 보면서 파이썬이 얄밉고 잔인하다는 걸 깨닫게 된다. 파이썬이 모두를 좋아하는 것처럼 보여도, 실은 반감을 품고 있다. 그래서 완벽하게 작성된 프로그램만 받아들이고 그렇지 않은 것은 가차 없이 거부한다.

```
>>> primt 'Hello world!'
  File "<stdin>", line 1
    primt 'Hello world!'
                        ^
SyntaxError: invalid syntax
>>> primt ('Hello world')
Traceback (most recent call last):
  File "<stdin>", line 1, in <module>
NameError: name 'primt' is not defined
>>> 파이썬! 난 네가 미워!
  File "<stdin>", line 1
    파이썬! 난 네가 미워!
       ^
SyntaxError: invalid syntax
>>> 두고 보자!
  File "<stdin>", line 1
    두고 보자!
         ^
SyntaxError: invalid syntax
>>>
```

그렇지만, 파이썬과 이렇게 논쟁해 봤자 얻을 수 있는 건 없다. 파이썬은 단지 도구라, 감정이 없으며 언제든지 기꺼이 봉사할 준비가 돼 있다. 오류 메시지가 몰인정하다고 느낄 수 있지만, 사실 입력한 내용을 알 수 없어, 파이썬이 우리에게 도움을 요청하는 것이다.

파이썬은, 귀여운 얼굴(>>>)로 무언가 이해할 수 있는 말을 기다리는 충직한 개(dog)로 비유할 수 있다. 그래서 파이썬이 SyntaxError: invalid syntax라고 했다면 꼬리를 흔들며 "내게 말을 건넨 건 알지만, 무슨 뜻인지 모르겠어요. 다시 얘기해 주세요.(>>>)"라고 묻는 것과 마찬가지다.

프로그램이 복잡해질수록 다음과 같은 3가지 유형의 오류를 자주 만나게 된다.

구문 오류(Syntax error): 처음 프로그래밍을 시작했을 때 만들어 내는 오류의 대부분은 구문 오류이며 수정하기도 쉽다. 구문 오류는 파이썬의 '문법' 규칙을 어겼다는 뜻이다. 파이썬은 코드의 어느 곳이 잘못됐는지, 해당 줄과 문자를 정확히 알려주는 편이다. 구문 오류가 다소 까다로운 점은, 실제로 문제를 일으켜 수정이 필요한 곳이, 파이썬이 알려준 곳보다 더 앞에 있는 경우가 때때로 있다는 점이다. 그래서, 구문 오류를 수정할 때는 파이썬이 가리키는 줄과 문자를 시작점으로 삼되, 앞뒤를 같이 살펴야 한다.

논리 오류(Logic error): 논리 오류는 프로그램 내에 문법 오류는 없지만, 명령문의 순서가 잘못됐거나 연관된 코드에 실수가 있는 경우다. 예를 들면 "부엌 냉장고에서 물병을 꺼내 가방에 넣은 다음, 도서관에 가서 물병을 다시 부엌 냉장고에 넣어라" 같은 경우다.

의미론적 오류(Semantic error): 의미론적 오류는 구문상으로(syntactically) 완벽하고 순서 역시 올바르지만, 프로그램을 애초에 잘못 만든 경우다. 이런 프로그램은 오류가 발생하지 않지만, 기대한 대로 동작하지 않는다. 간단한 예를 들어보자. 친구에게 유명 식당에 가는 길을 다음과 같이 알려줬다. "주유소가 있는 교차로에 도착하면, 좌회전해서 1km쯤 더 가. 그러면 왼쪽에 빨간 건물이 그 식당이야." 약속 시간이 훨씬 지나도록 친구가 도착하지 않자, 전화를 했다. 친구는 엉뚱한 곳을 헤매고 있었다! "주유소에서 좌회전 한 게 맞아?"하고 물어보니, "그래. 네 말대로 했어. 좌회전하고 주유소에서 1km 더 가라고 했잖아?" 이런, 친구는 주유소에 도착하기도 전에 미리 좌회전을 해버렸다. 비록, 안내 자체는 구문상으로 정확했지만, 안타깝게도 의미론적 오류가 있었던 셈이다.

다시 말하지만 어떤 유형의 오류라도, 파이썬은 요청한 바를 정확히 처리하기 위해 나름의 방식으로 최선을 다한다.

1.11 디버깅

파이썬이 오류를 출력하거나 의도했던 바와 다른 결과를 보여주면 원인을 찾아야 한다. 디버깅은 코드에서 오류 원인을 찾는 과정이다. 프로그램을 디버깅할 때, 특히 어려운 버그를 찾을 때는 다음 네 가지 사항을 고려한다.

읽기(reading) 코드를 검사하고, 다시 읽어 보면서 원했던 바를 제대로 작성했는지 확인한다.

실행(running) 코드를 바꿔가면서 실행해 본다. 문제가 명확히 드러나면 원인 또한 밝혀지지만, 이렇게 하기 위한 토대를 만드는 데 시간이 필요하다.

심사숙고(ruminating) 구문 오류인지, 실행(runtime) 오류인지, 의미론적인 오류인지에 대해 충분히 생각해 보자. 오류 메시지나 프로그램 출력에서 얻은 정보는 무엇인가? 어떤 종류의 오류로 인해 문제가 발생했나? 문제가 발생하기 직전, 마지막으로 변경한 내용은 무엇인가?

일보 후퇴(retreating) 어떤 경우는, 프로그램이 제대로 실행됐던 때로 돌아갈 때까지 최근 변경 사항을 취소하고, 이를 기반으로 다시 개발하는 것이 나을 때도 있다.

이제 막 프로그래밍을 시작한 경우는 앞의 네 가지 활동 중 하나에만 몰두하는 바람에 다른 것을 잊는 경우가 많다. 어려운 버그를 상대할 때는, 하나가 실패하면 그다음 방법을 시도하는 식으로 읽기, 실행, 심사숙고, 일보 후퇴를 모두 적용해 봐야 한다.

만약, 문제가 단순히 타이핑 실수라면 코드만 읽어도 해결이 가능하다. 하지만 개념을 잘못 이해한 상태라면 어떨까? 프로그램이 무슨 일을 하는지 이해하지 못한 상태라면, 코드를 100번 읽더라도 결코 오류를 찾을 수 없다. 문제는 우리 머릿속에 있기 때문이다.

코드를 바꿔가며 실행하는 건, 작고 간단한 규모의 테스트로 좋다. 하지만 코드를 읽고 생각하는 과정이 생략되면, 프로그램이 제대로 동작할 때까지 여기 저기를 마구잡이로 수정하는 잘못된 방향으로 빠질 수 있다. 이렇게 되면 말할 필요도 없이 기나긴 시간이 소요된다.

신중히 생각할 시간 역시 필요하다. 디버깅은 마치 과학 실험과도 같다. 무엇이 문제인지에 대해 최소한 하나의 가설을 세워야 한다. 만약, 두 가지 이상의 가능성이 존재한다면 이들 중 하나를 제거할 수 있는 테스트는 무엇일까 생각해 보자.

잠깐 휴식을 취하는 것도 생각하는 데 도움이 된다. 말하는 것도 마찬가지다. 다른 누군가에게(또는 자기 자신에게) 문제를 설명하다 보면, 설명이 끝나기 전에 해답을 찾는 경우도 있다.

하지만 오류가 너무 많거나 코드 양이 크고 복잡하다면 아무리 최고의 디버깅 기술이라도 실패할 수 있다. 때로는 한 걸음 물러서는 것이 최선의 선택이기도 하다. 일보 후퇴해서 이해가 가능하고 제대로 동작할 때까지 프로그램을 단순화해 본다.

프로그래밍을 막 시작한 경우는, 설사 코드가 잘못됐더라도 지우는 걸 꺼린다. 정 불안하다면, 프로그램에 손을 대기 전에 어딘가 안전한 곳에 복사해 두자. 이렇게 하면 코드를 자유롭게 지우고 필요한 부분만 조금씩 붙여 넣을 수 있다.

1.12 학습 여정

이 책의 나머지 부분을 읽다 보면, 처음에는 각 주제들이 뭔가 잘 들어맞지 않는 것처럼 느껴질 수 있다. 말을 배울 때를 떠올려 보자. 처음 몇 년간은 단지 귀여운 옹알이 소리만 낼 뿐이었다. 간단한 단어에서 아주 짧은 문장을 말하는 데 6개월이 걸렸고, 몇 개의 문장을 연이어 말하는 데 5, 6년이 걸렸으며, 상상력을 동원해 완전한 구조의 짧은 스토리를 만들기까지 또다시 몇 년이 걸렸다.

물론, 여러분이 처음 말을 배울 때보다는 훨씬 빨리 파이썬을 배우길 희망한다. 그래서 다음 몇 장에 걸쳐 한번에 여러 가지를 설명할 것이다. 그렇지만 새로운 외국어를 배울 때처럼, 파이썬 역시 자유롭게 사용하기까지는 얼마간의 시간이 필요하다. 큰 그림을 구성하는 작은 부분들을 배우다 보면 당연히 혼란이 생길 수밖에 없다. 이 책은 일정한 순서에 따라 쓰여졌지만, 책을 읽다 보면 처음으로 돌아가거나 해당 부분으로 건너뛰는 상황을 여러 번 경험할 것이다. 이때는 해당 부분을 가벼운 마음으로 다시 읽어 보자. 세세한 부분을 다 이해하지 못하고 심화 내용을 대략적으로만 훑어보더라도 프로그래밍의 '이유'를 깨닫는 데 부족함이 없다. 앞 부분의 내용을 다시 읽고 연습문제도 다시 풀다 보면, 지금 읽고 있는 부분이 완전히 이해되지 않더라도 여러분의 생각보다 훨씬 많은 내용을 배웠다는 걸 느끼게 될 것이다.

첫 프로그래밍 언어를 배우다 보면, 조각가가 망치와 끌로 바위를 다듬을 때는 미처 몰랐다가 한 발짝 뒤로 물러서 자신이 창조한 아름다운 조각상을 올려다 봤을 때처럼, "아하!"하고 무릎을 치며 감탄하는 순간들이 있다.

특별히 까다로운 내용이 있더라도 밤을 새워 공부하는 것은 아무런 가치가 없다. 휴식을 취하고, 낮잠을 자고, 간식도 좀 먹고 다른 사람에게 어떤 문제를 겪고 있는지 얘기도 한 다음, 맑은 정신이 돌아왔을 때 다시 시작하자. 장담컨대, 프로그래밍의 개념에 익숙해지면 처음에 어렵게 느껴졌던 내용도 실제로는 쉽고 명쾌했다는 걸 알게 되며, 단지 내 것으로 흡수하는 데 약간의 시간이 걸렸을 뿐이라고 기억될 것이다.

1.13 용어

버그(bug) 프로그램의 오류.

중앙 처리 장치(central processing unit) 컴퓨터의 심장으로, 프로그램을 실행한다. CPU 또는 프로세서라고도 한다.

컴파일(compile) 고수준 언어로 작성한 프로그램을 저수준 언어로 변환해서 나중에 실행할 수 있게 한다.

고수준 언어(high-level language) 파이썬처럼, 사람이 읽고 쓰기 쉽도록 설계된 언어.

대화형 모드(interactive mode) 프롬프트에 명령과 표현식을 입력해서 파이썬 인터프리터를 사용하는 방법.

해석(interpret) 한 번에 한 줄씩 고수준 언어를 해석해서 프로그램을 실행.

저수준 언어(low-level language) 컴퓨터가 쉽게 실행할 수 있도록 설계된 프로그래밍 언어. '기계어' 또는 '어셈블리어'라고도 한다.

기계어(machine code) 중앙 처리 장치에서 직접 실행되는 가장 낮은 수준의 언어.

주 메모리(main memory) 프로그램과 데이터를 저장. 주 메모리에 저장된 정보는 전원이 꺼지면 사라진다.

분석(parse) 프로그램을 검사하고 구문을 분석한다.

이식성(portability) 다른 종류의 컴퓨터에서도 실행될 수 있는 프로그램의 속성.

출력 함수(print function) 파이썬 인터프리터가 화면에 값을 출력하도록 하는 명령어.

문제 해결(problem solving) 문제를 공식화하고 해결책을 찾아 표현하는 과정.

프로그램(program) 계산을 구체적으로 지정하는 명령어들의 집합.

프롬프트(prompt) 사용자가 프로그램에 대한 입력을 할 수 있도록 프로그램이 메시지를 표시하고 일시 중지된 경우.

보조 메모리(secondary memory) 프로그램과 데이터를 저장하며 전원이 꺼진 뒤에도 정보를 유지한다. 일반적으로 주 메모리보다 느리다. 디스크 드라이브와 USB 스틱 형태의 플래시 메모리가 있다.

의미론(semantics) 프로그램의 의미.

의미론적 오류(semantic error) 프로그래머가 의도했던 바가 아닌, 다른 동작을 하게 만드는 프로그램 오류.

소스 코드(source code) 고수준 언어로 된 프로그램.

1.14 연습문제

☑ **문제 1** 컴퓨터에서 보조 메모리의 기능은 무엇인가?

ⓐ 프로그램의 모든 계산 및 논리를 실행함.

ⓑ 인터넷을 통해 웹 페이지 검색

ⓒ 전원을 끈 이후에도 장기간 정보를 저장

ⓓ 사용자로부터 입력을 받음.

☑ **문제 2** 프로그램은 무엇인가?

☑ **문제 3** 컴파일러와 인터프리터의 다른 점은 무엇인가?

☑ **문제 4** 다음 중 '기계어'를 포함하는 것은 무엇인가?

ⓐ 파이썬 인터프리터

ⓑ 키보드

ⓒ 파이썬 소스 코드

ⓓ 워드 프로세스 문서

☑ **문제 5** 다음 코드에서 잘못된 것은 무엇인가?

```
>>> primt 'Hello world!'
File "<stdin>", line 1
primt 'Hello world!'
^
SyntaxError: invalid syntax
>>>
```

☑ **문제 6** 다음 파이썬 코드가 끝난 후, 변수 x는 컴퓨터의 어디에 저장되는가?

```
x = 123
```

ⓐ 중앙 처리 장치

ⓑ 주 메모리

ⓒ 보조 메모리

ⓓ 입력 장치

ⓔ 출력 장치

☑ **문제 7** 다음 프로그램의 출력 결과는 무엇인가?

```
x = 43
x = x + 1
print(x)
```

ⓐ 43

ⓑ 44

ⓒ x + 1

ⓓ x = x + 1은 수학적으로 가능하지 않기 때문에 오류다.

☑ **문제 8** 다음 각각에 대해 사람의 능력을 예로 들어 설명하시오. 가령 인간에게 있어 중앙 처리 장치와 동일한 것은 무엇인가?

ⓐ 중앙 처리 장치

ⓑ 주 메모리

ⓒ 보조 메모리

ⓓ 입력 장치

ⓔ 출력 장치

☑ **문제 9** 구문 오류는 어떻게 수정해야 하는가?

2장

변수, 표현식 그리고 명령문

2.1 변수와 타입

값(value)은 문자나 숫자와 같이 프로그램이 동작하기 위해 필요한 기본적인 요소다. 지금까지 1, 2 그리고 "Hello, World!" 같은 값을 봤는데, 이들은 서로 다른 타입(type)이다. 2는 정수(integer)고 "Hello, World!"는 문자들이 묶여있기 때문에 문자열(string)이라고 부른다. 따옴표로 묶여 있기 때문에 문자열을 식별할 수 있다.

print문에는 정수 타입도 사용할 수 있다. python 명령으로 인터프리터를 시작한 다음, 정수 값을 출력해 보자.

```
python
>>> print(4)
4
```

값의 타입이 확실하지 않다면, 아래와 같이 알아볼 수 있다.

```
>>> type('Hello, World!')
<class 'str'>
>>> type(17)
<class 'int'>
```

문자열의 타입으로 str, 정수의 타입으로 int가 출력됐다. 소수점이 있는 숫자는 부동 소수점(floating point)이라는 형식으로 표현되기 때문에 `float` 타입에 속한다.

```
>>> type(3.2)
<class 'float'>
```

그럼, 따옴표로 둘러 쌓인 '17'과 '3.2'의 타입은 무엇일까? 얼핏 숫자처럼 보이지만, 앞에서 '따옴표로 묶여 있기 때문에 문자열을 식별할 수 있다'고 말한 것을 떠올리자.

```
>>> type('17')
<class 'str'>
>>> type('3.2')
<class 'str'>
```

예상했던 대로 이들의 타입은 문자열이다.

한편, 큰 수를 입력할 때 1,000,000과 같이 세 자릿수마다 쉼표(,)를 사용하고 싶을 수 있다. 표현 자체는 문제될 게 없지만, 파이썬에서 이런 입력은 정수를 표현하는 올바른 방법이 아니다.

```
>>> print(1,000,000)
1 0 0
```

기대했던 출력 결과와 다르다. 파이썬은 1,000,000을 쉼표로 구분된 연속된 정수로 해석하고, 각 정수 사이에 공백을 넣어 출력한다.

코드가 비록 오류 메시지 없이 실행됐지만, 올바로 동작하지 않았기 때문에 의미론적 오류의 한 예로 볼 수 있다.

2.2 변수

프로그래밍 언어의 가장 강력한 기능 중 하나는 변수(variable)를 처리하는 능력이다. 변수란 어떤 값을 참조하고 있는 이름이다.

대입문(assignment statement)은 새 변수를 만들고, 그 변수에 값을 넣는다.

```
>>> message = 'And now for something completely different'
>>> n = 17
>>> pi = 3.1415926535897931
```

여기서는 세 번의 대입이 일어났다. 첫 번째는 message라는 변수에 문자열을 대입했고, 두 번째는 n에 정수 17을, 세 번째는 pi에 원주율(π)의 근사값을 대입했다.

변수 값을 출력할 때는 print문을 사용한다.

```
>>> print(n)
17
>>> print(pi)
3.141592653589793
```

변수의 타입은 참조하는 값의 타입과 같다.

```
>>> type(message)
<class 'str'>
>>> type(n)
<class 'int'>
>>> type(pi)
<class 'float'>
```

2.3 변수 이름과 키워드

프로그래머들은 보통, 변수 이름을 정할 때 의미 있는 이름을 선택하며 변수 용도를 문서화한다.

변수 이름의 길이는 임의로 정할 수 있다. 문자와 숫자를 포함할 수 있지만, 숫자로 시작할 수는 없다. 변수에 대문자를 써도 되지만, 가능한 한 소문자를 사용하는 것이 더 좋다. 왜 그런지는 뒤에서 살펴본다.

밑줄 문자(underscore character)도 변수에 사용할 수 있다. my_name이나 airspeed_of_unladen_swallow와 같이 여러 단어로 구성된 이름에 밑줄 문자가 자주 사용된다. 변수의 첫 글자에 밑줄 문자를 써도 되지만, 다른 사람이 사용하는 라이브러리를 코드를 만드는 게 아니라면 이렇게 하지 않는 것이 좋다.

변수에 잘못된 이름을 지정하면 구문 오류가 발생한다.

```
>>> 76trombones = 'big parade'
SyntaxError: invalid syntax
>>> more@ = 1000000
SyntaxError: invalid syntax
>>> class = 'Advanced Theoretical Zymurgy'
SyntaxError: invalid syntax
```

76trombones는 숫자로 시작했기 때문에 변수 이름이 될 수 없다. more@은 변수 이름에 쓸 수 없는 @을 포함하고 있기 때문에 잘못됐다. 그렇다면 class는 어디가 문제인걸까?

사실, class는 미리 약속된 파이썬 키워드 중 하나다. 인터프리터는 키워드를 통해 프로그램 구조를 인식하기 때문에, 변수 이름으로 키워드를 쓸 수 없다.

파이썬에는 33개의 키워드가 미리 예약돼 있다.

```
and       del       from      None      True
as        elif      global    nonlocal  try
assert    else      if        not       while
break     except    import    or        with
class     False     in        pass      yield
continue  finally   is        raise
def       for       lambda    return
```

키워드 목록을 가까이 두고 익히는 것이 좋다. 인터프리터가 변수 이름이 잘못됐다고 오류 메시지를 출력했지만 그 이유를 도대체 모르겠다면, 여기 목록 중 하나를 변수 이름으로 쓰고 있는 건 아닌지 살펴보자.

2.4 명령문

명령문(statements)은 파이썬 인터프리터가 실행할 수 있는 코드 단위다. 지금까지는 표현문과 대입문을 살펴봤다.

대화형 모드에서 하나의 명령문을 입력하면, 인터프리터는 명령을 실행하고 결과를 출력한다. 스크립트는 대개 연속된 명령문을 포함한다. 만약, 두 개 이상이라면 명령문이 실행될 때마다 결과가 하나씩 출력된다.

예를 들어 다음 스크립트는

```
print(1)
x = 2
print(x)
```

아래의 결과를 출력한다.

```
1
2
```

결과에서 보듯이, 대입문은 출력할 내용이 없다.

2.5 연산자와 피연산자

연산자(operator)는 더하기나 곱하기 같은 계산을 표현하기 위한 특별한 기호다. 연산자가 적용되는 값을 피연산자(operand)라고 한다.

연산자 +, -, *, /, **은 각각 더하기, 빼기, 곱하기, 나누기, 제곱을 계산한다. 다음 예를 보자.

```
20+32
hour-1
hour*60+minute
minute/60
5**2
(5+9)*(15-7)
```

나누기 연산자의 경우, 파이썬 2.x와 파이썬 3.x 사이에 차이가 있다. 파이썬 3.x에서 아래의 나누기 결과는 부동 소수점이다.

```
>>> minute = 59
>>> minute/60
0.9833333333333333
```

파이썬 2.0의 나누기 연산자는 두 정수를 나누고 결과를 정수 타입으로 자른다.

```
>>> minute = 59
>>> minute/60
0
```

파이썬 3.0에서 이와 동일한 결과를 얻으려면 // 나누기(Floored Division) 연산자를 사용한다.

```
>>> minute = 59
>>> minute//60
0
```

파이썬 3.0의 정수 나누기 함수는 계산기에 해당 연산을 입력했을 때보다 더 많은 기능을 한다.

2.6 표현식

표현식(Expression)은 값, 변수 그리고 연산자의 조합이다. 모든 값은 그 자체로 표현식으로 간주되며 변수도 마찬가지다. 따라서, 아래는 모두 올바른 표현식이다. (변수 x에 값이 대입됐다고 가정한다.)

```
17
x
x + 17
```

대화형 모드에서 표현식을 입력했다면 인터프리터가 표현식을 즉시 평가(evaluate)해서 결과를 출력한다.

```
>>> 1 + 1
2
```

하지만 표현식을 스크립트에 작성했다면 그것만으로는 아무 동작도 하지 않는다. 입문자라면 이런 차이에 대해 대부분 혼란을 느낀다.

☑ **문제 1** 파이썬 인터프리터에 다음을 입력하고 어떻게 동작하는지 살펴보자.

```
5
x = 5
x + 1
```

2.7 연산자 순서

만약, 표현식에 2개 이상의 연산자가 포함됐다면 연산자 평가 순서는 우선 순위(rules of precedence)에 따라 달라진다. 수학 연산자의 경우, 파이썬은 수학 규칙을 따른다. PEMDAS라는 약어는 우선 순위를 기억하는 데 도움이 된다.

- 괄호(Parentheses)는 가장 높은 우선 순위를 가지고 있기 때문에, 원하는 순서로 표현식이 평가되도록 강제할 때 쓴다. 괄호 안의 표현식이 먼저 평가되므로, 2 * (3 - 1)의 결과는 4이며, (1 + 1)**(5 - 2)의 결과는 8이다. 또한, (minute * 100) / 60처럼, 계산 결과에 영향을 미치지 않더라도 가독성을 높이기 위해 괄호를 쓰기도 한다.
- 제곱(Exponentiation)은 괄호 다음으로 높은 우선 순위를 가진다. 따라서 2 ** 1 + 1의 결과는 4가 아니라 3이며 3 * 1 ** 3의 결과는 27이 아니라 3이다.
- 곱하기(Multiplication)와 나누기(Division)는 같은 우선 순위를 가진다. 더하기(Addition)와 빼기(Subtraction)도 우선 순위가 같다. 하지만 곱하기와 나누기는 더하기와 빼기보다 우선 순위가 높다. 따라서 2 * 3 - 1의 결과는 4가 아니라 5이며 6 + 4 / 2의 결과는 5가 아니라 8이다.
- 동일한 우선 순위를 갖는 연산자들은 왼쪽에서 오른쪽의 순서로 평가된다. 따라서 5 - 3 - 1의 결과는 3가 아니라 1이다. 표현식 5 - 3이 왼쪽에 있으므로 먼저 계산되며 다음으로 결괏값 2에서 1을 뺀다.

어떤 순서로 평가되는지 확신할 수 없다면, 괄호를 사용해서 의도한 순서대로 표현식이 평가되도록 한다.

2.8 나머지 연산자

나머지 연산자(Modulus operator)는 정수를 대상으로 동작하며, 첫 번째 피연산자를 두 번째 피연산자로 나눌 때의 나머지를 계산한다. 파이썬에서 나머지 연산자는 백분율 기호(%)이며 구문은 다른 연산자와 동일하다.

```
>>> quotient = 7 // 3
>>> print(quotient)
2
>>> remainder = 7 % 3
>>> print(remainder)
1
```

7을 3으로 나눈 몫은 2고 나머지는 1이다.

나머지 연산자는 쓰임새가 많다. 먼저, 어떤 수를 다른 수로 나눌 수 있는지 확인할 수 있다. x % y가 0이면 x는 y로 나눌 수 있다. 또, 가장 오른쪽 숫자를 뽑아내는 데도 사용할 수 있다. 가령, x % 10으로 십진수 숫자에서 가장 오른쪽 숫자 하나를 가져올 수 있고, x % 100으로 마지막 두 자리 숫자를 얻을 수 있다.

2.9 문자열 연산

+ 연산자가 문자열과 같이 사용되는 경우가 있는데, 이때는 수학적 의미의 더하기와 다르다. 그 대신, 문자열의 끝과 끝을 이어서 연결(concatenation)한다. 아래 코드를 보자.

```
>>> first = 10
>>> second = 15
>>> print(first+second)
25
>>> first = '100'
>>> second = '150'
>>> print(first + second)
100150
```

* 연산자도 문자열과 같이 쓸 수 있다. 이때는 문자열의 내용을 정수만큼 반복한다.

```
>>> first = 'Test '
>>> second = 3
>>> print(first * second)
Test Test Test
```

2.10 사용자로부터 입력 받기

변수 값을 사용자 입력에서 가져와야 하는 경우도 있다. 이를 위해 파이썬은 키보드 입력을 받는 input이라는 기본 함수를 제공한다.[1] 이 함수를 호출하면 프로그램이 멈추고 사용자가 무언가를 입력할 때까지 기다린다. 사용자가 리턴(Return) 또는 엔터(Enter) 키를 누르면 프로그램이 다시 진행되고 사용자가 입력한 내용은 문자열로 반환된다.

```
>>> inp = input()
Some silly stuff
>>> print(inp)
Some silly stuff
```

사용자에게 무엇을 입력해야 하는지 알려주는 메시지를 표시하는 것은 좋은 생각이다. 아래처럼, 표시할 문자열을 input 함수에 전달할 수 있다.

```
>>> name = input('What is your name?\n')
What is your name?
Chuck
>>> print(name)
Chuck
```

안내 메시지 끝의 \n은 '줄 바꿈'을 의미하는 특수 문자다. '줄 바꿈' 문자로 인해, 사용자 입력은 다음 줄 첫 번째 칸부터 출력된다. 잘 이해되지 않는다면 \n을 사용했을 때와 그렇지 않을 때의 커서 위치를 확인해 보자.

정수를 입력 받고 싶다면 int() 함수를 사용해서 입력 값을 int로 변환할 수 있다.

```
>>> prompt = '제비이 비행 속도는?\n'
>>> speed = input(prompt)
제비의 비행 속도는?
17
>>> int(speed)
17
>>> int(speed) + 5
22
```

---

1 파이썬 2.0에서는 함수 이름이 raw_input이다.

만약, 사용자가 숫자가 아닌 다른 값을 입력한다면 아래의 오류가 발생한다.

```
>>> speed = input(prompt)
제비의 비행 속도는?
한국 제비인가요? 미국 제비인가요?
>>> int(speed)
ValueError: invalid literal for int() with base 10:
```

이런 종류의 오류를 어떻게 다루는지 '3.7절 try와 except로 예외 잡기'에서 살펴본다.

2.11 주석

프로그램이 커지고 복잡해질수록 코드를 읽기도 힘들어진다. 이런 상태에서는 코드의 일부만 보고 무엇을 하는지, 왜 그렇게 하는지 알기가 어렵다.

이런 이유로 프로그램이 하는 일에 대한 설명을 달아두는 것이 좋다. 이렇게 적어둔 설명을 주석(comment)이라고 하며, 파이썬에서는 # 기호로 주석을 나타낸다.

아래는 한 줄이 모두 주석이다.

```
# 경과한 시간의 백분율을 계산한다.
percentage = (minute * 100) / 60
```

줄의 끝에 주석을 쓸 수도 있다.

```
percentage = (minute * 100) / 60 # 시간의 백분율
```

#부터 줄 끝까지의 내용은 무시된다. 즉, 프로그램에 아무런 영향을 미치지 않는다.

주석은 코드의 불명확한 특징을 문서화할 때 가장 유용하다. 코드가 무엇을 하는지보다, 왜 그렇게 만들었는지 설명하는 것이 더 좋다.

다음 주석은 코드만 봐도 충분히 알 수 있는 내용이므로 불필요하다.

```
v = 5 # v에 5를 대입한다.
```

그렇지만 아래 주석은 코드에 없는 정보를 알려주므로 유용하다.

```
v = 5 # 속도(미터/초)
```

좋은 변수 이름은 주석의 필요성을 줄인다. 그렇다고, 의미 있는 변수 이름을 만들기 위해 너무 긴 이름을 사용하면, 표현식이 복잡해지고 읽기도 어려워지기 때문에 적당한 절충이 필요하다.

2.12 기억하기 쉬운 변수 이름

변수 이름에 쓸 수 없는 문자를 피하고, 파이썬의 예약어를 쓰지 않는다고 하더라도, 변수 이름을 지을 때는 여전히 많은 선택권이 있다. 처음에는 이러한 선택권 때문에 프로그램을 읽거나 만들 때 모두 혼란을 느낄 수 있다. 예를 들어 다음 3개의 프로그램 결과는 동일하다. 그렇지만 코드를 읽어 보면 저마다 다른 느낌이 들 것이다.

```
a = 35.0
b = 12.50
c = a * b
print(c)

hours = 35.0
rate = 12.50
pay = hours * rate
print(pay)

x1q3z9ahd = 35.0
x1q3z9afd = 12.50
x1q3p9afd = x1q3z9ahd * x1q3z9afd
print(x1q3p9afd)
```

파이썬 인터프리터라면 3개의 프로그램을 모두 동일하게 인식하지만, 사람의 경우는 다르다. 두 번째 프로그램이 각 변수의 의미가 잘 드러나기 때문에 나머지보다 이해하기 쉽다.

이처럼, 적절히 선택된 변수 이름을 '니모닉 변수 이름(mnemonic varaiable

name)'이라고 부른다.[2] '니모닉'은 '기억하기 쉬운'이란 뜻이다. 이런 식으로 변수 이름을 신경 써서 지어 두면, 이 변수를 왜 만들었는지 기억하는 데 도움이 된다.

한편으로, 프로그래밍 입문자에게는 니모닉 변수 이름이 코드를 분석하고 이해하는 데 오히려 방해가 될 수 있다. 파이썬의 예약어가 33개 뿐이라고 해도 입문자들은 아직 모든 예약어를 기억하지 못한다. 그래서 니모닉 변수 이름을 대할 때 '음, 이해하기 쉽도록 잘 짜여진 변수 이름이네'가 아니라, '이건 못 보던 예약어군.. 파이썬은 어려워..'라고 생각할지 모른다.

루프(loop)를 돌면서 몇 개의 데이터를 읽는, 아래 파이썬 코드를 보자. 우리는 아직 루프를 배우지 않았지만, 지금은 어떤 뜻일까 추측만 해보자.

```python
for word in words:
  print(word)
```

코드의 실행 결과가 예상되는가? for, word, in 중에서 예약어는 무엇이고 변수 이름은 무엇일까? 이들 중 파이썬이 본질적으로 이해할 수 있는 단어는 무엇인가? 이처럼, 입문자는 코드에서 예약어와 변수 이름을 구분하는 데 어려움을 겪는다.

아래는 앞의 코드와 동작 면에서는 똑같다.

```python
for slice in pizza:
    print(slice)
```

하지만 word, words를 사용했을 때보다 예약어가 눈에 더 잘 띈다. 파이썬이 pizza, slice를 예약어로 쓸 것 같지는 않으며, 피자 하나가 여러 조각(slice)으로 나뉜다는 것도 분명하다.

이 프로그램이 피자와는 전혀 무관하게, 임의의 데이터를 읽고 특정 단어를 찾는 것이 목적이었다면, pizza와 slice는 이해하기 힘든 변수 이름이므로 프로그램의 본래 의미를 흐리게 한다.

시간이 지나면 자연스레 대부분의 예약어에 친숙해진다. 그렇게 되면 코드

---

2 '니모닉'에 대한 자세한 설명은 *https://en.wikipedia.org/wiki/Mnemonic*을 참고하자.

를 보는 즉시 예약어가 선명하게 드러날 것이다. 대부분의 텍스트 편집기는 파이썬 구문을 인식해서, 예약어와 변수를 서로 다른 색상으로 표시하기 때문에 구분도 쉽다. 코드를 읽는 시간이 늘어날수록 변수와 예약어 판단도 자연스러워질 것이다.

2.13 디버깅

구문 오류가 발생하는 가장 흔한 이유는 class, yield 같은 예약어를 변수 이름으로 사용하거나 odd~job, US$처럼 유효하지 않은 문자가 포함된 경우다.

두 변수 사이에 공백을 입력하면 파이썬은 연산자가 없는 두 개의 피연산자로 이해한다.

```
>>> bad name = 5
SyntaxError: invalid syntax

>>> month = 09
File "<stdin>", line 1
month = 09
^
SyntaxError: invalid token
```

오류 메시지는 그리 도움이 되지 않는다. 오류 메시지는 보통, SyntaxError: invalid syntax 또는 SyntaxError: invalid token인데 쓸만한 정보가 포함되어 있지 않다.

실행 오류의 가장 흔한 경우는 값을 대입하기 전에 변수를 사용하는 경우다. 변수 이름의 철자를 잘못 입력했다면 이런 오류가 발생할 수 있다.

```
>>> principal = 327.68
>>> interest = principle * rate
NameError: name 'principle' is not defined
```

변수 이름은 대소문자를 구분한다. 그러므로 LaTex와 latex는 다르다.

의미론적 오류는 연산자 순서를 잘못 썼을 때 주로 발생한다. 예를 들어 $1/2\pi$을 계산할 때 다음처럼 쓰는 경우다.

```
>>> 1.0 / 2.0 * pi
```

이렇게 하면 나누기가 먼저 평가되므로, π/2의 계산 결과를 얻는다. 마음속에 의도한 바를 파이썬이 알 수 있는 방법은 없기 때문에 이런 경우는 오류 메시지도 없다. 틀린 답만 얻을 뿐이다.

2.14 용어

대입(assignment) 변수에 값을 저장하는 문.

연결(concatenate) 2개의 피연산자의 끝과 끝을 이어서 연결.

주석(comment) 다른 프로그래머 또는 이 코드를 읽게 될 사람을 위한 설명이며 프로그램의 실행에는 영향을 미치지 않는다.

평가(evaluate) 어떤 값을 얻기 위해 연산을 수행해서 표현식을 단순화하는 것.

표현식(expression) 결괏값을 표현하는 변수, 연산자, 값의 조합.

부동 소수점(floating point) 소수부가 있는 숫자 타입.

정수(integer) 정수를 표현하는 숫자 타입.

키워드(keyword) 컴파일러가 프로그램을 분석하기 위해 미리 정해둔 예약어. 따라서 if, def, while 같은 키워드는 변수 이름으로 사용할 수 없다.

니모닉(mnemonic) '기억하기 쉬운'이란 뜻으로, 변수 이름을 니모닉 변수 이름으로 해두면 어떻게 쓰이는지 파악하기도 쉽다.

나머지 연산자(modulus operator) 백분율 기호(%)로 표시한다. 정수 대상으로 동작하며, 어떤 숫자를 다른 숫자로 나눴을 때 그 나머지를 산출한다.

피연산자(operand) 연산자가 동작할 때 그 대상으로 삼는 값.

연산자(operator) 더하기, 곱하기, 문자열 연결 같은 단순 계산을 표현하기 위한 특수 기호.

연산자 우선 순위(rules of precedence) 여러 개의 연산자와 피연산자가 포함된 표현식이 평가될 때 그 순서를 정하는 규칙 집합.

명령문(statement) 명령이나 동작을 표현하는 코드 부분. 지금까지 대입문과 출력 관련 표현식 문을 살펴봤다.

문자열(string) 연속된 문자들을 나타내는 타입.

타입(type) 값의 분류. 지금까지는 정수(int 타입), 부동 소수점(float 타입),
   문자열 (str 타입) 타입을 다뤘다.

값(value) 프로그램이 조작하는 숫자 또는 문자열과 같은 데이터의 기본 단위.

변수(variable) 값을 참조하는 이름.

2.15 연습문제

☑ **문제 2** input을 써서 사용자로부터 이름을 입력 받은 뒤, 환영 메시지와 이름
   을 연결해서 출력해 보자.

```
Enter your name: Chuck
Hello Chuck
```

☑ **문제 3** 급여를 계산하는 데 필요한 시간과 시간 당 지불 금액을 입력 받는 프
   로그램을 만들어 보자.

```
Enter Hours: 35
Enter Rate: 2.75
Pay: 96.25
```

계산 결과가 소수점 이하 두 자리 수를 정확히 출력하는지는 신경 쓰지 말
자. 필요하다면 파이썬 내장 함수인 round를 쓰면 소수점 이하 두 자리까지
반올림 할 수 있다.

☑ **문제 4** 아래 대입문이 실행됐다고 가정하자.

```
width = 17
height = 12.0
```

다음 각 표현식에 대해 결괏값과 타입이 무엇인지 생각해 보자.

ⓐ width//2

ⓑ width/2.0

ⓒ height/3

ⓓ 1 + 2 * 5

생각과 동일한지 파이썬 인터프리터에서 확인해 보자.

☑ **문제 5** 섭씨 온도를 입력 받고 화씨 온도로 변환해 출력하는 프로그램을 만들어 보자.

3장

Python for Everybody

조건 실행

3.1 불 표현식

불 표현식(Boolean expression)은 참 또는 거짓인 표현식이다. 아래 예제는 ==
연산자를 써서, 두 개의 피연산자를 비교하고 값이 같으면 True, 다르면 False
를 반환한다.

```
>>> 5 == 5
True
>>> 5 == 6
False
```

True와 False는 bool 클래스에 속한 특별한 값이다. 문자열과 다른 타입이라는
것에 주의하자.

```
>>> type(True)
<class 'bool'>
>>> type(False)
<class 'bool'>
```

==는 비교 연산자 중 하나다. 이외의 비교 연산자들을 다음에 나열했다.

```
x != y      # x는 y와 같지 않다.
x > y       # x가 y보다 크다.
x < y       # x가 y보다 작다.
```

```
x >= y      # x는 y와 같거나 크다.
x <= y      # x는 y와 같거나 작다.
x is y      # x는 y와 같다.
x is not y  # x는 y와 같지 않다.
```

대부분 익숙한 기호들이다. 그렇지만 같은 기호가 수학에서 쓰일 때와 파이썬에서 쓰일 때 다른 의미를 갖는 경우가 있으므로 주의해야 한다. 예를 들어 수학에서 =는 등호, 그러니까 두 수가 같다는 걸 의미할 때 쓴다. 하지만 파이썬에서 =는 대입 연산자로 사용된다.

한편 =<, => 연산자는 존재하지 않는다.

3.2 논리 연산자

논리 연산자로 and, or, not 3개가 있다. 이 연산자들의 의미는 영어 뜻과 유사하다.

예를 들어 아래 코드는 x가 0보다 크고 10보다 작을 때만 참이라는 의미다.

```
x > 0 and x < 10
```

다음 코드는 조건 중 어느 하나를 만족하면 참이다. 즉, n이 2나 3으로 나눠지면 참이다.

```
n%2 == 0 or n%3 == 0
```

마지막으로, not 연산자는 불 표현식을 무효화한다. 따라서 아래 코드에서는

```
not (x > y)
```

x > y가 거짓인 경우, 즉 x가 y보다 작거나 동일하면 참이다.

논리 연산자의 피연산자는 불 표현식이어야 하지만, 파이썬은 이를 강요하지 않는다. 0이 아닌 모든 숫자는 '참'으로 해석된다.

```
>>> 17 and True
True
```

이러한 유연성은 편리할 수도 있지만, 때로는 혼란을 유발하기도 한다. 따라서 확실히 이해했다는 판단이 들기 전에는 이렇게 쓰지 않는 것이 좋다.

3.3 조건부 실행

유용한 프로그램을 만들려면 어떤 조건에 따라 프로그램 동작을 바꿀 수 있어야 한다. 이럴 때 조건문(Conditional statement)이 필요하다. 가장 단순한 형태는 if문이다.

```
if x > 0:
    print('x is positive')
```

if문 다음의 불 표현식이 조건부다. if문의 마지막은 :으로 끝나며, 다음 줄은 들여쓴다.

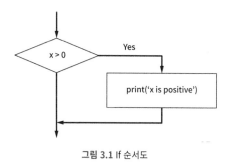

그림 3.1 If 순서도

만약 논리적 조건이 참이면 들여쓴 문이 실행되고, 거짓이라면 건너뛴다.

if문과 for루프[1]는 함수 정의에 대해 동일 구조를 갖는다. 양쪽 모두 첫 줄은 콜론(:)으로 끝나며 다음 줄은 들여쓴다. 이처럼, 하나 이상의 행에 걸쳐 있는 명령문을 복합문(compound statement)이라고 한다.

본문에 쓸 명령문 수는 제한이 없다. 하지만 최소 1줄은 필요하다. 때로는 명령문 없는 본문이 필요할 때도 있다. 예를 들어 아직 본문을 작성하지 않은 상

---

[1] 함수는 4장에서, 루프는 5장에서 다룬다.

태에서 뭔가 표시만 해두고 싶은 경우다. 이때는 아무 일도 하지 않는 pass문을
사용한다.

```
if x < 0:
    pass      # 나중에 음수에 대한 처리를 추가하자.
```

파이썬 인터프리터에 if문을 입력하면, 3개의 가로줄 표시(>>>)가 점(...)으로
바뀌면서 명령문 블록 중간에 있다는 것을 알려준다. 아래를 참고하자.

```
>>> x = 3
>>> if x < 10:
...     print('Small')
...
Small
>>>
```

파이썬 인터프리터에서 블록 마지막 줄은 빈 줄이어야 한다. 그렇지 않으면 파
이썬이 오류 메시지를 띄운다.

```
>> x = 3
>>> if x < 10:
...     print('Small')
... print('Done')
  File "<stdin>", line 3
    print('Done')
        ^
SyntaxError: invalid syntax
```

스크립트에 코드를 입력할 때는 블록 마지막에 빈 줄을 꼭 넣을 필요는 없지
만, 이렇게 해서 가독성을 향상시킬 수 있다.

3.4 선택 실행

if문의 두 번째 형태인 선택 실행(alternative execution)은 조건에 따라 두 가
지 가능성 중 하나가 실행된다. 다음 코드를 보자.

```
if x%2 == 0 :
  print('x는 짝수')
```

```
else :
    print('x는 홀수')
```

x를 2로 나눈 나머지가 0이면, x는 **짝수** 메시지가 출력된다. 그렇지 않으면 두
번째 명령문이 실행된다.

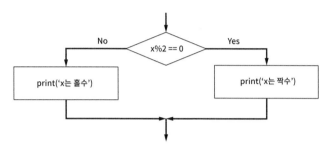

그림 3.2 If-Then-Else 순서도

조건은 참 아니면 거짓이므로, 하나의 명령문만 실행된다. 선택 실행은 프로그
램 실행 중 하나의 가지(branch)로 볼 수 있으므로 분기라고 부르기도 한다.

3.5 연결된 조건문

때로는 두 개 이상의 선택 가능성이 필요한 경우도 있으며, 이때는 분기도 두
개 이상 필요하다. 이런 때 사용 가능한 방법 중 하나는 연결된 조건문(chained
conditional)이다.

```
if x < y:
    print('x는 Y보다 작다.')
elif x > y:
    print('x는 Y보다 크다.')
else:
    print('x와 y는 같다.')
```

elif는 'else if'의 짧은 표현이다. 이번에도 역시 하나의 분기만 실행된다. elif
절은 제한 없이 쓸 수 있다. else절이 필요하다면 맨 마지막에 쓰고, 굳이 필요
하지 않다면 생략해도 좋다.

```python
if choice == 'a':
  print('땡 :( ')
elif choice == 'b':
  print('딩동댕 :)')
elif choice == 'c':
  print('프로그램을 종료합니다.')
```

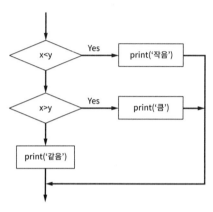

그림 3.3 If-Then-ElseIf 순서도

각 조건은 순서대로 검사된다. 첫 번째 조건이 거짓이면 다음 조건이 검사되는 식으로 흘러간다. 만약, 그 중 하나가 참이면 해당 분기가 실행되고 명령문이 종료된다. 둘 이상의 조건이 참이라고 해도, 순서상으로 먼저 검사되는 분기만 실행된다는 것도 잘 기억해 두자.

3.6 중첩된 조건문

조건 내부에 다른 조건이 중첩될 수 있다. 아래 3개의 분기 코드를 보자.

```python
if x == y:
    print('x와 y는 같다.')
else:
    if x < y:
        print('x는 y보다 작다.')
    else:
        print('x는 y보다 크다.')
```

바깥쪽 조건문에 두 개의 분기가 있다. 첫 번째 분기는 간단한 명령문이다. 두 번째 분기는, 또 다른 두 개의 분기를 갖는 if문이 있다. 이와 같은 식으로 조건 안에 조건을 중첩시킬 수 있다.

비록, 들여쓰기로 인해 전체 구조가 선명하게 드러나지만, 중첩된 조건은 읽기가 힘들다. 따라서, 가능한 이렇게 쓰지 않는 것이 좋다.

논리 연산자를 써서 중첩된 조건을 단순화 할 수 있다. 어떻게 하는지 보자.

```
if 0 < x:
    if x < 10:
        print('x는 10보다 작은 양수다.')
```

이 코드에서 print문은 두 개의 조건이 모두 만족될 때만 실행된다. 이때는 논리 연산자 and를 활용해 아래처럼 쓸 수 있다.

```
if 0 < x and x < 10:
    print('x는 10보다 작은 양수다.')
```

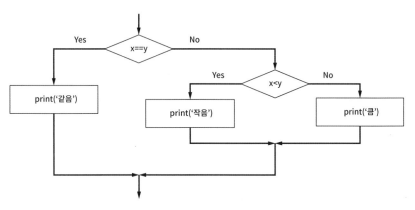

그림 3.4 중첩된 If문

3.7 try와 except로 예외 잡기

2장에서 input과 int 함수를 써서 사용자가 입력한 정수 값을 읽고 파싱했다. 그리고 기대한 값이 입력되지 않아서 오류가 발생하는 상황도 봤다.

```
>>> prompt = '제비의 비행 속도는?\n'
>>> speed = input(prompt)
제비의 비행 속도는?
한국 제비인가요? 미국 제비인가요?
>>> int(speed)
ValueError: invalid literal for int() with base 10:
>>>
```

다행히 파이썬 인터프리터에서 이 코드를 실행했다면, 오류 메시지를 본 다음 잘못된 코드를 다시 수정해서 입력하면 된다. 그러니까 인터프리터가 실행을 멈추지는 않는다. 하지만 파이썬 스크립트라면 얘기가 달라진다. 이때는 오류가 발생하면 프로그램이 실행을 멈추고 오류 메시지를 출력하므로, 다음 명령이 실행되지 않는다.

화씨 온도를 섭씨 온도로 변환하는 다음 코드를 보자.

```
inp = input('Enter Fahrenheit Temperature:')
fahr = float(inp)
cel = (fahr - 32.0) * 5.0 / 9.0
print(cel)
```

 # Code: https://www.py4e.com/code3/fahren.py

이 코드를 실행하고 고의로 입력 값을 틀리게 넣으면, 오류 메시지를 표시하면서 프로그램이 멈춘다.

```
python fahren.py
Enter Fahrenheit Temperature:72
22.22222222222222
```

```
python fahren.py
Enter Fahrenheit Temperature:fred
Traceback (most recent call last):
    File "fahren.py", line 2, in <module>
        fahr = float(inp)
ValueError: could not convert string to float: 'fred'
```

이 같은 상황을 처리하기 위해 파이썬은 'try/except'라 부르는 조건부 실행 장치를 내장하고 있다. try, except의 기본 개념은 프로그램 진행 중 문제가 발생했을 때를 대비하여 그 문제를 해결하기 위한 코드를 추가하는 것이다. 이렇게 추가한 여분의 코드는 만약, 오류가 발생하지 않았다면 무시된다.

그래서 try, except를 일종의 '보험' 장치라고 생각할 수 있다. try, except를 앞의 코드에 적용해 보자.

```python
inp = input('Enter Fahrenheit Temperature:')
try:
    fahr = float(inp)
    cel = (fahr - 32.0) * 5.0 / 9.0
    print(cel)
except:
    print('Please enter a number')
```

프로그램이 시작되면 try 블록의 코드가 순서대로 실행된다. 아무 문제가 없다면 except 블록은 건너뛴다. 하지만 try 블록에서 예외가 발생하면 try 블록 밖으로 점프해서 except 블록의 코드를 실행한다.

```
python fahren2.py
Enter Fahrenheit Temperature:72
22.22222222222222

python fahren2.py
Enter Fahrenheit Temperature:fred
Please enter a number
```

이처럼, try로 예외를 처리하는 것을 '예외를 잡는다'라고 표현한다. 예제의 except 블록에서는 오류 메시지를 출력했다. 발생 가능한 예외를 처리하면 문제를 해결하거나 다시 시도할 수 있기 때문에 최소한 프로그램을 정상적으로 종료할 수 있다.

3.8 논리적 표현의 단락 평가

x >= 2 and (x/y) > 2와 같은 논리적 표현식은 왼쪽에서 오른쪽으로 평가된다. x가 2보다 작으면 x >= 2가 False이므로 (x/y) > 2가 True 또는 False 여부에 상관없이 전체 표현식은 False가 된다.

이처럼 파이썬은 논리 표현식의 나머지 부분을 처리할 이유가 없다면 평가를 중단한다. 이미 최종 값을 알기 때문에, 논리 표현식의 남은 부분을 평가하지 않는 것을 단락(short-circuiting) 평가라고 한다.

대수롭지 않아 보일 수 있지만, 이 동작은 보호자 패턴(guardian pattern)이라는 영리한 기술로 이어진다. 파이썬 인터프리터에서 아래 코드를 확인해 보자.

```
>>> x = 6
>>> y = 2
>>> x >= 2 and (x/y) > 2
True
>>> x = 1
>>> y = 0
>>> x >= 2 and (x/y) > 2
False
>>> x = 6
>>> y = 0
>>> x >= 2 and (x/y) > 2
Traceback (most recent call last):
  File "<stdin>", line 1, in <module>
ZeroDivisionError: division by zero
>>>
```

y가 0이라면 (x/y)를 평가할 때 실행 오류가 발생한다. (x/y)는 두 번째와 세 번째 예제에서 사용되지만 두 번째 예제는 실패하지 않는다. 그 이유는 두 번째 예제의 x >= 2가 False로 평가되므로 단락 평가로 인해 (x/y)가 실행되지 않았기 때문이다.

오류가 발생할 가능성이 있는 곳이라면 아래 코드처럼 '보호자 패턴'을 배치해서 논리적 표현을 안전하게 만든다.

```
>>> x = 1
>>> y = 0
>>> x >= 2 and y != 0 and (x/y) > 2
False
>>> x = 6
>>> y = 0
>>> x >= 2 and y != 0 and (x/y) > 2
False
>>> x >= 2 and (x/y) > 2 and y != 0
Traceback (most recent call last):
  File "<stdin>", line 1, in <module>
ZeroDivisionError: division by zero
>>>
```

첫 번째 논리 표현식에서는 x >= 2가 False이므로 평가는 and에서 끝난다. 두 번째 논리 표현식에서는 x >= 2가 True지만, y != 0이 False이므로 (x/y)는 실행되지 않는다. 세 번째 논리 표현식에서 y != 0은 (x/y) 뒤에 있으므로 오류와 함께 실패한다.

두 번째 표현식의 y != 0은 y가 0이 아닐 때만 (x/y)를 실행하도록 보장하는 '보호자' 역할을 한다.

3.9 디버깅

오류가 발생하면 파이썬이 많은 정보를 알려주는데 때로는 과도한 경우도 있다. 보통 다음 정보들이 가장 유용하다.

- 어떤 종류의 오류인가
- 그 오류가 발생한 곳은 어디인가?

구문 오류의 원인은 일반적으로 쉽게 발견되지만 몇 가지 문제가 있다. 공백과 탭은 눈에 잘 띄지 않는다. 게다가 우리는 공백과 탭을 무시하는 데 익숙하다.

```
>>> x = 5
>>>  y = 6
  File "<stdin>", line 1
    y = 6
    ^
IndentationError: unexpected indent
```

이 코드의 문제는 두 번째 줄을 한 칸 들여썼다는 것이다. 하지만 오류 메시지는 y를 가리키고 있기 때문에 오해할 수 있다. 오류 메시지는 보통 문제가 발견된 곳을 가리키지만, 실제 오류는 코드의 앞부분 또는 이전 줄에 있을 수도 있다.

일반적으로 오류 메시지는 문제가 발견된 곳은 알려주지만, 그 문제가 어디서부터 시작했는지는 알려주지 않는다.

3.10 용어

본문(body) 복합문 내의 연속된 명령문.

불 표현식(boolean expression) True나 False 값을 갖는 표현식.

분기(branch) 조건문 결과에 따라 선택되는 명령문.

연결된 조건문(chained conditional) 연속된 분기가 있는 조건문.

비교 연산자(comparison operator) 피연산자를 비교하는 연산자. ==, !=, >, <, >=, <=

조건문(conditional statement) 조건에 따라 실행 흐름을 제어하는 명령문.

조건(condition) 조건문에서 어떤 분기가 실행될지 결정하는 불 표현식.

복합문(compound statement) 헤더와 본문으로 구성된 명령문. 헤더는 콜론(:)으로 끝나며 본문은 헤더를 기준으로 들여쓰기한다.

보호자 패턴(guardian pattern) 단락 평가를 활용해서 논리적 표현을 안전하게 만든다.

논리적 연산자(logical operator) 불 표현식을 조합하는 연산자. and, or, not.

중첩된 조건문(nested conditional) 조건문의 분기 중 하나에 또 다른 조건문이 있는 경우.

트레이스백(traceback) 예외가 발생했을 때 출력되는, 실행 중인 함수 목록.

단락 평가(short circuit) 표현식의 최종값을 아는 경우, 파이썬은 표현식의 남은 부분을 평가하지 않고 중단한다.

3.11 연습문제

☑ **문제 1** 40시간 이상 일한 근로자에게 시간 당 1.5배의 급여가 지급되도록 급여를 다시 계산해 보자.

```
Enter Hours: 45
Enter Rate: 10
Pay: 475.0
```

☑ **문제 2** try, except를 써서 급여 프로그램을 다시 만들자. 이번에는 숫자가

아닌 값이 입력되더라도 프로그램을 안전하게 종료시켜야 한다. 다음은 실행 예시다.

```
Enter Hours: 20
Enter Rate: nine
Error, please enter numeric input

Enter Hours: forty
Error, please enter numeric input
```

☑ 문제 3 0.0에서 1.0 사이의 점수를 입력 받는 코드를 만들자. 범위를 벗어나는 경우 오류 메시지를 표시하고, 범위 안에 포함되면 아래 표를 써서 성적 등급을 표시하자.

```
Score    Grade
>= 0.9   A
>= 0.8   B
>= 0.7   C
>= 0.6   D
< 0.6    F

Enter score: 0.95
A

Enter score: perfect
Bad score

Enter score: 10.0
Bad score

Enter score: 0.75
C

Enter score: 0.5
F
```

프로그램이 제대로 동작하는지 확인하기 위해, 다양한 입력 값으로 프로그램을 반복해가며 테스트해 보자.

4장

Python for Everybody

함수

4.1 함수 호출

프로그래밍에서 함수(function)란, 어떤 계산을 처리하는 연속된 명령문을 의미한다. 함수를 정의할 때는 함수 이름과 실행할 명령문을 지정한다. 그런 다음, 필요할 때마다 지정해둔 이름으로 함수를 호출(call)한다. 함수 호출의 예는 앞에서 이미 살펴봤다.

```
>>> type(32)
<class 'int'>
```

여기서 호출한 함수의 이름은 type이다. 괄호 안의 표현식은 함수의 인수(argument)라고 부른다. 인수는 함수에 전달할 값 또는 변수다. type 함수의 호출 결과는 인수의 타입이다.

일반적으로 함수는 입력 값을 '받아서' 어떤 처리를 한 다음, 그 결과를 '반환'한다. 그래서 그 결과를 반환 값(return value)이라고 부른다.

4.2 내장 함수

파이썬은 직접 함수를 만들 필요 없이 곧바로 호출해 쓸 수 있는, 여러 개의 중요한 내장 함수를 제공한다. 파이썬 창시자는 일반적인 문제를 해결할 수 있는 함수들을 미리 만들어 파이썬에 포함시켰다.

예를 들어 max와 min 함수는 각각 목록 내의 최댓값과 최솟값을 알려준다.

```
>>> max('Hello world')
'w'
>>> min('Hello world')
' '
>>>
```

max 함수는 문자열 내에서 가장 큰 문자인 'w'를 반환하고, min 함수는 가장 작은 문자인 '공백' 문자를 반환한다.[1]

많이 사용되는 내장 함수의 또 다른 예는 len 함수로, 넘겨받은 인수에 얼마나 많은 항목이 포함돼 있는지 알려준다. 문자열이 넘어왔다면 문자열 길이를 반환한다.

```
>>> len('Hello world')
11
>>>
```

이 함수들은 문자열 뿐만 아니라 다른 타입에 대해서도 쓸 수 있다. 구체적인 예는 이 장의 후반부에서 알아본다.

한편, 내장 함수의 이름도 예약어로 취급하는 것이 좋다. 예를 들어 변수 이름으로 max 사용을 피하자.

4.3 타입 변환 함수

파이썬은 어떤 타입 값을 다른 타입으로 변환하는 내장 함수를 제공한다. int 함수는 어떤 값이 정수 변환이 가능하다면 정수로 변환하고, 그렇지 않으면 오류를 발생시킨다.

```
>>> int('32')
32
>>> int('Hello')
```

---

1 (옮긴이) Hello world 문자열에서는 w의 아스키 코드 값이 119로 가장 크며, '공백' 문자의 아스키 코드 값이 32로 가장 작다.

```
ValueError: invalid literal for int() with base 10: 'Hello'
```

int 함수는 부동 소수점을 정수로 변환하지만 반올림 처리는 하지 않기 때문에 소수 부분은 버린다.

```
>>> int(3.99999)
3
>>> int(-2.3)
-2
```

float 함수는 정수와 문자열을 부동 소수점으로 변환한다.

```
>>> float(32)
32.0
>>> float('3.14159')
3.14159
```

str 함수는 문자열로 변환한다.

```
>>> str(32)
'32'
>>> str(3.14159)
'3.14159'
```

4.4 수학 함수

파이썬의 math 모듈에는 수학 계산을 처리하는 함수들이 들어있다. 사용하려면 먼저 모듈을 가져와야(import) 한다.

```
>>> import math
```

이 명령은 math라는 이름의 모듈 객체를 생성한다. 모듈 객체를 출력해 보면 다음과 같은 정보를 볼 수 있다.

```
>>> print(math)
<module 'math' (built-in)>
```

모듈 객체 내부에 함수와 변수들이 포함돼 있다. 함수를 사용하려면 모듈 이름과 함수 이름을 점(.)으로 구분해서 지정해준다. 이런 형식을 점 표기법(dot notation)이라고 한다.

```
>>> ratio = signal_power / noise_power
>>> decibels = 10 * math.log10(ratio)

>>> radians = 0.7
>>> height = math.sin(radians)
```

첫 번째 코드는 신호 대 잡음 비율(signal-to-noise ratio)의 상용로그 값[2]을 계산한다. math 모듈은 이 외에도, 자연로그를 계산하는 log 함수를 제공한다.[3]

두 번째 예는 radians의 사인 값을 찾는다. 변수 이름을 통해 sin과 다른 삼각 함수(cos, tan 등)가 인수를 라디안으로 받는다는 걸 알 수 있다. 각도를 라디안으로 변환하려면 360으로 나눈 다음 2를 곱한다.

```
>>> degrees = 45
>>> radians = degrees / 360.0 * 2 * math.pi
>>> math.sin(radians)
0.7071067811865476
```

math.pi는 math 모듈에서 변수 pi 값을 가져온다. 이 값은 π의 근사값으로 15자리의 정확도를 갖는다.

삼각법(trigonometry)을 알고 있는 경우, 2의 제곱근을 2로 나눈 값과 비교해서 이전 결과를 확인할 수 있다.

```
>>> math.sqrt(2) / 2.0
0.7071067811865476
```

4.5 무작위 수

대부분의 컴퓨터 프로그램은 입력 값이 동일하다면 결과 역시 동일하게 출력한다. 그래서 이를 결정론적(deterministic)이라고 부른다. 결정론은 결과를 예측할 수 있게 하므로 보통 좋은 것으로 평가되지만, 때로는 컴퓨터가 예측하지

---

2 (옮긴이) math.log10() 함수로 밑이 10인 상용로그 값을 계산할 수 있다.
3 (옮긴이) math.log() 함수로 밑이 e인 자연로그 값을 계산할 수 있다.

못하게 하고 싶을 때도 있다. 컴퓨터 게임이 대표적이지만, 그 외에도 많은 예가 있다.

프로그램을 완전히 비결정론적으로 만드는 건 쉽지 않다. 하지만 최소한 그렇게 보이게 하는 방법이 있다. 그 중 하나는 의사 난수(pseudorandom number)를 만드는 알고리즘을 쓰는 것이다. 의사 난수 역시 결정론적 계산에 의해 생성되기 때문에 진정한 의미의 무작위 수라고 볼 수 없다. 하지만 그 수만 보고 이를 구분하기는 힘들다.

random 모듈은 의사 난수를 생성하는 함수를 제공한다(이제부터는 의사 난수를 간단히 '무작위 수'라고 부르겠다).

random 함수는 0.0과 1.0 사이의 무작위 부동 소수를 반환한다(0.0은 포함되지만 1.0은 포함되지 않는다). random을 호출할 때마다 다른 수를 얻는다. 실제 예를 보려면 다음 루프를 실행해 보자.

```
import random

for i in range(10):
        x = random.random()
        print(x)
```

이 코드는 0.0부터 1.0 미만의 무작위 수 10개를 생성한다.

```
0.11132867921152356
0.5950949227890241
0.04820265884996877
0.841003109276478
0.997914947094958
0.04842330803368111
0.7416295948208405
0.510535245390327
0.27447040171978143
0.028511805472785867
```

☑ 문제 1 자신의 컴퓨터에서 프로그램을 실행하고 생성된 수를 살펴보자. 한 번 이상 실행시켜서 매번 새로운 수가 생성되는지 살펴보자.

random 함수는 무작위 수를 다루는 여러 함수 중 하나일 뿐이다. randit 함수는

low, high 매개변수를 받아서 두 값 사이의 정수를 반환한다. 이때는 두 값도 범위에 포함된다.

```
>>> random.randint(5, 10)
5
>>> random.randint(5, 10)
9
```

여러 수 중에서 임의로 하나를 선택하려면 choice를 사용한다.

```
>>> t = [1, 2, 3]
>>> random.choice(t)
2
>>> random.choice(t)
3
```

random 모듈은 가우시안(Gaussian), 지수, 감마 등을 포함한 연속 확률 분포에서 무작위 수를 생성하는 기능도 제공한다.

4.6 새 함수 추가하기

지금까지는 파이썬에 내장된 함수만을 사용했지만, 새로운 함수도 얼마든지 만들어 쓸 수 있다. 함수 정의(function definition)는 새로운 함수 이름과 함수가 호출됐을 때 실행할 명령문으로 구성된다. 함수를 한번 정의해 두면, 프로그램 내에서 얼마든지 재사용이 가능하다. 아래 예를 보자.

```
def print_lyrics():
    print("I'm a lumberjack, and I'm okay.")
    print('I sleep all night and I work all day.')
```

def 키워드는 이 코드가 함수 정의라는 걸 의미한다. print_lyrics는 함수 이름이다. 함수 이름의 명명 규칙은 변수 이름의 규칙과 동일하다. 문자와 숫자, 언더바(_)는 가능하지만, 함수 이름의 첫 글자에 숫자를 쓸 수 없다. 키워드 역시 함수 이름으로 쓸 수 없다.

　print_lyrics 이름 다음의 빈 괄호는 이 함수가 어떤 인수도 필요로 하지 않는다는 걸 의미한다. 입력 인수가 필요한 함수는 조금 뒤에 만들어 본다.

함수 정의의 첫 번째 줄을 헤더(header), 나머지 부분은 본문(body)이라고 부른다. 헤더는 콜론(:)으로 끝나며 본문은 들여쓴다. 규칙에 따라 들여쓰기는 항상 공백 4칸이다.[4] 본문을 차지하는 명령문 수는 제한이 없다.

대화형 모드에서 함수 정의를 입력할 때는 인터프리터가 말줄임표(...)를 사용해서 아직 함수 정의가 완료되지 않았다는 걸 알려준다.

```
>>> def print_lyrics():
...     print("I'm a lumberjack, and I'm okay.")
...     print('I sleep all night and I work all day.')
...
```

필요한 명령을 모두 입력했다면 엔터를 한 번 더 쳐서 빈 줄이 입력되도록 한다. 스크립트에 함수 정의를 입력 한다면, 이 동작은 필요 없다.

함수를 정의하면 같은 이름의 변수도 생성된다.

```
>>> print(print_lyrics)
<function print_lyrics at 0xb7e99e9c>
>>> print(type(print_lyrics))
<class 'function'>
```

위에서 보는 것처럼, print_lyrics는 'function' 타입의 함수 객체(function object)다. 새로 만든 함수 호출 방법은 내장 함수 호출 방법과 동일하다.

```
>>> print_lyrics()
I'm a lumberjack, and I'm okay.
I sleep all night and I work all day.
```

함수를 정의하면 다른 함수 내부에서도 이 함수를 호출할 수 있다. 아래의 repeat_lyrics 함수는 앞에서 만든 print_lyrics를 반복해서 호출한다.

```
dcf repeat_lyrics():
    print_lyrics()
    print_lyrics()
```

---

4 (옮긴이) PEP 8(파이썬 컨벤션 개선 제안)에서는 들여쓰기에 공백 네 칸을 '권장'한다. 그러니까 공백 네 칸이 필수는 아니며, 공백 한 칸, 두 칸 또는 탭을 쓸 수도 있다. 다만, 같은 블록 내에서는 들여쓰기 칸 수가 동일해야 하며, 공백과 탭을 섞어 쓰면 안 된다.

이 함수를 호출한 결과는 아래와 같다.

```
>>> repeat_lyrics()
I'm a lumberjack, and I'm okay.
I sleep all night and I work all day.
I'm a lumberjack, and I'm okay.
I sleep all night and I work all day.
```

4.7 정의와 사용

앞에서 본 코드를 모두 합쳐보자.

```
def print_lyrics():
    print("I'm a lumberjack, and I'm okay.")
    print('I sleep all night and I work all day.')

def repeat_lyrics():
    print_lyrics()
    print_lyrics()

repeat_lyrics()
```

 # Code: https://www.py4e.com/code3/lyrics.py

이 프로그램은 print_lyrics, repeat_lyrics 2개 함수를 정의한다. 함수 정의도 다른 명령문처럼 실행되지만 함수 객체를 생성하는 효과가 있다. 함수 내의 명령문은 함수가 호출될 때까지는 실행되지 않는다. 따라서, 함수 정의만으로 실행 결과가 생성되지는 않는다.

함수를 실행하려면 미리 함수를 만들어 놔야 한다. 바꿔 말하면 함수가 처음으로 호출되기 전에 함수 정의가 실행됐어야 한다.

☑ **문제 2** 마지막 줄의 repeat_lyrics()를 프로그램 맨 위로 옮겨서 함수 정의 전에 호출해 보자. 프로그램을 실행해 어떤 오류가 발생하는지 보자.

☑ **문제 3** repeat_lyrics()를 원래 위치로 이동시키고, 이번에는 print_lyrics 함수 정의를 repeat_lyrics 함수 정의 다음으로 옮기자. 프로그램을 실행해서 어떤 결과가 발생하는지 살펴보자. 결과에 놀랐다면 다음 절을 확실히 이해하자.

4.8 실행 흐름

함수를 처음 호출하기 전에 함수 정의를 확실히 하려면 어떤 순서로 명령문이 실행되는지 알아야 한다. 즉, 실행 흐름(flow of execution)을 이해해야 한다.

프로그램 실행은 항상 첫 번째 명령부터 시작해서 한번에 하나씩 아래 방향으로 흘러간다. 함수 정의는 프로그램 실행 흐름을 수정하지 않는다. 단, 함수 본문의 명령은 함수가 실제로 호출되기 전에는 실행되지 않는다.

함수 호출은 실행 흐름을 바꾸는 것과 같다. 함수를 호출하면 실행 흐름이 함수 본문으로 이동해 명령을 완료한 다음, 중단된 곳부터 다시 실행 흐름이 흘러간다.

함수 내에서 또 다른 함수를 호출할 수 있다는 것을 기억하면 간단히 이해할 수 있다. 프로그램은 함수 본문에서 다른 함수의 명령을 실행할 수 있다. 새로운 함수 내에서 기존 함수를 호출해야 할 수도 있다.

다행히 파이썬은 실행 흐름을 추적하는 데 능숙하다. 그래서 함수가 완료되면 그 함수를 호출했던 지점으로 돌아온다. 프로그램이 종료되면 실행 흐름도 종료된다.

얼른 이해하기 힘들 수 있다. 우선 이렇게 기억하자. 프로그램을 읽을 때는 위에서 아래의 순서로 읽되, 때로는 함수 호출로 인해 실행 흐름이 변경될 수 있다.

4.9 매개변수와 인수

지금까지 살펴본 내장 함수 일부는 인수를 필요로 한다. 예를 들어 math.sin을 호출할 때는 인수로 숫자를 넘겨준다. 일부 함수는 하나 이상의 인수를 필요로 한다. math.pow 함수는 기수와 지수를 인수로 전달한다.

함수 내에서 인수는 매개변수(parameter)라고 부르는 변수에 대입된다. 아래의 사용자 정의 함수는 하나의 인수를 받는다.

```
def print_twice(bruce):
  print(bruce)
  print(bruce)
```

이 함수는 bruce라는 이름의 매개변수에 인수를 대입한다. 함수가 호출되면 매개변수의 값을 두 번 출력한다.

이 함수는 출력이 가능하다면 어떤 타입에 대해서도 쓸 수 있다.

```
>>> print_twice('Spam')
Spam
Spam
>>> print_twice(17)
17
17
>>> import math
>>> print_twice(math.pi)
3.141592653589793
3.141592653589793
```

내장 함수에 적용되는 합성 규칙은 사용자 정의 함수에 동일하게 적용된다. 그래서 print_twice에 대한 인수로서 어떤 표현식도 사용할 수 있다.

```
>>> print_twice('Spam '*4)
Spam Spam Spam Spam
Spam Spam Spam Spam
>>> print_twice(math.cos(math.pi))
-1.0
-1.0
```

인수는 함수 호출 전에 평가되므로, 위 예제에서 표현식 'Spam '*4 와 math.cos(math.pi)는 한 번만 평가된다.

인수로 변수를 사용할 수도 있다.

```
>>> michael = 'Eric, the half a bee.'
>>> print_twice(michael)
Eric, the half a bee.
Eric, the half a bee.
```

인수로 전달한 변수 이름 michael은 매개변수 이름 bruce와 아무 관련이 없다. 호출자에서 값이 무엇이었는지는 중요하지 않다. print_twice 내부에서는 모든 걸 bruce라고 부른다.

4.10 유효 함수와 void 함수

지금껏 사용한 함수 중 일부는 결과를 산출한다. 마땅한 이름이 없어서 이 책에서는 이런 함수를 유효 함수(fruitful function)라고 부른다. 조금 전 본, print_twice 같은 함수는 어떤 처리를 하지만 값을 반환하지는 않는다. 이를 void 함수라고 부른다.

유효 함수를 호출하는 경우는 어떤 결과를 원할 때다. 그래서 호출 결과를 변수에 대입하거나 표현식의 일부로 사용할 수 있다.

```
x = math.cos(radians)
golden = (math.sqrt(5) + 1) / 2
```

대화형 모드에서 함수를 호출하면 결과를 출력한다.

```
>>> math.sqrt(5)
2.23606797749979
```

스크립트에서 유효 함수를 호출할 때는 결과값을 변수에 저장하지 않으면 값이 사라진다.

```
math.sqrt(5)
```

이 코드는 5의 제곱근을 계산하지만, 결과를 출력하거나 변수에 저장하지 않기 때문에 그리 유용하지 않다.

void 함수는 무언가를 출력하거나 특정 동작을 할 수 있지만, 반환 값이 없다. 그래서 호출 결과를 변수에 대입하면 None이라는 특별한 값을 얻는다.

```
>>> result = print_twice('Bing')
Bing
Bing
>>> print(result)
None
```

None은 문자열 'None'과 다르다. 자신만의 타입을 갖고 있는 특별한 값이다.

```
>>> print(type(None))
<class 'NoneType'>
```

함수에서 결과를 반환할 때는 return문을 사용한다. 예를 들어 두 수를 더하고 결과를 반환하는 addtwo 함수가 있다고 하자.

```
def addtwo(a, b):
    added = a + b
    return added

x = addtwo(3, 5)
print(x)
```

 # Code: https://www.py4e.com/code3/addtwo.py

코드를 실행하면 print문은 8을 출력한다. addtwo 함수에 3과 5를 인수로 전달했기 때문이다. 함수 내의 매개변수 a와 b는 각각 3과 5다. 함수는 added라는 이름의 지역 변수에 결과를 대입한다. 그런 다음 return문을 써서 호출 측에 계산된 값을 반환한다. 반환된 값은 x에 대입되고 출력된다.

4.11 왜 함수를 사용할까?

프로그램을 왜 여러 개의 함수로 나누어야 하는지 궁금할 것이다. 여기에는 몇 가지 이유가 있다.

- 함수를 사용하면 관련된 명령문들끼리 모을 수 있기 때문에, 프로그램을 읽기 쉽고, 이해하기 쉽고 디버그하기 쉽게 한다.
- 반복적인 코드를 없애기 위한 좋은 방법은 함수를 쓰는 것이다. 함수를 쓰면 무언가 변경할 필요가 있을 때, 해당 함수 한 곳만 수정하면 된다.
- 긴 프로그램을 여러 개의 함수로 쪼개두면, 한 번에 한 부분만 집중해서 디버그할 수 있다. 이런 식으로 각 부분을 살펴본 다음, 조립해서 전체가 잘 동작하도록 하면 된다.
- 잘 설계된 함수는 다른 프로그램에서도 사용할 수 있다. 함수를 잘 만들고 디버깅해 두면 필요한 다른 프로그램에서도 쉽게 재사용할 수 있다.

이 책의 나머지 부분에서는 주제를 설명하기 위해 함수 정의를 자주 사용한다. 중요한 점은 '주어진 값들 중 가장 작은 값 찾기'처럼 함수가 어떤 일을 해야 하는지 적절히 결정하는 데 있다. 지금 예로 든, 가장 작은 값을 찾는 코드는 조금 뒤에 보게 된다. 함수의 이름은 min이며 값 목록을 인수로 받아서 그 중 가장 작은 값을 반환한다.

4.12 디버깅

스크립트를 작성할 때 텍스트 편집기를 쓴다면 공백과 탭 구분이 까다롭다. 문제를 해결하는 가장 좋은 방법은 명시적으로 공백을 쓰는 것이다. 즉, 탭을 사용하지 말자. 파이썬을 인식하는 대부분의 편집기들은 기본 동작으로 공백을 사용하지만, 그렇지 않은 편집기도 있다.

탭과 공백은 보통 눈에 보이지 않으므로 디버그하기가 까다롭다. 그러므로 들여쓰기를 잘 관리해 주는 편집기를 찾아보자.

프로그램을 실행하기 전에 저장하는 것도 잊지 말자. 일부 개발 환경은 자동 저장을 지원하지만, 그렇지 않은 것도 있다. 자동 저장을 지원하지 않는 편집기의 경우, 실행한 프로그램에 코드 변경 사항이 반영되지 않을 수도 있다. 이런 상황에서는 엉뚱한 데서 원인을 찾느라 시간을 허비할 수 밖에 없다.

따라서, 지금 보고 있는 코드와 실행한 프로그램의 코드가 동일하도록 해야 한다. 확실하지 않다면, print("hello")와 같은 코드를 프로그램의 시작 부분에 입력해서 다시 실행하자. 실행된 프로그램이 hello를 출력하지 않는다면, 프로그램이 올바로 실행되지 않은 것이다.

4.13 용어

알고리즘(algorithm) 어떤 문제를 해결하기 위한 일반적인 프로세스.

인수(argument) 함수가 호출될 때 함수에 제공되는 값. 함수 내의 매개변수에 대입된다.

본문(body) 함수 정의 내의 연속된 명령문.

합성(composition) 표현식을 다른 표현식의 일부로 사용하거나 명령문이 다른 명령문의 일부로 사용하는 경우.

결정론적(deterministic) 같은 입력에 대해 동일한 작업을 수행하는 프로그램.

점 표기법(dot notation) 모듈 이름 다음에 점(마침표)과 함수 이름을 지정해서
함수를 호출하는 표기법.

실행 흐름(flow of execution) 프로그램 동작 중 실행되는 명령문 순서.

유효 함수(fruitful function) 반환 값이 있는 함수.

함수(function) 유용한 작업을 처리하는 연속된 명령문. 함수는 인수를 취할 수
도, 취하지 않을 수도 있으며 결과를 반환하거나 그렇지 않을 수도 있다.

함수 호출(function call) 함수를 실행하는 구문. 함수 이름 다음에 인수 목록이
따라온다.

함수 정의(function definition) 이름, 매개변수, 실행할 명령문을 지정해서 새
함수를 만드는 명령문.

함수 객체(function object) 함수 정의로 생성된 값. 함수의 이름은 함수 정의를
참조하는 값이다.

헤더(header) 함수 정의의 첫 번째 줄.

가져오기 명령문(import statement) 모듈 파일을 읽고 모듈 객체를 생성하는 명
령문.

모듈 객체(module object) **import**문에 의해 생성되는 값으로 모듈에 정의된 데
이터와 코드에 접근할 수 있게 한다.

매개변수(parameter) 함수 내에서 사용되는 이름으로, 인수에 전달된 값을 참
고한다.

의사 난수(pseudorandom) 무작위로 보이지만 실제로는 결정론적 프로그램에
의해 생성된 수.

반환 값(return value) 함수 호출 결과. 함수 호출에 표현식이 사용됐다면 반환
값은 표현식의 값이다.

void 함수(void function) 반환 값이 없는 함수.

4.14 연습문제

☑ **문제 4** 파이썬에서 def 키워드의 사용 목적은 무엇인가?

ⓐ '이 코드는 정말 멋지다'라는 뜻으로 사용되는 속어다.

ⓑ 함수 시작을 의미한다.

ⓒ 코드의 들여쓰기 블록이 나중에 호출해서 쓸 수 있도록 저장됨을 의미한다.

ⓓ b와 c 모두가 맞는 설명이다.

ⓔ 모두 잘못된 설명이다.

☑ **문제 5** 다음 파이썬 프로그램이 출력하는 결과는?

```python
def fred():
    print("Zap")

def jane():
    print("ABC")

jane()
fred()
jane()
```

ⓐ Zap ABC jane fred jane

ⓑ Zap ABC Zap

ⓒ ACB Zap jane

ⓓ ABC Zap ABC

ⓔ Zap Zap Zap

☑ **문제 6** hours, rate라는 2개의 매개변수를 받아, 초과 근무를 계산하는 computepay 함수를 만들어 보자.

```
Enter Hours: 45
Enter Rate: 10
Pay: 475.0
```

☑ 문제 7 3장의 성적 계산 프로그램을 computegrade라는 함수로 다시 만들어
보자. 이 함수는 매개변수로 점수를 받아서 그에 따른 등급을 문자열로 반
환한다.

```
Score Grade
>= 0.9 A
>= 0.8 B
>= 0.7 C
>= 0.6 D
 < 0.6 F

Enter score: 0.95
A

Enter score: perfect
Bad score

Enter score: 10.0
Bad score

Enter score: 0.75
C

Enter score: 0.5
F
```

다양한 입력 값으로 프로그램을 반복해서 테스트해 보자.

5장

P y t h o n   f o r   E v e r y b o d y

반복

5.1 변수 업데이트

대입문의 일반적인 패턴은 변수의 이전 값을 새로운 값으로 업데이트하는 것이다.

```
x = x + 1
```

이 코드는 x의 현재 값에 1을 더해서 x를 새로운 값으로 업데이트한다. x가 아직 존재하지 않는 변수라면, 값을 업데이트하기 전에 오른쪽 항을 평가하기 때문에 오류가 발생한다.

```
>>> x = x + 1
NameError: name 'x' is not defined
```

따라서, 변수를 업데이트하기 전에 초기화(initialize)가 필요한데, 보통 난순한 대입이다.

```
>>> x = 0
>>> x = x + 1
```

변수에 1을 더해 업데이트하는 것을 증가(increment), 1을 빼는 것을 감소(decrement)라고 한다.

5.2 while문

컴퓨터는 보통 반복적인 작업을 자동화하기 위해 사용한다. 동일하게 반복되는 작업이나 오류 없이 비슷한 작업을 처리하는 일은 사람보다 컴퓨터가 더 잘한다. 파이썬은 반복적인 작업을 더 쉽게 처리하기 위해 여러 가지 언어적 기능을 제공한다.

이러한 기능 중 하나는 while문이다. 다음의 짧은 코드는 5부터 카운트다운을 시작해 '발사!(Blastoff)'를 외친다.

```
n=5
while n > 0:
    print(n)
    n=n-1
print('Blastoff!')
```

while이라는 단어가 영어지만, 대부분 그 뜻을 이해할 수 있을 것이다. 이 코드는 'n이 0보다 크면 n 값을 출력하고 n에서 1을 뺀 다음, 다시 조건을 확인해라. 그러다가 n이 0이 되면 while문을 빠져나가서 Blastoff!를 출력하라'는 뜻이다.

좀 더 정식으로 표현하자면, while문의 실행 흐름은 아래와 같다.

1. 조건을 평가해서 True나 False 값을 산출한다.
2. 만약, 조건이 거짓이면 while문을 빠져나가서 다음 명령을 계속 실행한다.
3. 만약, 조건이 참이면 본문을 실행하고 다시 1번으로 돌아간다.

이런 형태의 실행 흐름을 루프(loop)라고 한다. 3번 단계를 거친 뒤, 다시 1번으로 돌아가기 때문이다. 매번 실행되는 루프 본문을 반복(iteration)이라고 부른다. 위 루프에서는 반복이 다섯 번 발생한다. 즉, 루프 본문이 다섯 번 실행된다.

루프 본문은 하나 이상의 변수를 변경해서 조건이 결국 거짓이 되고 루프가 종료되도록 한다. 루프가 실행될 때마다 변해서 루프 종료 시점을 제어하는 변수를 반복 변수(iteration variable)라고 한다. 만약, 반복 변수가 없다면 루프는 영원히 반복되어 무한 루프(infinite loop)에 빠진다.

5.3 무한 루프

프로그래머들은 가끔 실생활의 특정 상황을 프로그래밍 세계에 끌어들여 인용하는 걸 좋아한다. 예를 들어 샴푸의 사용법 안내문에는 '거품을 내고 헹구고 이를 반복하라'고 되어 있는데, 앞에서 배운 반복 변수가 없기 때문에 무한 루프에 빠진다는 식이다.

앞에서 '발사!'를 외치는 카운트다운 예제 프로그램은 n 값이 유한하므로 루프가 종료된다. n은 루프를 돌 때마다 1씩 감소해 결국 0이 된다. 하지만 샴푸 사용법 안내처럼, 반복 변수가 명시되지 않은 루프는 명백히 무한하다.

5.4 무한 루프와 break

때로는 루프 본문의 반을 지나도록 언제 루프를 끝낼지 알지 못하는 경우도 있다. 이때는 의도적으로 무한 루프를 만들고 break를 써서 루프를 빠져나가게 한다.

아래 루프는 확실히 무한 루프다. 왜냐하면 while문의 표현식은 단순히 상수 True이기 때문이다.

```
n = 10
while True:
    print(n, end=' ')
    n=n-1
print('Done!')
```

만약 이 상태로 코드를 실행했다면 시스템에서 파이썬 프로세스를 멈추는 법을 빨리 배우거나 전원 버튼을 눌러야 할 것이다. 이 프로그램은 영원히, 만약 노트북이라면 배터리가 소모될 때까지 실행된다. 루프 조건의 표현식이 항상 참이기 때문이다.

루프 조건에 이렇게 고정된 값을 쓰는 것이 언뜻 잘못된 것처럼 보이지만, 빠져나갈 수 있는 상황이 됐을 때, break를 통해 확실히 루프 밖으로 나가게만 한다면 이 패턴 역시 유용하게 쓸 수 있다.

```
while True:
    line = input('> ')
    if line == 'done':
        break
    print(line)
print('Done!')
```

 # Code: https://www.py4e.com/code3/copytildone1.py

이 코드의 루프 조건은 True이므로 항상 참이다. 루프는 break문을 만날 때까지 반복된다. 반복될 때마다 사용자로부터 입력을 받는데, 입력값이 'done'이면 break문이 실행돼 루프를 빠져나간다. 'done' 외에 다른 것을 입력했다면, 입력 값을 출력하고 다시 루프 처음으로 돌아간다. 아래는 실행 결과다.

```
> hello there
hello there
> finished
finished
> done
Done!
```

이렇게 루프를 쓰는 경우도 흔히 볼 수 있다. 이 방식의 장점은 루프 어느 곳에서나 조건을 검사할 수 있다는 것이다. 그리고 루프 종료 조건을 표현할 때도, 부정적인 표현보다 긍정적인 표현을 쓸 수 있다. 예를 들어 'ABC 조건이 아니라면 계속 반복하라'가 아니라 'ABC 조건이면 루프를 빠져나가라'처럼 표현할 수 있다.

5.5 continue로 반복 종료하기

때로는 루프 실행 중에 현재 반복을 끝내고 다음 반복으로 넘어가야 할 때가 있다. 이때는 continue문을 사용해서, 전체 루프를 끝내지 않고 다음 반복으로 건너뛴다.

다음 루프는 'done'이 입력되어 루프가 종료 될 때까지 사용자가 입력한 내용을 출력한다. 단, 해시(#) 문자로 시작하는 입력은 출력하지 않는다.

```
while True:
    line = input('> ')
    if line[0] == '#':
        continue
    if line == 'done':
        break
    print(line)
print('Done!')
```

 # Code: https://www.py4e.com/code3/copytildone2.py

아래는 실행 결과다.

```
> hello there
hello there
> # 이 줄은 주석처리 됨.
> print this!
print this!
> done
Done!
```

해시 문자로 시작하는 입력에 대해서는 continue문이 실행되므로 출력되지 않는다. continue는 현재 반복을 끝내고 다시 while문으로 점프해서 다음 반복을 시작하므로 print문을 건너뛴다.

5.6 for를 사용해 루프 범위 한정하기

단어나 숫자 목록, 텍스트 파일의 내용처럼 어떤 집합(set)을 반복할 때는 for문을 활용한 한정된(definite) 범위의 루프를 쓴다. while문은 어떤 조건이 False가 될 때까지 계속 루프를 돌기 때문에 무한(infinite) 루프라고 부르는 반면, for루프는 범위를 알고 있기 때문에 집합 내의 항목 수만 반복한다.

for 루프 구문은 while루프와 유사하다.

```
friends = ['Joseph', 'Glenn', 'Sally']
for friend in friends:
    print('Happy New Year:', friend)
print('Done!')
```

파이썬 용어로 friends는 세 개의 문자열을 갖고 있는 리스트다.[1] for루프는 리스트를 반복하면서 세 개의 문자열에 대해 각각 한 번씩 본문을 실행한다. 출력 결과는 아래와 같다.

```
Happy New Year: Joseph
Happy New Year: Glenn
Happy New Year: Sally
Done!
```

for루프를 말로 풀어쓰는 건, while루프만큼 명확하지 않다. 그렇지만 friends 리스트를 집합으로 보자면, 'friends라는 이름의 집합 내의 각 friend에 대해 for루프의 본문을 한 번씩 실행하라'라고 쓸 수 있다.

예제 코드에서 for, in은 파이썬 키워드며 friend, friends는 변수다.

```
for friend in friends:
    print('Happy New Year:', friend)
```

여기서 friend는 for루프의 반복 변수다. 변수 friend는 루프의 각 반복을 변경해서 for루프가 완료되는 시기를 제어한다. 반복 변수는 friends 변수에 저장된 3개의 문자열을 연속해서 하나씩 처리한다.

5.7 루프 패턴

for, while루프로 리스트의 항목이나 파일 내용을 반복하면서 가장 큰 값, 또는 가장 작은 값을 찾아야 하는 경우가 자주 발생한다.

루프는 일반적으로 아래와 같이 구성된다.

- 루프를 시작하기 전에 하나 이상의 변수를 초기화한다.
- 루프 본문에서 각 항목에 대해 필요한 작업을 수행해 변수를 변경한다.
- 루프가 완료되면 결과를 확인한다.

숫자 리스트를 사용해서 이러한 루프 패턴의 개념과 구성을 살펴보자.

---

1   리스트의 세부 내용에 대해서는 8장에서 배운다.

5.7.1 루프에서 항목 수와 합계 구하기

리스트 내의 항목 개수를 구하려면 다음처럼 한다.

```
count = 0
for itervar in [3, 41, 12, 9, 74, 15]:
    count = count + 1
print('Count: ', count)
```

루프를 시작하기 전 count 변수를 0으로 초기화한 다음, 숫자 리스트를 반복하는 for루프를 시작한다. 반복(iteration) 변수는 itervar다. 루프 내에서 itervar를 사용하지는 않지만, 루프를 제어해서 리스트 내의 숫자에 대해 한 번씩 루프 본문이 실행되도록 한다.

루프 본문에서는 리스트의 각 항목을 반복할 때마다 count 변수에 1을 더한다. 이렇게 하면 count 변수에는 루프가 실행되는 동안 처리한 항목 개수가 저장되며, 루프가 완료됐을 때 count 변수에는 리스트 내의 전체 항목 수가 들어있다. 이런 식으로 루프를 이용해 전체 항목 수를 구할 수 있다.

전체 항목의 합계를 구하는 루프는 아래처럼 만든다.

```
total = 0
for itervar in [3, 41, 12, 9, 74, 15]:
    total = total + itervar
print('Total: ', total)
```

이 루프에서는 이전 예제에서처럼 count에 1을 추가하는 대신 반복 변수를 사용해서 3, 41, 12 등의 실제 값을 total 변수에 더한다. total 변수에는 지금까지 루프를 돌면서 처리한 숫자의 합이 저장된다. 결국 루프가 완료되면 리스트 내의 모든 숫자의 합계를 구할 수 있다.

여기서 total 변수는 리스트 내의 합을 누적하는 용도로 쓰기 때문에 누산기(accumulator)로 부르기도 한다.

실제로 항목 수를 세거나 합계를 구할 때는 루프가 그다지 유용하지 않다. 왜냐하면 각각의 용도에 대응하는 len()과 sum()이라는 내장 함수가 있기 때문이다.

5.7.2 루프에서 최댓값, 최솟값 구하기

루프에서 최댓값을 찾으려면 다음과 같이 쓴다.

```
largest = None
print('Before:', largest)
for itervar in [3, 41, 12, 9, 74, 15]:
    if largest is None or itervar > largest :
        largest = itervar
    print('Loop:', itervar, largest)
print('Largest:', largest)
```

프로그램을 실행한 결과는 아래와 같다.

```
Before: None
Loop: 3 3
Loop: 41 41
Loop: 12 41
Loop: 9 41
Loop: 74 74
Loop: 15 74
Largest: 74
```

변수 largest에는 지금까지 루프를 돌면서 가장 큰 값이 저장된다. 루프를 시작하기 전에 largest에 None을 대입한다. None은 변수를 '비어 있음'으로 표시하기 위해 사용하는 특별한 상수 값이다.

루프가 시작되기 전에는 아직 어떤 값도 확인하지 못했기 때문에 가장 큰 값은 None이다. 루프가 시작되고 가장 큰 값이 None이라면, 처음 읽은 값을 largest에 저장한다. 출력 결과를 보면, 첫 번째 루프 출력에서 itervar의 값 3이 largest에 저장됐음을 알 수 있다.

두 번째 루프가 시작되면 largest가 더는 None이 아니므로, 논리 표현식의 두 번째 부분인 itervar > largest가 평가된다. 이런 식으로 largest에 저장된 현재 값보다 itervar 값이 클 때만 largest 값이 갱신된다. 출력 결과에서 3에서 41, 다시 74로 최댓값이 변경되는 걸 봤다.

루프가 완료되면 리스트 내의 모든 항목 중 가장 큰 값이 largest에 들어있다.

가장 작은 값을 찾는 루프도 매우 유사하다. 조건식만 다를 뿐이다.

```
smallest = None
print('Before:', smallest)
for itervar in [3, 41, 12, 9, 74, 15]:
    if smallest is None or itervar < smallest:
        smallest = itervar
    print('Loop:', itervar, smallest)
print('Smallest:', smallest)
```

smallest 변수에는 루프가 시작 되기 전, 진행 중일 때, 그리고 완료된 각 순간의 가장 작은 수가 들어있다. 루프가 끝나면 리스트 내의 가장 작은 수를 smallest에서 얻을 수 있다.

항목 수와 합계에 대한 내장 함수가 제공되는 것처럼, 최댓값과 최솟값을 구하는 max(), min() 함수가 제공되기 때문에 이 루프 역시 그리 유용하지 않다.

아래는 내장 함수 min()을 간략히 구현한 버전이다.

```
def min(values):
    smallest = None
    for value in values:
        if smallest is None or value < smallest:
            smallest = value
    return smallest
```

앞에서 구현한 루프에서 print문을 모두 제거하면 min() 함수와 동일하다.

5.8 디버깅

프로그램이 커질수록 디버깅에 많은 시간을 보내게 된다. 코드가 많다는 건 오류가 늘어나고 버그가 숨을 공간이 늘어난다는 말과 같다.

디버깅 시간을 줄이는 한 가지 방법은 '이등분(bisection)'이다. 예를 들어 100줄의 프로그램이 있고 한 번에 한 줄씩 확인한다면 총 100단계가 필요하다.

그렇게 하는 대신 문제를 반으로 나눠서 중간이나 그 부근의 값을 확인한다. print문이나 기타 검증할 수 있는 코드를 추가해서 프로그램을 실행한다. 중간 값이 올바르지 않다면 처음 절반에 해당하는 부분이 문제고, 올바르다면 남은 절반에 문제가 있다.

이와 같은 식으로 검사를 수행하면서 범위를 반씩 줄여나간다. 이론적으로 6단계 이후에는 한두 줄의 코드만 남게 된다. 100단계에 비하면 놀랄 만큼 줄었다!

실제로는 프로그램의 중간이 어디인지 명확하지 않기 때문에 항상 이런 식으로 검사할 수 있는 건 아니다. 따라서 프로그램의 전체 행을 세고 중간 행을 찾는 것은 의미가 없다. 대신 오류가 있음직한 곳과 검사 코드를 넣기 쉬운 곳이 어디인지 살펴보자. 이렇게 해서 두 지점이 근접해 있는 코드를 선택한다.

5.9 용어

누산기(accumulator) 결과를 더하거나 누적하기 위해 루프에서 사용되는 변수.

카운터(counter) 어떤 일이 발생한 횟수를 세기 위해 루프에서 사용되는 변수. 먼저, 카운터를 0으로 초기화시킨 다음, 무언가를 셀 때마다 카운터를 증가한다.

감소(decrement) 변수 값을 감소하면서 변경.

초기화(initialize) 변수에 초깃값을 대입.

증가(increment) 변수 값을 증가하면서 변경.

무한 루프(infinite loop) 종료 조건이 없거나 충족되지 않는 루프.

반복(iteration) 루프를 사용해서 명령을 반복해서 실행.

5.10 연습문제

☑ **문제 1** 사용자가 'done'을 입력할 때까지 반복해서 숫자를 읽는 프로그램을 작성하자. 'done'이 입력되면 지금까지 입력된 숫자들의 합계, 개수 및 평균 값을 출력하자. 만약, 숫자가 아닌 다른 값이 입력되면 try, except로 예외를 처리해서 오류 메시지를 출력한 다음, 계속해서 다음 숫자를 입력 받아야 한다.

```
Enter a number: 4
Enter a number: 5
```

```
Enter a number: bad data
Invalid input
Enter a number: 7
Enter a number: done
16 3 5.333333333333333
```

☑ **문제 2** 앞에서와 같이 숫자를 입력 받는 프로그램을 만들고, 이번에는 최댓값과 최솟값을 출력해 보자.

6장

문자열

6.1 연속된 문자들

여러 문자가 순서대로 나열돼 있는 것을 문자열(string)이라고 한다. 대괄호 연산자를 써서 문자열 내의 개별 문자에 접근할 수 있다.

```
>>> fruit = 'banana'
>>> letter = fruit[1]
```

위 코드에서 두 번째 줄은 fruit 변수에서 특정 위치의 문자를 가져와 letter 변수에 대입한다.

대괄호 안의 표현식은 인덱스(index)라고 한다. 인덱스는 문자열 내의 위치를 가리킨다. 인덱스를 사용할 때는 주의할 점이 있다. 예제 코드를 보면서 알아보자. 위 코드는 'banana' 문자열에서 첫 번째 문자를 읽어 letter에 대입하려는 코드였다. 정말 그런지 출력해 보자.

```
>>> print(letter)
a
```

잘못 배운 게 아니라면 첫 글자는 'a'가 아니라 'b'가 맞다. 사실 파이썬에서 인덱스는 문자열 시작 지점과의 거리(offset)를 의미한다. 따라서 첫 번째 문자의 인덱스는 1이 아니라 0이 맞다.

```
>>> letter = fruit[0]
>>> print(letter)
b
```

즉, 'b'는 'banana'의 0번째 문자이며, 'a'는 첫 번째 문자, 'n'은 두 번째 문자다.

변수와 연산자를 포함해 어떤 표현식이든 인덱스로 사용할 수 있다. 하지만 인덱스 값은 항상 정수여야 한다. 그렇지 않으면 아래와 같은 결과를 얻게 된다.

```
>>> letter = fruit[1.5]
TypeError: string indices must be integers
```

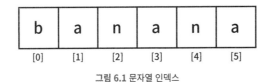

그림 6.1 문자열 인덱스

6.2 len() 함수로 문자열의 길이 얻기

len은 문자열 내의 문자 개수를 반환하는 내장 함수다.

```
>>> fruit = 'banana'
>>> len(fruit)
6
```

len()을 사용해서 문자열 내의 마지막 문자를 구하려고 할 때, 아래처럼 쓰는 경우가 있다.

```
>>> length = len(fruit)
>>> last = fruit[length]
IndexError: string index out of range
```

IndexError가 발생한 이유는 'banana'에는 인덱스 6에 해당하는 문자가 없기 때문이다. 앞서 말했듯이 문자열의 인덱스는 0부터 시작하므로, 6개의 문자로 된 문자열이라면 유효한 인덱스 범위는 0부터 5다. 따라서 마지막 문자를 얻으려면 length에서 1을 빼야 한다.

```
>>> last = fruit[length-1]
>>> print(last)
a
```

이 외에 음수(negative) 인덱스를 써서, 문자열 끝에서 역방향으로 셈하는 방법도 있다. 예를 들어 fruit[-1]은 마지막 문자를 가져오며, fruit[-2]는 마지막에서 두 번째 문자를 가져온다.

6.3 루프를 사용해서 문자열 순회하기

문자열을 다룰 때는 보통, 한 번에 한 문자씩 처리한다. 즉, 문자열 처음부터 시작해 각 문자에 어떤 작업을 수행하면서 끝까지 진행한다. 이러한 형태를 순회(traversal)라고 한다. 순회 코드를 만드는 한 가지 방법은 while루프를 쓰는 것이다.

```
index = 0
while index < len(fruit):
    letter = fruit[index]
    print(letter)
    index = index + 1
```

이 루프는 문자열을 순회하면서 각 문자를 한 줄에 하나씩 출력한다. 루프 조건식이 index < len(fruit)이므로, index가 문자열의 길이와 동일하면 조건식은 거짓이 되고 루프 본문이 더는 실행되지 않는다.

☑ **문제 1** 문자열의 끝에서 시작하여 첫 번째 문자까지 역방향으로 동작하는 while루프를 만들고, 각 문자를 한 줄에 하나씩 출력해 보자.

순회의 또 다른 방법은 for루프다.

```
for char in fruit:
    print(char)
```

루프를 통과할 때마다 문자열의 다음 문자가 char 변수에 대입된다. 이런 식으로, 모든 문자를 순회할 때까지 루프가 계속 진행된다.

6.4 문자열 슬라이스

문자열의 특정 부분을 슬라이스(slice)라고 한다. 문자열 내의 슬라이스를 지정하는 일은 인덱스로 문자를 지정하는 것과 유사하다.

```
>>> s = 'Monty Python'
>>> print(s[0:5])
Monty
>>> print(s[6:12])
Python
```

슬라이스 연산자는 문자열의 n번째 문자부터 m번째 문자에 해당하는 부분을 반환한다. 주의할 점은 n번째 문자는 포함하되, m번째 문자는 제외한다는 점이다.

만약, 콜론(:) 앞의 인덱스를 생략하면 슬라이스는 문자열 처음부터 시작하며, 두 번째 인덱스를 생략하면 문자열 끝을 범위로 한다.

```
>>> fruit = 'banana'
>>> fruit[:3]
'ban'
>>> fruit[3:]
'ana'
```

첫 번째 인덱스가 두 번째 인덱스와 같거나 더 크면, 비어 있는 문자열(empty string)을 반환한다.

```
>>> fruit = 'banana'
>>> fruit[3:3]
''
```

비어 있는 문자열은 문자를 포함하고 있지 않으므로, 길이 역시 0이다. 하지만 이 특징을 제외하면 보통의 문자열과 똑같이 동작한다.

☑ 문제 2 문자열 변수 fruit에서 fruit[:]이 반환하는 결과는 무엇인가?

6.5 문자열은 변하지 않는다

문자열 내의 어떤 문자를 바꿔야 할 때 대입문 왼쪽에 인덱스를 써서 아래처럼 쓰고 싶을 수 있다.

```
>>> greeting = 'Hello, world!'
>>> greeting[0] = 'J'
TypeError: 'str' object does not support item assignment
```

오류 메시지에서 객체(object)는 문자열이고 항목(item)은 대입하려는 문자다. 지금은 객체를 값과 동일한 의미로 사용하지만 '8장'에서 이들을 다시 정의한다. 항목은 문자열 내의 값 중 하나다.

오류 원인은 '이미 생성한 문자열은 변경할 수 없다'는 문자열 불변(immutable)의 특징 때문이다. 따라서 가장 좋은 방법은 원본을 변경한 새로운 문자열을 만드는 것이다.

```
>>> greeting = 'Hello, world!'
>>> new_greeting = 'J' + greeting[1:]
>>> print(new_greeting)
Jello, world!
>>> print(greeting)
Hello, world!
```

greeting의 슬라이스에 다른 문자를 연결해 새 문자열을 만들었다. 원본 문자열인 greeting은 변하지 않았다.

6.6 루프와 카운트

아래 코드는 문자열 내에 'a'가 몇 개 들어있는지 구한다.

```
word = 'banana'
count = 0
for letter in word:
    if letter == 'a':
        count = count + 1
print(count)
```

이 코드는 카운터라고 부르는 패턴의 한 예다. 변수 count는 0으로 초기화된 다음, 문자열에 'a'가 나타날 때마다 증가한다. 루프가 종료됐을 때 count 변수에는 'a'가 발견된 총 횟수가 들어있다.

☑ 문제 3 이 코드를 활용해 count라는 함수를 만들어 보자. 인수로 문자열과 문자열에서 찾으려는 문자를 받도록 하자.

6.7 in 연산자

in은 불 연산자로, 두 개의 문자열을 인수로 받아, 첫 번째 문자열이 두 번째 문자열에 포함되면 True를 반환한다.

```
>>> 'a' in 'banana'
True
>>> 'seed' in 'banana'
False
```

6.8 문자열 비교

비교 연산자는 문자열을 대상으로 동작한다. 문자열이 동일한지 비교하려면 아래처럼 한다.

```
if word == 'banana':
    print('All right, bananas.')
```

알파벳 순서에 따라 문자열의 크고 작음을 비교하는 연산자도 있다.

```
if word < 'banana':
    print('Your word,' + word + ', comes before banana.')
elif word > 'banana':
    print('Your word,' + word + ', comes after banana.')
else:
    print('All right, bananas.')
```

알파벳 순서로 보자면 'banana'가 'Pineapple'보다 먼저다. 하지만 파이썬은 사람이 하는 것처럼 알아서 대, 소문자를 구분하지 못한다. 따라서 출력 결과는 기대와 다르다.

Your word, Pineapple, comes before banana.

이런 문제를 해결하기 위해 해당 문자열을 모두 소문자, 혹은 대문자로 미리 변환한 다음, 문자열 비교를 시작하는 것이 일반적이다.

6.9 문자열 함수

문자열은 파이썬 객체 중 하나다. 문자열 객체에는 실제 데이터와 객체 인스턴스에서 사용할 수 있는 메서드(method)가 들어있다.

파이썬의 type 함수로 객체의 타입을 알 수 있고, dir 함수로 객체에서 쓸 수 있는 함수 목록을 알 수 있다.

```
>>> stuff = 'Hello world'
>>> type(stuff)
<class 'str'>
>>> dir(stuff)
['__add__', '__class__', '__contains__', '__delattr__', '__dir__',
'__doc__', '__eq__', '__format__', '__ge__', '__getattribute__',
'__getitem__', '__getnewargs__', '__gt__', '__hash__', '__init__',
'__init_subclass__', '__iter__', '__le__', '__len__', '__lt__', '__mod__',
'__mul__', '__ne__', '__new__', '__reduce__', '__reduce_ex__', '__repr__',
'__rmod__', '__rmul__', '__setattr__', '__sizeof__', '__str__',
'__subclasshook__', 'capitalize', 'casefold', 'center', 'count', 'encode',
'endswith', 'expandtabs', 'find', 'format', 'format_map', 'index',
'isalnum', 'isalpha', 'isascii', 'isdecimal', 'isdigit', 'isidentifier',
'islower', 'isnumeric', 'isprintable', 'isspace', 'istitle', 'isupper',
'join', 'ljust', 'lower', 'lstrip', 'maketrans', 'partition', 'replace',
'rfind', 'rindex', 'rjust', 'rpartition', 'rsplit', 'rstrip', 'split',
'splitlines', 'startswith', 'strip', 'swapcase', 'title', 'translate',
'upper', 'zfill']
>>> help(str.capitalize)
Help on method_descriptor:

capitalize(self, /)
    Return a capitalized version of the string.

    More specifically, make the first character have upper case and
    the rest lower case.

>>>
```

dir로 함수 목록을 구하고, help로 해당 함수에 대한, 간략한 설명을 볼 수 있지만 더 자세한 문서를 확인하고 싶다면 *https://docs.python.org/3.5/library/stdtypes. html#string-methods* 페이지를 살펴보자.

메서드 호출과 함수 호출 방법은 비슷하다. 둘 다 인수를 받아 어떤 작업을 수행하고 결과를 반환한다. 하지만 구문 차이가 있는데, 메서드를 호출할 때는 변수 다음에 마침표를 쓰고, 이어서 메서드 이름을 쓴다.

예를 들어 upper 메서드는 문자열을 받아, 모든 문자를 대문자로 변환한 새 문자열을 반환하는데, upper(word) 대신 word.upper()로 쓴다.

```
>>> word = 'banana'
>>> new_word = word.upper()
>>> print(new_word)
BANANA
```

이렇게 마침표를 사용해서 메서드 이름인 upper와 메서드에 적용할 문자열 변수인 word를 지정한다. 괄호 안이 비어 있다면 이 메서드가 인수를 받지 않는다는 걸 뜻한다.

예제 코드를 말로 풀어쓰면, word에서 upper를 호출했다고 쓸 수 있다.

계속해서 find 메서드를 살펴보자. 이 메서드는 문자열 내에서 특정 문자를 찾는다.

```
>>> word = 'banana'
>>> index = word.find('a')
>>> print(index)
1
```

word에서 find를 호출하면서 찾으려는 문자를 인수로 전달했다. find 메서드는 문자뿐만 아니라 하위 문자열도 찾는다.

```
>>> word.find('na')
2
```

문자열 어디서부터 찾을 것인지를 두 번째 인수로 전달할 수도 있다.

```
>>> word.find('na', 3)
4
```

strip 메서드는 문자열 내의 화이트 스페이스(공백, 탭, 줄 바꿈 문자)를 제거한다.

```
>>> line = '    Here we go        '
>>> line.strip()
'Here we go'
>>>
```

startswith 같은 메서드는 불 값을 반환한다.

```
>>> line = 'Have a nice day'
>>> line.startswith('Have')
True
>>> line.startswith('h')
False
```

실행 결과에서 알 수 있듯이 startswith 함수는 대소문자를 구분한다. 따라서 검사를 하기 전에 lower 메서드를 사용해 모두 소문자로 변환하는 과정이 필요하다.

```
>>> line = 'Have a nice day'
>>> line.startswith('h')
False
>>> line.lower()
'have a nice day'
>>> line.lower().startswith('h')
True
```

이번에는 lower 메서드로 소문자로 변환한 다음, startswith를 써서 'h'로 시작하는지 검사했다. 순서만 주의하면 마지막 코드처럼 한 줄에 여러 메서드를 이어서 호출할 수 있다.

☑ **문제 4** count 메서드는 '문제 3'에서 봤던 코드와 비슷하게 동작한다. 이 메서드에 대한 설명을 *https://docs.python.org/3.5/library/stdtypes.html#string -methods*에서 읽은 다음, 'banana' 문자열에 'a'가 몇 개 들어있는지 구하는 코드를 만들어 보자.

6.10 문자열 파싱

문자열 내부를 살펴서 특정 문자열을 포함하고 있는지 찾아야 할 경우가 자주
있다. 아래와 같은 형식의 문자열을 예로 들어보자.

```
From stephen.marquard@uct.ac.za Sat Jan 5 09:14:16 2008
```

이런 문자열이 여러 개 있고, 그 중에서 uct.ac.za 같은 URL 형식의 문자열만
가져오고 싶다면 어떻게 할까? 이때는 find 메서드와 문자열 슬라이스를 사용
한다.

먼저, 문자열 내에서 특정 표시를 찾는다. 다음으로 특정 표시 이후의 첫 번
째 공백을 찾는다. 마지막으로 문자열을 추출하기 위해 문자열 슬라이스를 사
용한다.

```
>>> data = 'From stephen.marquard@uct.ac.za Sat Jan  5 09:14:16 2008'
>>> atpos = data.find('@')
>>> print(atpos)
21
>>> sppos = data.find(' ',atpos)
>>> print(sppos)
31
>>> host = data[atpos+1:sppos]
>>> print(host)
uct.ac.za
>>>
```

find 메서드는 문자열의 어디서부터 찾을 것인지를 지정할 수 있다. 슬라이스
를 사용할 때는 '@' 문자가 발견된, 다음 위치부터 공백 문자가 발견되기 전까
지를 범위로 지정했다.

find 메서드에 대한 내용은 아래 링크에서 볼 수 있다.

🔗 *https://docs.python.org/3.5/library/stdtypes.html#string-methods*

6.11 포맷 연산자

포맷(format) 연산자 %는 변수에 저장된 데이터로 문자열의 특정 부분을 대체

한다. 주의할 점은 %가 정수에 사용될 때는 나머지 연산자로 사용된다는 것이다. % 연산자 왼쪽에 문자열이 있을 때만 포맷 연산자로 사용된다는 것을 기억해 두자.

%의 첫 번째 피연산자는 포맷 코드로, 두 번째 피연산자의 포맷 방법을 지정한다. 결과는 문자열이다. 예를 들어 포맷 코드 %d는 두 번째 피연산자가 정수로 포맷됨을 의미한다. 'd'는 decimal(십진수)을 뜻한다.

```
>>> camels = 42
>>> '%d' % camels
'42'
```

결과는 문자열 '42'다. 정수 42와 다르다는 걸 알아두자. 포맷 코드는 문자열 내부 어디에도 쓸 수 있기 때문에 문장 내에 값을 포함시킬 수 있다.

```
>>> camels = 42
>>> 'I have spotted %d camels.' % camels
'I have spotted 42 camels.'
```

문자열 내에 형식 시퀀스가 하나 이상이라면 두 번째 인수는 튜플이어야 한다.[1]

각 포맷 코드는 순서대로 튜플의 원소와 매칭된다.

아래 예제에서는 정수 포맷으로 %d, 부동 소수점 포맷으로 %g, 문자열 포맷에 대해 %s를 사용한다.

```
>>> 'In %d years I have spotted %g %s.' % (3, 0.1, 'camels')
'In 3 years I have spotted 0.1 camels.'
```

튜플 내의 원소 수는 반드시 문자열 내의 포맷 코드 개수와 동일해야 한다. 원소 타입도 마찬가지다.

```
>>> '%d %d %d' % (1, 2)
TypeError: not enough arguments for format string
>>> '%d' % 'dollars'
TypeError: %d format: a number is required, not str
```

---

1 튜플은 괄호 안에 쉼표로 구분해 값을 쓰는 타입이다. 튜플은 10장에서 다룬다.

첫 번째 코드는 원소 수가 다르고, 두 번째 코드에서는 타입이 다르기 때문에 오류가 발생한다.

　포맷 연산자는 강력하지만 사용하기 까다롭다. 형식 연산자에 관한 설명을 다음 링크에서 좀 더 읽어 보자.

🔗 *https://docs.python.org/3.5/library/stdtypes.html#printf-style-string-formatting*

6.12 디버깅

코드를 쓸 때는 항상 자신에게 질문을 던지는 연습이 필요하다. "이 코드로 인해 발생할 수 있는 문제점은 무엇일까?" 또는 "사용자의 엉뚱한 입력으로 인해 (겉으로 보기에는) 완벽한 내 프로그램이 망가지는 경우가 있을까?"

　while루프를 소개했던 코드를 다시 떠올려 보자.

```
while True:
    line = input('> ')
    if line[0] == '#':
        continue
    if line == 'done':
        break
    print(line)
print('Done!')
```

 # Code: https://www.py4e.com/code3/copytildone2.py

사용자가 아무것도 입력하지 않은 채, 엔터 키를 눌렀다면 어떻게 될까?

```
> hello there
hello there
> # 이 줄은 주석처리 됨.
> print this!
print this!
>
Traceback (most recent call last):
  File "copytildone.py", line 3, in <module>
    if line[0] == '#':
IndexError: string index out of range
```

빈 입력이 들어오기 전까지는 코드가 올바로 동작한다. 비어 있는 문자열에는

0번째 문자도 없기 때문에 오류가 발생했다. 이 문제를 해결하는 데는 두 가지 방법이 있다.

그중 하나는 startswith 메서드를 써서 빈 문자열이 입력됐을 때, False를 반환하는 것이다.

```
if line.startswith('#'):
```

다른 방법은 보호자 패턴을 써서, 최소 하나 이상의 문자가 입력됐을 때만 두 번째 표현식이 평가되도록 if문을 안전하게 만드는 것이다.

```
if len(line) > 0 and line[0] == '#':
```

6.13 용어

카운터(counter) 어떤 수를 세는 데 사용되는 변수. 보통 0으로 초기화하고 원하는 것이 발견되면 하나 증가시킨다.

비어 있는 문자열(empty string) 두 개의 인용부호로 표시되지만, 문자가 포함되어 있지 않기 때문에 길이가 0이다.

포맷 연산자(format operator) % 연산자를 의미하며, 포맷 문자열과 튜플을 받아서 포맷 코드에 따라 튜플 원소를 포함하는 문자열을 생성한다.

포맷 코드(format sequence) %d와 같이, 값이 어떻게 포맷되어야 하는지 지정한다.

포맷 문자열(format string) 포맷 연산자의 피연산자로 사용되며 포맷 코드를 포함한다.

플래그(flag) 조건이 참 또는 거짓인지를 가리키는 데 사용되는 불 변수.

불변(immutable) 한 번 값이 결정되면 대입할 수 없는 속성.

인덱스(index) 문자열 내 특정 위치의 문자처럼, 항목 지정에 사용되는 정수 값.

항목(item) 연속된 값 중 하나.

메서드(method) 점(.) 표기법을 사용해서 호출하는, 객체와 연관된 함수.

객체(object) 참조할 수 있는 어떤 변수. 지금까지는 객체와 값을 같은 의미로 사용했다.

검색(search) 찾고 있는 것을 발견할 때 멈추는 순회 패턴.

시퀀스(sequence) 순서가 있는 집합. 즉, 정수 인덱스로 구분할 수 있는 값의
집합.

슬라이스(slice) 인덱스로 지정한 문자열의 일부분.

순회(traverse) 목록 내의 항목을 반복하면서 각 항목에 대해 어떤 작업을 수
행함.

6.14 연습문제

☑ **문제 5** 문자열을 저장하는 아래 파이썬 코드를 보자.

```
str = 'X-DSPAM-Confidence:0.8475'
```

find와 문자열 슬라이스를 사용해서 콜론(:) 이후의 문자열을 가져온 다음,
float 함수를 써서 실수로 변환해 보자.

☑ **문제 6** 아래 링크에서 문자열 함수에 관한 내용을 읽어 보자.

🔗 *https://docs.python.org/3.5/library/stdtypes.html#string-methods*

작동 방식을 제대로 이해하기 위해 이 중 일부를 써보자. strip과 replace는
특히 자주 사용된다.

해당 페이지에는 혼란을 줄 수 있는 내용이 있다. 예를 들어 find(sub[,
start[, end]])에서 대괄호 부분은 선택적 인수다. 즉, sub는 필수지만 start
는 선택적이다. start를 사용할 때 end는 선택적이다.

7장

파일

7.1 영속성

지금까지 조건부 실행, 함수 그리고 반복 등을 써서 프로그램을 만들고 의도한 바를 CPU에 전달하는 방법을 배웠다. 또한 주 메모리에 데이터 구조를 만들고 사용하는 방법도 알아봤다. CPU와 메모리는 소프트웨어가 실행되는 곳으로, 말하자면 '생각(thinking)'한 모든 것이 발생하는 곳이다.

하지만 이 책의 첫 번째 장에서 배웠던 하드웨어 구조를 떠올려 보면, 컴퓨터 전원이 꺼지면 CPU와 메모리의 내용도 모두 사라진다. 따라서 지금까지의 프로그램은 파이썬을 배우기 위한 일시적인 연습에 지나지 않는다.

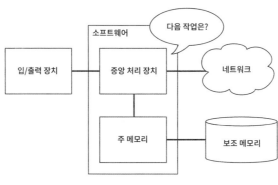

그림 7.1 보조 메모리

이번 장에서는 보조 메모리(또는 파일) 사용법을 배운다. 보조 메모리는 전원이 꺼져도 저장된 내용이 지워지지 않으며, USB에 정보를 저장했다면 다른 시스템에 연결해 사용할 수도 있다.

여기서는 주로 텍스트 편집기에서 작성한 파일을 읽고 쓰는 데 집중한다. 나중에는 데이터베이스 파일에서 읽고 쓰는 방법도 살펴본다.

7.2 파일 열기

하드 드라이브에 있는 파일을 읽고 쓰기 위해서는 먼저 파일을 열어야 한다. 파일을 열기 위해서는 파일이 어디에 저장됐는지 위치를 알고 있는 운영체제와 커뮤니케이션이 필요하다. 파일을 열 때는 운영체제에 파일 이름을 전달해서 해당 파일이 존재하는지 확인해야 한다. 이번 예제에서는 mbox.txt 텍스트 파일을 사용하는데, *https://www.py4e.com/code3/mbox.txt*에서 내려받은 후, 파이썬이 설치된 위치에 복사해 두자.

```
>>> fhand = open('mbox.txt')
>>> print(fhand)
<_io.TextIOWrapper name='mbox.txt' mode='r' encoding='cp949'>
```

open이 성공하면 운영체제는 파일 핸들(file handle)을 반환한다. 파일 핸들은 파일의 실제 데이터가 아니지만, 핸들을 써서 데이터를 읽을 수 있다. 만약, 요청한 파일이 존재하고 파일을 읽을 수 있는 적절한 권한도 갖고 있다면 파일 핸들을 얻는다.

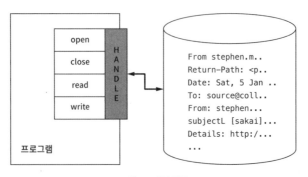

그림 7.2 파일 핸들

요청한 파일이 없다면 open은 오류 메시지와 함께 실패하며 핸들도 얻을 수 없다.

```
>>> fhand = open('stuff.txt')
Traceback (most recent call last):
File "<stdin>", line 1, in <module>
FileNotFoundError: [Errno 2] No such file or directory: 'stuff.txt'
```

try와 except를 사용해서 이 상황을 좀 더 정교하게 다루는 방법에 대해서는 이번 장의 7절에서 알아본다.

7.3 텍스트 파일과 행

텍스트 파일은 연속된 텍스트 행(line)으로 볼 수 있다. 문자열이 연속된 문자로 이루어진 것과 마찬가지다. 예를 들어 다음은 어떤 오픈 소스 프로젝트 개발팀에서 주고 받은 메일 활동을 기록한 텍스트 파일이다.

```
From stephen.marquard@uct.ac.za Sat Jan 5 09:14:16 2008
Return-Path: <postmaster@collab.sakaiproject.org>
Date: Sat, 5 Jan 2008 09:12:18 -0500
To: source@collab.sakaiproject.org
From: stephen.marquard@uct.ac.za
Subject: [sakai] svn commit: r39772 - content/branches/
Details: http://source.sakaiproject.org/viewsvn/?view=rev&rev=39772
...
```

전체 파일은 *https://www.py4e.com/code3/mbox.txt*에서 볼 수 있으며, 요약된 버전은 *https://www.py4e.com/code3/mbox-short.txt*에서 볼 수 있다.

Mbox는 여러 개의 메일 메시지를 보관할 때 사용되는 표준 파일 포맷이다. 'From'으로 시작되는 행은 메시지를 구분하고 'From:'(콜론이 들어있다)으로 시작되는 행은 메시지의 일부다. Mbox 포맷에 대한 더 자세한 내용은 *https://en.wikipedia.org/wiki/Mbox*를 참고하자.

파일을 여러 개의 행으로 나누기 위해서는 '한 줄의 끝'을 나타내는 특별한 문자가 필요한데, 이를 줄 바꿈(newline) 문자라고 한다.

파이썬에서는 줄 바꿈 문자를 백 슬래시와 n, 그러니까 \n으로 나타낸다. 두 개의 문자처럼 보이지만 실제로는 하나의 문자다.

아래 예제 코드에서는 stuff 변수에 줄 바꿈 문자를 포함하는 문자열을 대입한다. 인터프리터에 stuff를 입력하면 \n을 표시하지만, print를 사용하면 줄 바꿈 문자로 인해 문자열이 두 줄로 출력된다.

```
>>> stuff = 'Hello\nWorld!'
>>> stuff
'Hello\nWorld!'
>>> print(stuff)
Hello
World!
>>> stuff = 'X\nY'
>>> print(stuff)
X
Y
>>> len(stuff)
3
```

줄 바꿈 문자는 단일 문자이므로 X\nY 문자열의 길이는 3이다.

보이지는 않지만, 파일의 각 줄 끝에는 줄 바꿈 문자가 있어 한 줄의 끝이 어디인지 나타낸다는 걸 기억하자. 줄 바꿈 문자는 파일의 문자들을 여러 줄로 나눈다.

7.4 파일 읽기

for루프와 파일 핸들을 써서 텍스트 파일이 총 몇 행으로 됐는지 세는 건 간단하다.

```
fhand = open('mbox-short.txt')
count = 0
for line in fhand:
    count = count + 1
print('Line Count:', count)
```

 # Code: https://www.py4e.com/code3/open.py

파일 핸들을 for루프에서 시퀀스로 사용할 수 있다. 예제 코드에서 for루프는 단순히 파일의 전체 행을 세서 출력한다. 루프가 하는 동작을 말로 풀어쓰면

"파일 핸들이 가리키는 파일의 각 행마다 count 변수를 하나 증가시킨다"라고 할 수 있다.

open 함수가 전체 파일을 읽지 않는 이유는, 읽으려는 파일이 수십 기가 바이트(gigabyte) 이상의 큰 파일일 수 있기 때문이다. 그래서 open 함수의 처리 시간은 파일 크기와 무관하게 동일하다. for루프는 파일에서 실제로 데이터를 읽는다.

for루프로 파일을 읽을 때, 파이썬은 줄 바꿈 문자를 써서 데이터를 별도의 행으로 나누어 처리한다. 파이썬은 줄 바꿈 문자를 통해 각 행을 읽고 for루프의 반복 변수 line에 줄 바꿈 문자를 마지막 문자로 포함시킨다.

for루프는 한 번에 한 줄의 데이터만 읽기 때문에 메모리 공간을 많이 쓰지 않는다. 따라서 매우 큰 파일이라도 전체 행 수를 효과적으로 읽고 셀 수 있다. 앞의 프로그램에서 각 행은 읽고 버려지기 때문에, 아주 작은 메모리만 써서 어떤 크기의 파일에서도 전체 행 수를 구할 수 있다.

만약 읽으려는 파일 크기가 아주 작다는 걸 확실히 알고 있다면, 파일 핸들의 read 함수를 써서 전체 파일 내용을 문자열 변수에 담을 수도 있다.

```
>>> fhand = open('mbox-short.txt')
>>> inp = fhand.read()
>>> print(len(inp))
94626
>>> print(inp[:20])
From stephen.marquar
```

이 코드는 mbox-short.txt 파일의 전체 내용(모두 94,626 문자)을 읽어서 변수 inp에 대입한다. 다음으로 문자열 슬라이스를 사용해서 처음 20개 문자를 출력한다.

이 방식으로 파일을 읽을 때는 줄 바꿈 문자를 비롯한 모든 문자들이 inp 변수에 하나의 큰 문자열로 저장된다. read를 호출할 때마다 리소스가 소비되므로 호출 결과를 변수로 저장해 두는 것은 좋은 생각이다.

```
>>> fhand = open('mbox-short.txt')
>>> print(len(fhand.read()))
94626
```

```
>>> print(len(fhand.read()))
0
```

read 함수는 파일 크기가 작아서 메인 메모리에 큰 부담을 주지 않는 게 확실한 경우만 써야 한다. 파일이 크다면 for나 while루프를 사용해서 파일을 조각(chunk)으로 읽어야 한다.

7.5 파일에서 찾기

파일에서 데이터를 찾을 때는 특정 조건에 해당하는 데이터만 읽고 나머지는 무시하는 것이 일반적인 방법이다. 단순한 탐색 장치를 만들기 위해 문자열 메서드를 조합한다.

파일에서 'From:'으로 시작하는 부분만 찾아 출력하고 싶다면 startswith 문자열 메서드를 사용한다.

```
fhand = open('mbox-short.txt')
count = 0
for line in fhand:
    if line.startswith('From:'):
        print(line)
```
 # Code: https://www.py4e.com/code3/search1.py

프로그램 실행 결과는 아래와 같다.

```
From: stephen.marquard@uct.ac.za

From: louis@media.berkeley.edu

From: zqian@umich.edu

From: rjlowe@iupui.edu
...
```

출력 결과는 기대했던 대로다. 그런데 이상한 점이 하나 있다. 자세히 보면 각 행 사이에 비어 있는 줄이 출력되고 있다. 이유는 줄 바꿈 문자 때문이다. 각 줄의 끝에는 줄 바꿈 문자가 포함돼 있는데, print 함수를 쓰면서 또 다른 줄 바꿈 문자가 추가된 것이다. 결과적으로 앞에서 보는 것처럼 비어 있는 두 줄이 출력된다.

  이 현상을 해결하려면 슬라이스를 사용해 마지막 문자를 제외하면 된다. 더 간단한 방법은 문자열 오른쪽의 공백을 제거하는 rstrip 메서드를 쓰는 것이다.

```
fhand = open('mbox-short.txt')
for line in fhand:
    line = line.rstrip()
    if line.startswith('From:'):
        print(line)
```

 # Code: https://www.py4e.com/code3/search2.py

예상대로 됐는지 실행해 보자.

```
From: stephen.marquard@uct.ac.za
From: louis@media.berkeley.edu
From: zqian@umich.edu
From: rjlowe@iupui.edu
From: zqian@umich.edu
From: rjlowe@iupui.edu
From: cwen@iupui.edu
...
```

파일 처리가 좀 더 복잡해지면 continue를 써야 할 경우도 있다. 탐색 루프의 기본 동작은 '관심 있는' 행만 찾고, '관심 없는' 행은 건너뛰는 것이다. 이렇게 해서 필요한 행을 찾았다면 원하는 작업을 수행한다.

  관심 없는 행은 아래와 같이 건너뛸 수 있다.

```
fhand = open('mbox-short.txt')
for line in fhand:
    line = line.rstrip()
    # '관심 없는' 행을 건너뛴다.
    if not line.startswith('From:'):
        continue
    # '관심 있는' 행에 필요한 작업을 수행한다.
    print(line)
```

 # Code: https://www.py4e.com/code3/search3.py

출력 결과는 동일하지만, 이번에는 'From:'으로 시작하지 않는 줄은 continue를 써서 건너뛴다.

 find 문자열 메서드를 사용하면 텍스트 편집기의 검색 기능을 흉내낼 수 있다. find는 문자열이 발견된 곳을 찾아 위치를 반환하거나 발견되지 않으면 -1을 반환한다. 아래 코드는 '@uct.ac.za' 문자열을 포함하는 줄을 찾는다.

```
fhand = open('mbox-short.txt')
for line in fhand:
    line = line.rstrip()
    if line.find('@uct.ac.za') == -1: continue
    print(line)
```

 # Code: https://www.py4e.com/code3/search4.py

코드 실행 결과는 다음과 같다.

```
From: stephen.marquard@uct.ac.za
Author: stephen.marquard@uct.ac.za
From david.horwitz@uct.ac.za Fri Jan  4 07:02:32 2008
X-Authentication-Warning: nakamura.uits.iupui.edu: apache set sender to
    david.horwitz@uct.ac.za using -f
From: david.horwitz@uct.ac.za
Author: david.horwitz@uct.ac.za
r39753 | david.horwitz@uct.ac.za | 2008-01-04 13:05:51 +0200 (Fri, 04 Jan
    2008) | 1 line
From david.horwitz@uct.ac.za Fri Jan  4 06:08:27 2008
X-Authentication-Warning: nakamura.uits.iupui.edu: apache set sender to
    david.horwitz@uct.ac.za using -f
From: david.horwitz@uct.ac.za
Author: david.horwitz@uct.ac.za
...
```

여기서는 if와 같은 줄에 continue를 썼는데, if문 다음에 continue를 들여쓴 경우와 똑같이 동작한다.

7.6 사용자로부터 파일 이름 입력 받기

새로운 파일을 처리할 때마다 프로그램 코드도 수정해야 한다면, 어느 누구도 이 프로그램을 쓰지 않을 것이다. 이런 경우는 처리할 파일 이름을 사용자가 입력하도록 하는 것이 좋다. 이렇게 하면 파이썬 코드를 수정하지 않아도 새로운 파일을 처리할 수 있다.

input을 쓰면 사용자로부터 파일 이름을 간단히 입력 받을 수 있다.

```
fname = input('Enter the file name: ')
fhand = open(fname)
count = 0
for line in fhand:
    if line.startswith('Subject:'):
        count = count + 1
print('There were', count, 'subject lines in', fname)
```

 # Code: https://www.py4e.com/code3/search6.py

이 코드는 사용자로부터 파일 이름을 입력 받아 fname에 저장하고 파일을 연다. 이런 식으로 계속 다른 파일을 처리할 수 있다.

```
python search6.py
Enter the file name: mbox.txt
There were 1797 subject lines in mbox.txt

python search6.py
Enter the file name: mbox-short.txt
There were 27 subject lines in mbox-short.txt
```

다음 절로 넘어가기 전에, 자신에게 이런 질문을 해보자. "이 코드에 어떤 문제가 발생할 수 있을까?", "문제가 발생했을 때 어떻게 하면 최종 사용자가 프로그램에 실망하지 않도록, 매끄럽게 처리할 수 있을까?"

7.7 try, except 그리고 open 사용하기

조금 전 몇 가지 질문을 던졌다. 그냥 넘어왔다면 읽는 걸 잠깐 멈추고 천천히 생각해보자.

만약, 존재하지 않거나 고의로 잘못된 파일 이름이 입력됐다면 어떻게 될까?

```
python search6.py
Enter the file name: missing.txt
Traceback (most recent call last):
```

```
  File "C:\Users\hyun\Documents\06_python_fe_word\test.py", line 2,
    in <module>
  fhand = open(fname)
FileNotFoundError: [Errno 2] No such file or directory: 'missing.txt'

python search6.py
Enter the file name: na na boo boo
Traceback (most recent call last):
  File "C:\Users\hyun\Documents\06_python_fe_word\test.py", line 2,
    in <module>
  fhand = open(fname)
FileNotFoundError: [Errno 2] No such file or directory: 'na na boo boo'
```

앞의 예가 너무 억지 아니냐고 생각하지 말기 바란다. 사용자는 순전히 실수로, 혹은 악의적인 목적으로 우리가 고생해서 만든 프로그램을 한 순간에 망칠수 있다. 사실 소프트웨어 개발팀의 중요한 부분을 차지하는 역할이 바로 품질보증(Quality Assurance)이며 개인 또는 그룹이 맡게 된다. 이들의 역할은 프로그램을 망칠 수 있는, 가능한 모든 동작을 시도해 보는 것이다.

QA 팀은 프로그램이 최종 사용자에게 배포되기 전에 취약점을 찾아낼 책임이 있다. 그래서 결함이 수정되고 안정성이 확보된 상태로 프로그램이 출시돼서 최종 사용자가 프로그램을 신뢰하고 구매 결정을 하도록 돕는다. QA 팀은 프로그래머의 최고의 친구라고 할 수 있다.

프로그램의 결점은 try/except를 사용해서 깔끔히 고칠 수 있다. 먼저, open 호출이 실패할 수 있다는 걸 염두에 두고, 실패했을 때 복구할 코드를 추가한다.

```
fname = input('Enter the file name: ')
try:
    fhand = open(fname)
except:
    print('File cannot be opened:', fname)
    exit()
count = 0
for line in fhand:
    if line.startswith('Subject:'):
        count = count + 1
print('There were', count, 'subject lines in', fname)
```

 # Code: https://www.py4e.com/code3/search7.py

exit 함수는 프로그램을 종료한다. 이 함수는 반환 값이 없다. 이제, 프로그램의 최종 사용자나 QA 팀이 엉뚱한 파일 이름을 입력하더라도 오류를 잡아서 (catch) 우아하게 복구한다.

```
python search7.py
Enter the file name: mbox.txt
There were 1797 subject lines in mbox.txt

python search7.py
Enter the file name: na na boo boo
File cannot be opened: na na boo boo
```

이처럼 open 호출을 보호하는 것은 파이썬 프로그램에서 try와 except를 어떻게 사용하는지 보여주는 적절한 예다. 어떤 문제를 파이썬의 고유한 방법으로 해결했을 때, 흔히 "파이썬스럽다(Pythonic)"라고 한다. 지금 본 코드 역시 "파이썬스럽다."

파이썬에 익숙해지면 동일한 두 개의 방법 중 어느 것이 더 파이썬에 어울리는 방법인지 결정할 수 있다. '좀 더 파이썬에 어울리게 만드는 것'의 목표는 프로그래밍이 엔지니어링과 예술의 일부라는 개념에 기반한다. 단순히 뭔가를 작동시키는 것에만 그치는 것이 아니라, 그 방법이 얼마나 우아한지, 동료들도 그렇게 인정하는지도 관심을 가져야 한다.

7.8 파일 쓰기

파일에 어떤 내용을 쓰려면 open 함수에 두 번째 매개변수로 'w'를 전달해서 파일을 연다.

```
>>> fout = open('output.txt', 'w')
>>> print(fout)
<_io.TextIOWrapper name='output.txt' mode='w' encoding='cp1252'>
```

이미 존재하는 파일이라면 파일 내용을 모두 지우고 새로 쓰기 때문에 주의해야 한다. 없는 파일이라면 새로 생성한다.

파일 핸들 객체의 write 함수는 데이터를 파일에 쓰고, 얼마만큼의 데이터를 썼는지 그 수를 반환한다. 문자열을 읽고 쓰기 위한 기본 쓰기 모드는 텍스트다.

```
>>> line1 = "This here's the wattle,\n"
>>> fout.write(line1)
24
```

파일 객체는 데이터를 쓴 위치를 유지하기 때문에, 다시 한번 write를 호출하면 마지막 위치에 이어서 데이터를 쓴다.

　파일에 쓸 때는 행의 마지막에 줄 바꿈 문자를 명시적으로 반드시 넣어야 한다. print문은 자동으로 줄 바꿈 문자를 추가하지만, write 메서드는 그렇게 하지 않는다.

```
>>> line2 = 'the emblem of our land.\n'
>>> fout.write(line2)
24
```

쓰기 작업을 마치면 파일을 닫아서 데이터의 마지막 비트가 디스크에 물리적으로 써지도록 한다. 그래야 전원을 끄더라도 데이터 유실을 막을 수 있다.

```
>>> fout.close()
```

읽기 모드로 열어둔 파일도 명시적으로 닫을 수 있지만, 파이썬이 프로그램 종료 시에 모든 파일이 닫혔는지 확인하기 때문에 열어 둔 파일이 몇 개뿐이라면 조금 소홀해도 괜찮다. 파일에 쓸 때는 명시적으로 닫아서, 잘못될 여지를 남기지 말아야 한다.

7.9 디버깅

파일을 읽고 쓸 때는 화이트 스페이스 문제에 부딪힐 수 있다. 공백, 탭, 줄 바꿈 문자는 눈에 보이지 않기 때문에 디버깅이 까다롭다.

```
>>> s = '1 2\t 3\n 4'
>>> print(s)
1 2     3
 4
```

이때는 내장 함수 repr이 유용하다. 이 함수는 인수로 어떤 객체라도 넘길 수 있으며 그 객체의 문자열 표현을 반환한다. 문자열 객체라면 화이트 스페이스를 백슬래시 시퀀스로 표시해준다.

```
>>> print(repr(s))
'1 2\t 3\n 4'
```

또 다른 문제는 시스템마다 행의 끝을 표시하기 위해 서로 다른 문자를 사용한다는 점이다. 일부 시스템에서는 줄 바꿈 문자를 \n으로, 일부는 리턴 문자 \r로 사용한다. 또 어떤 시스템은 이들 모두를 사용하기도 한다. 만약 파일을 다른 시스템으로 이동한다면 이런 차이점이 문제를 일으킬 수 있다.

대부분의 시스템에는 이러한 차이를 알맞게 변환해주는 애플리케이션이 있다. *https://ko.wikipedia.org/wiki/새줄_문자*에서 해당 애플리케이션과 이 문제에 대한 세부 내용을 더 읽어 볼 수 있다.

7.10 용어

예외 잡기(catch) try와 except문을 사용해서 프로그램이 비정상적으로 종료되는 것을 막는다.

줄 바꿈(newline) 문자 행의 끝을 가리키기 위해 파일과 문자열에 사용되는 특수 문자.

파이썬스럽다(Pythonic) 어떤 문제를 파이썬에 어울리는 방식으로 해결하는 방법. try와 except를 사용한 예외 처리는 파이썬스러운 방법이다.

품질 보증(Quality Assurance) 소프트웨어의 전체적인 품질을 높이는 데 중점을 둔 팀이나 개인. 제품이 출시되기 전에 문제를 찾거나 제품을 테스트하는 데 관여한다.

텍스트 파일 하드 드라이브 같은 영구적인 저장소에 저장된 연속된 문자들.

7.11 연습문제

☑ **문제 1** 파일을 읽고 그 내용을 한 줄씩 대문자로 변환해 출력하는 프로그램

을 만들어 보자. 프로그램 동작은 아래와 비슷해야 한다.

```
python shout.py
Enter a file name: mbox-short.txt
FROM STEPHEN.MARQUARD@UCT.AC.ZA SAT JAN  5 09:14:16 2008
RETURN-PATH: <POSTMASTER@COLLAB.SAKAIPROJECT.ORG>
RECEIVED: FROM MURDER (MAIL.UMICH.EDU [141.211.14.90])
     BY FRANKENSTEIN.MAIL.UMICH.EDU (CYRUS V2.3.8) WITH LMTPA;
     SAT, 05 JAN 2008 09:14:16 -0500
```

읽을 파일은 *https://www.py4e.com/code3/mbox-short.txt*에서 내려받을 수 있다.

☑ **문제 2** 파일 이름을 입력 받고, 그 파일을 읽어서 아래 형식의 줄을 찾는 프로그램을 만들어 보자.

```
X-DSPAM-Confidence: 0.8475
```

'X-DSPAM-Confidence:'로 시작하는 줄을 찾았다면, 바로 옆의 실수 부분을 읽는다. 이런 식으로 모든 줄을 찾아서 숫자의 합을 계산한다. 파일 내용을 모두 읽었다면 평균 값을 출력한다.

```
Enter the file name: mbox.txt
Average spam confidence: 0.894128046745
```

```
Enter the file name: mbox-short.txt
Average spam confidence: 0.750718518519
```

mbox.txt와 mbox_short.txt 파일로 작성한 프로그램을 테스트해 보자.

☑ **문제 3** 프로그래머들은 재미를 위해 큰 해가 없는 범위에서 이스터 에그 (Easter Egg)를 프로그램에 넣어 두기도 한다. 사용자로부터 파일 이름을 입력 받는 프로그램을 조금 수정해서, 'na na boo boo'를 입력하면 재미있는 메시지가 출력되도록 해보자. 이외의 입력에 대해서는 보통의 경우와 똑같이 동작해야 한다. 다음은 프로그램의 실행 결과다.

```
python egg.py
Enter the file name: mbox.txt
There were 1797 subject lines in mbox.txt
```

```
python egg.py
Enter the file name: missing.tyxt
File cannot be opened: missing.tyxt
```

```
python egg.py
Enter the file name: na na boo boo
NA NA BOO BOO TO YOU — You have been punk'd!
```

여러분의 프로그램에 이스터 에그를 넣으라고 권장하는 건 아니다. 이건 단
지 연습일 뿐이다.

8장

리스트

8.1 연속된 값

문자열과 비슷하게, 여러 값들이 순서대로 나열된 것을 리스트(list)라고 한다. 문자열 값은 문자만 허용되지만, 리스트는 어떤 타입도 값으로 쓸 수 있다. 리스트 내부의 값을 원소(element) 또는 항목(item)이라고 부른다.

리스트를 생성하는 방법은 여러 가지다. 가장 단순한 방법은 원소들을 대괄호([ ])로 감싸는 것이다.

```
[10, 20, 30, 40]
['crunchy frog', 'ram bladder', 'lark vomit']
```

첫 번째 줄은 정수 4개의 리스트며, 두 번째 줄은 문자열 3개의 리스트다. 리스트 안의 원소가 반드시 같은 타입이어야 할 필요는 없다. 아래 리스트는 문자열, 실수, 정수, 심지어(!) 또 다른 리스트도 포함하고 있나.

```
['spam', 2.0, 5, [10, 20]]
```

리스트 안에 또 다른 리스트가 포함된 것을 중첩된(nested) 리스트라고 한다. 대괄호 사이에 아무것도 적지 않으면 원소가 없는 비어 있는(empty) 리스트를 만들 수도 있다.

리스트 역시 변수에 대입할 수 있다.

```
>>> cheeses = ['Cheddar', 'Edam', 'Gouda']
>>> numbers = [17, 123]
>>> empty = []
>>> print(cheeses, numbers, empty)
['Cheddar', 'Edam', 'Gouda'] [17, 123] []
```

8.2 리스트는 변경 가능

문자열 내부의 각 문자에 접근할 때와 동일하게 대괄호 연산자를 써서 리스트 내부의 개별 원소에 접근할 수 있다. 대괄호 안의 표현식은 리스트 내의 위치를 가리키는 인덱스(index)다. 인덱스는 0부터 시작한다는 걸 기억하자.

```
>>> print(cheeses[0])
Cheddar
```

문자열과 다르게, 리스트는 원소 순서를 바꾸거나 원소에 새로운 값을 다시 대입(reassign)해서 변경할 수 있다. 아래 코드처럼 대괄호 연산자가 대입문의 왼쪽에 있다면, 해당 원소에 값을 대입한다는 뜻이다.

```
>>> numbers = [17, 123]
>>> numbers[1] = 5
>>> print(numbers)
[17, 5]
```

리스트 numbers의 첫 번째 원소는 123이었지만, 지금은 5다. (17은 0번째 원소다.)

한편, 리스트를 인덱스와 요소 사이의 연관 관계(relationship)로 생각할 수 있으며, 이런 연관성을 매핑(mapping)이라고 한다. 말하자면, 각 인덱스는 원소 중 하나에 '매핑'된다.

리스트 인덱스는 문자열 인덱스와 동일하게 동작한다.

· 어떤 정수 표현식도 인덱스로 사용할 수 있다.

· 존재하지 않는 원소를 읽거나 쓰려고 시도하면 IndexError가 발생한다.

· 인덱스 값이 음수면, 리스트 끝부터 시작해서 역방향으로 계산된다.

리스트에도 in 연산자를 사용할 수 있다.

```
>>> cheeses = ['Cheddar', 'Edam', 'Gouda']
>>> 'Edam' in cheeses
True
>>> 'Brie' in cheeses
False
```

8.3 리스트 순회

리스트의 원소를 순회하는 가장 일반적인 방법은 for루프를 사용하는 것이다. 구문은 문자열에서 했던 것과 동일하다.

```
for cheese in cheeses:
    print(cheese)
```

리스트 원소를 읽기만 한다면 이렇게 하면 된다. 하지만 원소에 값을 쓰거나 변경할 때는 인덱스를 사용해야 한다. 가장 흔한 방법은 range와 len 함수를 결합하는 것이다.

```
for i in range(len(numbers)):
    numbers[i] = numbers[i] * 2
```

이 루프는 리스트를 순회하면서 각 원소를 변경한다. len은 리스트 내의 원소 개수를 반환하며 range는 0부터 n - 1의 범위로 인덱스 리스트를 반환한다. n은 리스트 길이다. 본문의 대입문은 i를 써서 원소의 현재 값을 읽고, 여기에 새로운 값을 대입한다.

리스트가 비어 있다면 for루프는 본문을 실행하지 않는다.

```
for x in empty:
  print('This never happens.')
```

리스트가 다른 리스트를 포함하더라도, 중첩된 리스트는 하나의 원소로 카운트된다. 예를 들어 다음의 리스트 길이는 4다.

```
['spam', 1, ['Brie', 'Roquefort', 'Pol le Veq'], [1, 2, 3]]
```

8.4 리스트 연산자

+ 연산자는 두 리스트를 연결한다.

```
>>> a = [1, 2, 3]
>>> b = [4, 5, 6]
>>> c = a + b
>>> print(c)
[1, 2, 3, 4, 5, 6]
```

비슷하게 * 연산자는 주어진 수만큼 리스트를 반복한다.

```
>>> [0] * 4
[0, 0, 0, 0]
>>> [1, 2, 3] * 3
[1, 2, 3, 1, 2, 3, 1, 2, 3]
```

첫 번째 줄은 리스트를 4번 반복하고, 두 번째는 3번 반복한다.

8.5 리스트 슬라이스

슬라이스 연산자도 리스트에 사용할 수 있다.

```
>>> t = ['a', 'b', 'c', 'd', 'e', 'f']
>>> t[1:3]
['b', 'c']
>>> t[:4]
['a', 'b', 'c', 'd']
>>> t[3:]
['d', 'e', 'f']
```

첫 번째 인덱스를 생략하면 처음부터 슬라이스를 시작한다. 두 번째 인덱스를
생략하면 리스트의 끝까지 슬라이스가 진행된다. 양쪽 모두를 생략하면 전체
리스트를 복사한다.

```
>>> t[:]
['a', 'b', 'c', 'd', 'e', 'f']
```

리스트는 변경 가능하므로, 리스트를 접거나(fold), 밀거나(spindle), 삭제하기

(mutilate) 전에 사본을 만들어 두는 것이 좋다. 슬라이스 연산자가 대입문 왼쪽에 있다면, 한 번에 여러 개의 원소를 업데이트할 수 있다.

```
>>> t = ['a', 'b', 'c', 'd', 'e', 'f']
>>> t[1:3] = ['x', 'y']
>>> print(t)
['a', 'x', 'y', 'd', 'e', 'f']
```

8.6 리스트 메서드

파이썬은 리스트를 조작하는 메서드를 제공한다. 예를 들어 append는 리스트 끝에 새로운 원소를 추가한다.

```
>>> t = ['a', 'b', 'c']
>>> t.append('d')
>>> print(t)
['a', 'b', 'c', 'd']
```

extend는 다른 리스트를 인수로 받아서 그 리스트의 모든 원소를 추가한다.

```
>>> t1 = ['a', 'b', 'c']
>>> t2 = ['d', 'e']
>>> t1.extend(t2)
>>> print(t1)
['a', 'b', 'c', 'd', 'e']
```

리스트 t2는 변경되지 않는다.

sort는 원소를 낮은 순에서 높은 순으로 정렬한다.

```
>>> t = ['d', 'c', 'e', 'b', 'a']
>>> t.sort()
>>> print(t)
['a', 'b', 'c', 'd', 'e']
```

대부분의 리스트 메서드는 반환 값이 없다. 즉, 리스트를 수정할 뿐 반환 값은 None이다. 따라서 t = t.sort()라는 코드를 쓰면 예상한 대로 동작하지 않는다.

8.7 원소 삭제

리스트에서 원소를 삭제하는 방법은 몇 가지가 있다. 원소의 인덱스를 알고 있다면 pop을 사용한다.

```
>>> t = ['a', 'b', 'c']
>>> x = t.pop(1)
>>> print(t)
['a', 'c']
>>> print(x)
b
```

pop은 제거된 원소를 반환한다. 만약, 인덱스 없이 사용하면 마지막 원소를 지우고 반환한다. 제거된 원소를 반환 값으로 받을 필요가 없다면 del 연산자를 쓸 수 있다.

```
>>> t = ['a', 'b', 'c']
>>> del t[1]
>>> print(t)
['a', 'c']
```

어떤 값을 제거해야 하는지 알지만, 그 인덱스를 모를 때는 remove를 사용한다.

```
>>> t = ['a', 'b', 'c']
>>> t.remove('b')
>>> print(t)
['a', 'c']
```

remove의 반환 값은 None이다. 하나 이상의 원소를 제거하고 싶다면 del과 슬라이스를 같이 사용한다.

```
>>> t = ['a', 'b', 'c', 'd', 'e', 'f']
>>> del t[1:5]
>>> print(t)
['a', 'f']
```

이미 여러 번 설명했지만, 슬라이스의 두 번째 인덱스는 포함되지 않는다.

8.8 리스트와 함수

여러 개의 내장 함수를 리스트에 사용할 수 있으므로, 루프를 직접 쓸 필요가
없다.

```
>>> nums = [3, 41, 12, 9, 74, 15]
>>> print(len(nums))
6
>>> print(max(nums))
74
>>> print(min(nums))
3
>>> print(sum(nums))
154
>>> print(sum(nums)/len(nums))
25
```

sum 함수는 리스트 원소가 숫자일 때만 동작한다. max(), len()과 같은 함수는
문자열처럼 비교가 가능한 타입에 쓸 수 있다.

리스트의 원소를 사용자 입력으로부터 얻어서 평균을 계산하도록 앞의 프로
그램을 다시 만들 수 있다. 먼저 리스트 없이 평균을 계산해 보자.

```
total = 0
count = 0
while (True):
    inp = input('Enter a number: ')
    if inp == 'done': break
    value = float(inp)
    total = total + value
    count = count + 1

average = total / count
print('Average:', average)
```

 # Code: https://www.py4e.com/code3/avenum.py

count와 total 변수를 이용해 사용자가 입력한 숫자 개수와 숫자들의 합계를
저장한다. 이 코드는 다음처럼 단순히 사용자가 입력한 숫자만 기억해 뒀다가
내장 함수를 사용해 평균을 계산하도록 바꿀 수 있다.

```
numlist = list()
while (True):
    inp = input('Enter a number: ')
    if inp == 'done': break
    value = float(inp)
    numlist.append(value)

average = sum(numlist) / len(numlist)
print('Average:', average)
```

 # Code: https://www.py4e.com/code3/avelist.py

먼저, 루프를 시작하기 전에 비어 있는 리스트를 만들고 숫자가 입력될 때마다 리스트에 추가한다. 프로그램의 마지막에서는 리스트 내의 숫자 합계를 계산하고 숫자들의 개수로 나눠서 평균을 구한다.

8.9 리스트와 문자열

문자열은 순서가 있는 문자들이며 리스트는 순서가 있는 값들이다. 하지만 문자들로 이루어진 리스트는 문자열과 다르다. 문자열을 문자 리스트로 변환할 때는 list를 사용한다.

```
>>> s = 'spam'
>>> t = list(s)
>>> print(t)
['s', 'p', 'a', 'm']
```

list는 내장 함수의 이름이므로, 변수 이름으로 쓰지 말아야 한다. 또한, 소문자 'l'은 숫자 '1'과 너무 닮아서 헷갈리기 쉽다. 그래서 나는 변수 이름에 'l'을 사용하지 않는다. 이 코드에서 't'를 변수 이름으로 쓴 건 이런 이유다.

list 함수는 문자열을 각각의 문자로 분해한다. 단어 단위로 분해하고 싶다면 split 메서드를 사용한다.

```
>>> s = 'pining for the fjords'
>>> t = s.split()
>>> print(t)
['pining', 'for', 'the', 'fjords']
>>> print(t[2])
the
```

split으로 문자열을 단어 단위로 나눈 이후에는, 대괄호에 인덱스를 써서 리스트의 특정 단어만 살펴볼 수 있다.

단어를 구분하는 경계로 사용되는 문자를 구분자(delimiter)라고 한다. split 함수에 구분자를 선택적 인수로 전달할 수 있다. 아래 예제에서는 하이픈(-)을 구분자로 사용한다.

```
>>> s = 'spam-spam-spam'
>>> delimiter = '-'
>>> s.split(delimiter)
['spam', 'spam', 'spam']
```

join은 split의 반대로 동작한다. 이 함수는 문자열 리스트를 받아 각 문자열을 연결한다. join은 문자열 메서드이므로, 리스트를 매개변수로 전달하고 구분자에서 호출해야 한다.

```
>>> t = ['pining', 'for', 'the', 'fjords']
>>> delimiter = ' '
>>> delimiter.join(t)
'pining for the fjords'
```

구분자로 공백 문자를 썼기 때문에, join은 단어 사이에 공백을 추가한다. 공백 없이 문자열을 연결하려면, 구분자로 비어 있는 문자열을 쓴다.

8.10 텍스트 파일 분석

일반적으로 파일을 가지고 작업할 때는 단순히 전체 행을 출력하기보다 뭔가 다른 작업을 해야 할 때가 많다. 특히, 필요한 행을 찾고 분석해야 할 때가 많다. 만약, 'From'으로 시작하는 행을 찾아서 이 중, 요일만 출력하고 싶다면 어떻게 해야 할까?

```
From stephen.marquard@uct.ac.za Sat Jan 5 09:14:16 2008
```

이런 경우는 split이 매우 유용하게 사용된다. 먼저, 'From'으로 시작하는 행을 찾고, split으로 분리해서 세 번째 단어를 출력하면 된다.

```
fhand = open('mbox-short.txt')
for line in fhand:
    line = line.rstrip()
    if not line.startswith('From '): continue
    words = line.split()
    print(words[2])
```

 # Code: https://www.py4e.com/code3/search5.py

이 프로그램의 실행 결과는 아래와 같다.

```
Sat
Fri
Fri
Fri
...
```

나중에 필요한 행을 찾는 더 정교한 방법을 배우며, 원하는 정보를 정확히 찾기 위해 그 행을 어떻게 분리하는지도 알아본다.

8.11 객체와 값

아래 대입문을 실행한다고 하자.

```
a = 'banana'
b = 'banana'
```

a와 b 모두 문자열을 참조한다. 그렇지만, 참조하는 문자열이 동일한지는 알 수 없다. 즉, 다음 그림처럼 두 가지의 가능성이 있기 때문이다.

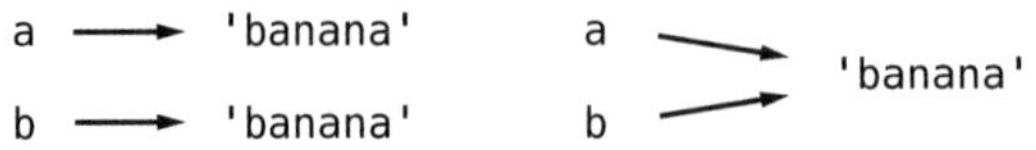

그림 8.1 변수와 객체

왼쪽은 a, b가 다른 객체를 가리키지만 값은 동일하다. 오른쪽은 같은 객체를 참조한다.

두 변수가 동일 객체를 가리키는지 확인하려면 **is** 연산자를 사용한다.

```
>>> a = 'banana'
>>> b = 'banana'
>>> a is b
True
```

예제 코드에서는 하나의 문자열 객체만 생성되며 a, b 모두 그 객체를 가리킨다. 하지만 두 개의 리스트를 만들면 객체도 두 개가 생성된다.

```
>>> a = [1, 2, 3]
>>> b = [1, 2, 3]
>>> a is b
False
```

이 경우는 두 리스트가 같은 원소를 가지고 있으므로 동등(equivalent)하다고 볼 수 있다. 하지만 동일(identical)하지는 않다. 왜냐하면 같은 객체가 아니기 때문이다. 어떤 두 객체가 동일하면 항상 동등하다고 볼 수 있다. 그렇지만 두 객체가 동등하다고 해서 항상 동일하다고는 볼 수 없다.

지금까지는 '객체'와 '값'을 같은 의미로 사용했지만, 좀 더 정확히 하려면 "객체가 값을 갖고 있다"고 말해야 한다. 만약, a = [1, 2, 3]을 실행하면 a는 연속된 원소를 값으로 가지는 리스트 객체를 참조한다. 다른 리스트가 같은 원소를 갖고 있다면 같은 '값'을 갖고 있다고 말할 수 있다.

8.12 별칭

a가 어떤 객체를 참조하고 있을 때, a를 b에 대입하면 두 변수는 같은 객체를 참조하게 된다.

```
>>> a = [1, 2, 3]
>>> b = a
>>> b is a
True
```

변수와 객체의 연관성을 참조(reference)라고 한다. 이 코드에서는 두 개의 변수가 동일 객체를 참조한다. 따라서 2개의 참조가 있다. 이처럼, 객체가 하나 이상의 참조를 가지고 있다면 참조하는 이름 역시 하나 이상이다. 이런 경우를 객체에 별칭(alias)이 지정됐다고 한다. 별칭된 객체가 변경이 가능하다면, 객체에 대한 변경은 다른 객체에도 영향을 미친다.

```
>>> b[0] = 17
>>> print(a)
[17, 2, 3]
```

이러한 동작은 유용할 수도 있지만, 오류가 발생하기도 쉽다. 따라서 변경 가능한 객체로 작업할 때는 별칭을 쓰지 않는 것이 안전하다. 문자열처럼 변경할 수 없는 객체라면, 별칭이 문제되지 않는다. 다음 코드를 보자.

```
a = 'banana'
b = 'banana'
```

문자열은 변경할 수 없기 때문에, a와 b가 같은 문자열을 참조하든 그렇지 않든, 별다른 차이가 없다.

8.13 리스트 인수

리스트를 함수에 전달하면, 함수는 리스트의 참조를 얻는다. 따라서 함수가 리스트 매개변수를 수정하면 호출 측에서도 그 변경을 알 수 있다. 아래의 delete_head 함수는 리스트에서 첫 번째 원소를 제거한다.

```
def delete_head(t):
    del t[0]
```

이 함수를 어떻게 사용하는지 보자.

```
>>> letters = ['a', 'b', 'c']
>>> delete_head(letters)
>>> print(letters)
['b', 'c']
```

매개변수 t와 변수 letters는 같은 객체에 대한 별칭이다.

리스트를 수정하는지, 아니면 새로운 리스트를 만드는지 구분하는 것은 중요하다. 예를 들어 append 메서드는 리스트를 수정하지만, + 연산자는 새 리스트를 생성한다.

```
>>> t1 = [1, 2]
>>> t2 = t1.append(3)
>>> print(t1)
[1, 2, 3]
>>> print(t2)
None

>>> t3 = t1 + [3]
>>> print(t3)
[1, 2, 3]
>>> t2 is t3
False
```

이 차이는 리스트를 수정하는 함수를 만들 때 중요하다. 예를 들어 아래 함수는 리스트의 첫 번째 원소를 삭제하지 않는다.

```
def bad_delete_head(t):
    t = t[1:] # 틀렸음!
```

슬라이스 연산자는 새 리스트를 만들고 대입을 통해 t가 새 리스트를 참조하도록 한다. 하지만 이 과정 중 어떤 작업도, 인수로 전달된 리스트를 변경하지 않는다.

또 다른 방법은 새 리스트를 만들어 반환하는 함수를 만드는 것이다. 예를 들어 아래의 tail 함수는 리스트의 첫 번째 요소를 제외한 모든 요소를 반환한다.

```
def tail(t):
    return t[1:]
```

이 함수는 원본 리스트를 수정하지 않는다. 아래처럼 사용한다.

```
>>> letters = ['a', 'b', 'c']
>>> rest = tail(letters)
>>> print(rest)
['b', 'c']
```

☑ **문제 1** 리스트를 인수로 받는 chop이란 함수를 만들자. 첫 번째 원소와 마지막 원소를 제거하고 None을 반환하도록 함수 본문을 작성하자. 다음으로 middle 함수를 만들고, 리스트를 받아서 첫 번째 원소와 마지막 원소를 제외한 모든 원소를 포함하는 새 리스트를 반환하도록 해보자.

8.14 디버깅

리스트를 비롯하여 변경 가능한 객체를 부주의하게 다루면 오랜 시간 디버깅해야 하는 상황이 발생한다. 흔히 발생하는 경우와 어떻게 피할 수 있는지 알아보자.

1. 대부분의 리스트 메서드는 인수를 수정하며 None을 반환한다는 것을 기억하자. 문자열 메서드는 이와 반대다. 즉, 원본은 그대로 두고, 새 문자열을 반환한다.

   만약, 문자열을 아래와 같이 다뤘다면

   ```
   word = word.strip()
   ```

   리스트도 비슷하게 다루려고 할 것이다.

   ```
   t = t.sort() # 틀렸음!
   ```

   sort는 None을 반환하기 때문에 t를 사용하는 다음 연산은 실패한다. 리스트 메서드 및 연산자를 사용하기 전에 문서를 주의 깊게 읽고, 대화형 모드에서 테스트해 보자. *https://docs.python.org/3.5/library/stdtypes.html#common-sequence-operations*에서 문자열 같은 다른 시퀀스에서도 사용 가능한 메서드 및 연산자에 대해 읽어 볼 수 있다.

   *https://docs.python.org/3.5/library/stdtypes.html#mutable-sequence-types*에서는 변경 가능한 시퀀스에만 사용할 수 있는 메서드와 연산자를 설명한다.

2. 관용구(idiom)를 선택해서 고정하자.

   리스트의 문제점 중 하나는 선택할 수 있는 방법이 너무 많다는 것이다. 예를 들어 리스트에서 원소를 제거하고 싶다면 pop, remove, del을 사용할 수 있으며, 게다가 슬라이스를 써도 된다.

원소를 추가할 때도 append 메서드나 + 연산자를 쓸 수 있다. 하지만 이중에 어떤 방법이 옳고 그른지는 구분해서 기억하자.

```
t.append(x)
t = t + [x]
```

위 코드는 옳지만, 아래 코드는 모두 잘못됐다.

```
t.append([x])    # 틀렸음!
t = t.append(x)  # 틀렸음!
t + [x]          # 틀렸음!
t = t + x        # 틀렸음!
```

이 예제들을 대화형 모드에서 직접 실행해 보고 코드가 하는 일을 제대로 이해하고 있는지 확인하자. 마지막 코드는 런타임 오류를 일으킨다. 다른 3개는 틀린 코드는 아니지만, 잘못 동작한다.

3. 사본을 만들어서 별칭을 피하자.

   인수를 변경하는 sort 같은 함수를 쓰면서도 원본 리스트를 보존하고 싶다면 사본을 만들자.

   ```
   orig = t[:]
   t.sort()
   ```

   예제처럼 하지 않고, 내장 함수 sorted를 사용해서 정렬된 새로운 리스트를 반환하고 원본 리스트는 남겨둘 수도 있다. 이때는 변수 이름으로 sorted를 사용하지 말아야 한다.

4. 리스트, split 그리고 파일

   파일을 읽고 파싱할 때는 특히, 프로그램 크래시를 유발하는 잘못된 입력이 들어올 가능성이 많다. 따라서 이때는 보호자 패턴을 적극 활용해야 한다.

   'from'으로 시작하는 행에서 요일을 찾는 프로그램을 다시 살펴보자.

From stephen.marquard@uct.ac.za Sat Jan 5 09:14:16 2008

이 행을 단어로 분리했기 때문에 startswith를 사용하지 않고, 행의 첫 번째 단어만 봐도 우리가 찾는 행인지 그렇지 않은지 알 수 있다. 첫 번째 단어가 'From'이 아닌 행은 다음처럼 건너뛸 수 있다.

```
fhand = open('mbox-short.txt')
for line in fhand:
    words = line.split()
    if words[0] != 'From' : continue
    print(words[2])
```

코드가 훨씬 단순해졌다. 게다가 줄 바꿈 문자를 제거하기 위해 rstrip을 쓸 필요도 없다. 그런데 실제 동작은 어떨까?

```
python search8.py
Sat
Traceback (most recent call last):
    File "search8.py", line 5, in <module>
        if words[0] != 'From' : continue
IndexError: list index out of range
```

프로그램이 실행되고 첫 번째 줄에서 'Sat'을 찾았다. 하지만 곧 오류 메시지를 출력하고 실패했다. 뭐가 문제일까? 어떤 잘못된 데이터가 공들여 만든 프로그램을 망친 걸까?

원인을 찾아내는 방법은 다양하다. 오랫동안 코드를 들여다 볼 수도 있고 다른 사람에게 도움을 요청할 수도 있다. 하지만 더 빠르고 현명한 방법은 print문을 추가해 보는 것이다. print문을 추가할 가장 적당한 위치는 프로그램이 실패한 행의 바로 앞이다. 이렇게 해서 오류를 유발한 데이터를 출력할 수 있다.

이 방법은 많은 출력 결과를 보여주지만, 문제에 대한 단서를 쉽게 얻을 수 있다. 5번째 행 바로 앞의 변수 words에 print를 추가하자. 접두어 'Debug:'를 추가해서 원래의 출력과 구분한다.

```
for line in fhand:
    words = line.split()
```

```
print('Debug:', words)
if words[0] != 'From' : continue
print(words[2])
```

프로그램을 실행하면 이전보다 출력 결과가 늘어나지만, 오류가 발생하기 직전의 출력 결과를 통해 어떤 일이 발생했는지 확실하게 알 수 있다.

```
Debug: ['X-DSPAM-Confidence:', '0.8475']
Debug: ['X-DSPAM-Probability:', '0.0000']
Debug: []
Traceback (most recent call last):
    File "search9.py", line 6, in <module>
        if words[0] != 'From' : continue
IndexError: list index out of range
```

'Debug' 접두어가 붙은 출력은 split을 사용해 얻은 단어 리스트를 보여준다. 그런데 프로그램이 실패했을 때의 단어 리스트는 비어 있다. 텍스트 편집기에서 'mbox-short.txt' 파일을 열어 내용을 보면 아래와 같은 부분을 찾을 수 있을 것이다.

```
X-DSPAM-Result: Innocent
X-DSPAM-Processed: Sat Jan 5 09:14:16 2008
X-DSPAM-Confidence: 0.8475
X-DSPAM-Probability: 0.0000

Details: http://source.sakaiproject.org/viewsvn/?view=rev&rev=39772
```

오류는 비어 있는 줄을 프로그램이 제대로 처리하지 못해 발생했다! 비어 있는 줄에는 당연히 단어도 없다. 왜 코드를 쓸 때 이런 경우를 생각하지 못했을까? 코드에서 'From'과 일치하는지 확인하기 위해 첫 번째 단어(word[0])를 읽으면 'index out of range' 오류가 발생한다.

이런 경우는 보호자 패턴을 써서, 첫 번째 단어가 없다면 'From'과 일치하는지 검사하지 않도록 한다. 여러 방법이 있지만, 여기서는 첫 번째 단어를 읽기 전에 단어 수를 먼저 검사하도록 한다.

```
fhand = open('mbox-short.txt')
count = 0
```

```
for line in fhand:
    words = line.split()
    # print('Debug:', words)
    if len(words) == 0 : continue
    if words[0] != 'From' : continue
    print(words[2])
```

먼저, print문을 제거하지 않고 주석 처리만 했다. 코드 수정이 잘못됐다면 print문으로 다시 디버깅해야 한다. 다음으로 단어 길이를 검사하는 보호 코드를 추가했다. 만약 길이가 0이면 continue를 써서 파일의 다음 줄로 건너뛴다.

두 개의 continue문을 사용해서 필요한 부분만 처리하도록 코드를 개선했다. 단어가 없는 행은 이제 다음 줄로 건너뛴다. 또한, 'From'이 없는 행도 역시 다음으로 건너뛴다.

수정된 프로그램을 실행해서 제대로 동작하는지 보자. 보호 코드를 통해 words[0]이 더는 문제를 일으키지 않을 것이라고 확신하지만, 이것만으로는 충분하지 않을 수도 있다. 프로그래밍을 할 때는 항상 '뭐가 잘못될 수 있을까?'를 생각해야 한다.

☑ **문제 2** 프로그램에서 보호자 패턴을 적용할 만한 곳이 더 없는지 살펴보자. 그런 부분을 찾았다면 텍스트 파일을 일부러 조작해서 고의로 문제를 발생시키자. 그런 다음, 코드를 수정해서 다시 문제가 발생하지 않는지 확인하자.

☑ **문제 3** 위 예제의 보호 코드를 두 개의 if문 없이 만들어 보자. 이번에는 하나의 if문과 and 논리 연산자를 사용해서 복합 논리 표현식을 만들어 보자.

8.15 용어

별칭(aliasing) 둘 이상의 변수가 동일 객체를 참조하는 상황.

구분자(delimiter) 문자열을 나눌 위치를 지정하는 데 사용되는 문자, 또는 문자열.

원소(element) 리스트 같은 시퀀스 내의 값들 중 하나. 항목(item)이라고도 함.

동등(equivalent) 같은 값을 가지고 있음.

인덱스(index) 리스트 내의 원소를 가리키는 정수 값.

동일(identical) 같은 객체(동등함을 의미).

리스트(list) 연속된 값.

리스트 순회(list traversal) 리스트 내의 각 원소에 순서대로 접근함.

중첩된 리스트(nested list) 리스트 내에 또 다른 리스트를 원소로 포함하는 리스트.

객체(object) 무언가를 참조할 수 있는 값. 객체는 타입과 값을 가진다.

참조(reference) 변수와 값 사이의 연관성.

8.16 연습문제

☑ **문제 4** *https://www.py4e.com/code3/romeo.txt*에서 파일을 내려받자. romeo.txt 파일을 열고 한 줄씩 읽는 프로그램을 만들어 보자. split 함수를 사용해서 각 행을 단어 리스트로 분리하자. 단어를 추가할 때는 이미 리스트에 있는 단어인지 확인해서 리스트에 없을 때만 추가하도록 한다. 프로그램이 완료되면 이렇게 추출된 단어를 알파벳 순서로 정렬해 출력한다.

```
Enter file: romeo.txt
['Arise', 'But', 'It', 'Juliet', 'Who', 'already',
'and', 'breaks', 'east', 'envious', 'fair', 'grief',
'is', 'kill', 'light', 'moon', 'pale', 'sick', 'soft',
'sun', 'the', 'through', 'what', 'window',
'with', 'yonder']
```

☑ **문제 5** Mbox 포맷의 파일을 읽고 'From'으로 시작하는 행을 찾는 프로그램을 만들어 보자. split 함수를 써서 각 행을 단어 단위로 분리한 다음, 누가 메일을 보냈는지 출력하자. 보낸 사람은 두 번째 단어에 해당한다.

```
From stephen.marquard@uct.ac.za Sat Jan 5 09:14:16 2008
```

'From'으로 시작하는 행의 두 번째 단어를 출력한 다음, 모두 몇 개의 행이 찾아졌는지 마지막에 출력한다. 이 프로그램을 통해 몇 줄이 제거됐는지 출력하는 방법도 연습할 수 있다.

```
python fromcount.py
Enter a file name: mbox-short.txt
stephen.marquard@uct.ac.za
louis@media.berkeley.edu
zqian@umich.edu

[일부 출력 생략함...]

ray@media.berkeley.edu
cwen@iupui.edu
cwen@iupui.edu
cwen@iupui.edu
There were 27 lines in the file with From as the first word
```

☑ **문제 6** 사용자로부터 숫자 리스트를 입력 받고, 'done'이 입력되면 최댓값과 최솟값을 출력하는 프로그램을 만들자. 사용자가 입력한 숫자를 리스트에 저장하고 max() 및 min() 함수를 써서 입력이 완료됐을 때, 각 숫자를 출력해보자.

```
Enter a number: 6
Enter a number: 2
Enter a number: 9
Enter a number: 3
Enter a number: 5
Enter a number: done
Maximum: 9.0
Minimum: 2.0
```

9장

딕셔너리

딕셔너리(dictionary)는 리스트와 비슷하지만 차이점이 있다. 리스트에서 인덱스 위치를 나타낼 때는 정수만 쓸 수 있지만, 딕셔너리에서는 (거의) 어떤 타입도 사용할 수 있다.

딕셔너리는 키(key)라고 부르는 인덱스들의 집합과 값들의 집합을 서로 매핑한 것으로 볼 수 있다. 각각의 키는 값에 매핑된다. 키와 값의 연관 관계를 키-값 쌍(key-value pair)으로 부른다. 가끔 항목(item)이라고 하는 경우도 있다.

예를 들어 영어 단어와 스페인어 단어를 매핑한 딕셔너리가 있다면, 키와 값은 모두 문자열이다. dict는 아이템이 없는 새 딕셔너리를 만든다. dict는 내장 함수 이름이므로 변수 이름으로 쓰지 말아야 한다.

```
>>> eng2sp = dict()
>>> print(eng2sp)
{}
```

중괄호 { }는 비어있는 딕셔너리를 의미한다. 딕셔너리에 항목을 추가할 때는 대괄호를 사용한다.

```
>>> eng2sp['one'] = 'uno'
```

이 코드는 one이라는 키와 uno라는 값을 매핑한 항목을 생성한다. 이제 딕셔너리를 다시 출력하면 키와 값이 콜론으로 구분된 키-값 쌍을 볼 수 있다.

```
>> print(eng2sp)
{'one': 'uno'}
```

출력 포맷은 입력 포맷과 같다.

이번에는 새 딕셔너리를 생성하고 3개의 항목을 추가하자. 그런 다음 딕셔너리를 출력해 보자.

```
>>> eng2sp = {'one': 'uno', 'two': 'dos', 'three': 'tres'}
>>> print(eng2sp)
{'one': 'uno', 'three': 'tres', 'two': 'dos'}
```

입력 순서와 출력 순서가 다르다. 다른 컴퓨터에서 이 예제를 실행하면 책과 다른 결과를 얻을 수도 있다. 이와 같이, 딕셔너리의 항목 순서는 일반적으로 예상할 수 없다.

항목 순서가 다르다면 어떻게 필요한 값을 찾을 수 있을까? 걱정하지 말자. 앞서 말했듯이 딕셔너리의 항목은 정수 값으로 색인되지 않는다. 대신, 키를 사용해서 연관된 값을 찾는다.

```
>>> print(eng2sp['two'])
'dos'
```

키 two는 값 'dos'와 매핑되어 있기 때문에 항목 순서는 중요하지 않다. 만약 딕셔너리에 없는 키를 쓰면 오류가 발생한다.

```
>>> print(eng2sp['four'])
KeyError: 'four'
```

len 함수를 딕셔너리에 사용할 수 있다. 이 함수는 키-값 쌍의 개수를 반환한다.

```
>>> len(eng2sp)
3
```

in 연산자도 딕셔너리에 쓸 수 있다. 이 연산자를 통해 딕셔너리에 해당 키가 존재하는지 여부를 검사할 수 있다.

```
>>> 'one' in eng2sp
True
>>> 'uno' in eng2sp
False
```

찾으려는 값이 딕셔너리에 있는지 알고 싶으면 values 메서드를 사용한다. 이 메서드는 값을 리스트로 반환하는데, 이 리스트에 in 연산자를 써서 찾으려는 값이 있는지 조사할 수 있다.

```
>>> vals = list(eng2sp.values())
>>> 'uno' in vals
True
```

in 연산자는 리스트와 딕셔너리에 대해 각각 다른 알고리즘을 사용한다. 리스트에서는 선형 탐색(linear search) 알고리즘을 사용한다. 그래서 리스트 길이가 길수록 탐색 시간 역시 비례해서 늘어난다. 딕셔너리에서는 해시 테이블(hash table)을 사용한다. 해시 테이블은 항목 개수와 상관없이 탐색 시간이 동일하다는 특징을 갖고 있다. 여기서는 해시 테이블이 어떻게 동작하는지 설명하지 않는다. 이 마법 같은 동작 원리가 궁금하다면 *https://en.wikipedia.org/wiki/Hash_table*에서 관련 설명을 읽을 수 있다.

☑ 문제 1 *https://www.py4e.com/code3/words.txt*에서 파일을 내려받자. words.txt의 단어를 읽고 딕셔너리의 키로 저장한다. 값은 어떻게 지정해도 상관없다. 키 저장을 완료했으면 in 연산자로, 특정 문자열이 딕셔너리에 존재하는지 여부를 확인하자. 이처럼 딕셔너리에 in 연산자를 쓰면 문자열의 존재 여부를 빠르게 알 수 있다.

9.1 카운터 집합으로서의 딕셔너리

영어 문자열에서 각 문자가 몇 번이나 쓰였는지 횟수를 구하고 싶다고 하자. 다음 방법들이 가능하다.

1. 알파벳 문자 수만큼 26개의 변수를 만든다. 다음으로 문자열을 순회하면서 각 문자마다 개수를 하나씩 증가한다. 아마도 연결된 조건식을 써야 할 것이다.

2. 26개의 원소를 가지는 리스트를 생성한다. 다음으로 내장 함수 ord를 사용해서 각 문자를 숫자로 변환한다. 이 숫자를 인덱스로 사용해서 리스트에 넣는다. 이제 문자가 나올 때마다 연관된 횟수를 증가시킨다.

3. 각 문자를 키로, 값을 횟수로 사용하는 딕셔너리를 만든다. 즉, 'a'가 처음 발견되면 키는 'a', 값을 1로 해서 딕셔너리에 추가한다. 계속 검색하다가 'a'가 다시 발견되면 값만 하나 더 증가시킨다.

앞에 나열한 방법들이 동작은 비슷하지만, 구현 방식에 차이가 있다.

구현(implementation)은 작업을 처리하는 방법이다. 동작이 비슷해 보여도 어떻게 구현했는지에 따라 다른 구현 방식보다 효과적일 수 있다. 앞에서 딕셔너리를 이용한 구현 방법을 예로 들어보자. 이때는 문자열에 알파벳 문자 26개만 있는지, 그 외에 기호 문자도 포함돼 있는지 알 필요가 없다. 새로 발견된 문자는 딕셔너리에 추가하고, 이미 발견된 문자라면 횟수만 증가시켜 주면 된다.

아래는 구현 코드다.

```python
word = 'brontosaurus'
d = dict()
for c in word:
    if c not in d:
        d[c] = 1
    else:
        d[c] = d[c] + 1
print(d)
```

이 코드는 카운터(counter) 또는 빈도(frequency) 집합에 대한 통계 용어인 히스토그램(histogram)을 효과적으로 계산한다.

for루프는 문자열을 순회한다. 루프를 돌 때마다 변수 c의 문자가 딕셔너리에 없다면, 해당 문자를 키로 하고 값은 1로 설정해서 새 항목을 딕셔너리에 추가한다. 변수 c의 문자가 이미 딕셔너리에 있다면, d[c]의 값을 하나 증가시킨다.

실행 결과는 아래와 같다.

```
{'b': 1, 'r': 2, 'o': 2, 'n': 1, 't': 1, 's': 2, 'a': 1, 'u': 2}
```

이 히스토그램을 통해 'a'와 'b'는 한 번, 'o'는 두 번 나타난 것을 알 수 있다.

한편, 딕셔너리에는 키와 기본 값을 가져오는 get이라는 메서드가 있다. 키가 딕셔너리에 존재한다면 연관된 값을 가져오며, 키가 없다면 기본 값을 반환한다. 아래 코드를 보자.

```
>>> counts = {'chuck':1, 'annie':42, 'jan':100}
>>> print(counts.get('jan', 0))
100
>>> print(counts.get('tim', 0))
0
```

get을 쓰면 앞의 루프를 더 간단히 할 수 있다. 딕셔너리에 키가 존재하지 않는 경우를 이 메서드로 다룰 수 있기 때문이다. 아래 코드는 get을 써서 앞에서 본 루프의 본문 네 줄을 하나로 줄였다. if문 역시 제거됐다.

```
word = 'brontosaurus'
d = dict()
for c in word:
    d[c] = d.get(c,0) + 1
print(d)
```

이처럼 get 메서드는 카운트 루프를 단순하게 해주므로, 파이썬에서 관용구(idiom)처럼 자주 쓰인다. 이 책의 나머지 부분에서도 이 메서드를 여러 번 사용한다. 그러므로 계속 넘어가기 전에 잠깐 멈추고 if문을 사용한 루프와 get 메서드를 사용한 루프를 다시 비교해 보자. 두 코드 모두 결과는 같지만, get을 사용한 코드가 더 간결하다.

9.2 딕셔너리와 파일

딕셔너리를 자주 사용하는 경우 중 하나는 텍스트 파일에서 단어 출현 횟수를 셀 때다. '로미오와 줄리엣'에서 가져온 단순한 텍스트 파일로 시작해 보자. 예제를 최대한 간략히 하기 위해 구두점이 없는 글을 사용한다. 조금 뒤에서는 구두점이 포함된 글도 살펴볼 것이다.

```
But soft what light through yonder window breaks
It is the east and Juliet is the sun
Arise fair sun and kill the envious moon
Who is already sick and pale with grief
```

먼저 파일 내용을 한 줄씩 읽는 코드를 만들고, 각 줄을 단어의 리스트로 분해 한다. 다음으로 루프를 돌면서 딕셔너리를 사용해 각 단어의 출현 횟수를 카운 트한다.

이렇게 하면 두 개의 for루프를 쓰게 된다. 바깥 루프는 파일을 한 줄씩 읽으 며 안쪽 루프는 각 줄의 단어를 읽는다. '바깥 루프'와 '안쪽 루프'를 사용하므로 이런 형태를 중첩된 루프(nested loop)라고 한다.

바깥 루프가 한 번 돌 때마다 안쪽 루프는 모든 반복을 수행하기 때문에, 바 깥 루프는 '느리게' 돌고, 안쪽 루프는 '더 빠르게' 돈다고 볼 수 있다.

이렇게 중첩된 루프를 사용하면 입력 파일의 모든 단어를 셀 수 있다. 완성 된 예제 코드는 아래와 같다.

```python
fname = input('Enter the file name: ')
try:
    fhand = open(fname)
except:
    print('File cannot be opened:', fname)
    exit()

counts = dict()
for line in fhand:
    words = line.split()
    for word in words:
        if word not in counts:
            counts[word] = 1
        else:
            counts[word] += 1

print(counts)
```

 # Code: https://www.py4e.com/code3/count1.py

else문에서 변수를 증가시킬 때 좀 더 간결한 방법을 사용했다. counts[word] += 1은 counts[word] = counts[word] + 1로 쓰는 것과 같은 표현이다. 둘 중 어떤 방법도 변수 값을 변경하는 데 사용할 수 있다. 이 외에도 -=, *=, /= 등이 있다.

프로그램을 실행하면 모든 단어의 출현 횟수가 표시된다. 순서는 정렬되지 않는다. 예제 코드에 사용한 텍스트 파일은 *https://www.py4e.com/code3/romeo.txt*에서 내려받을 수 있다.

```
python count1.py
Enter the file name: romeo.txt
{'But': 1, 'soft': 1, 'what': 1, 'light': 1, 'through': 1, 'yonder': 1,
'window': 1, 'breaks': 1, 'It': 1, 'is': 3, 'the': 3, 'east': 1,
'and': 3, 'Juliet': 1, 'sun': 2, 'Arise': 1, 'fair': 1, 'kill': 1,
'envious': 1, 'moon': 1, 'Who': 1, 'already': 1, 'sick': 1, 'pale': 1,
'with': 1, 'grief': 1}
```

그런데 이렇게 출력을 하면, 가장 많이 사용된 단어와 그 횟수가 한눈에 들어오지 않는다. 코드를 추가해서 결과를 좀 더 보기 좋게 바꿔 보자.

9.3 루프와 딕셔너리

for문에 딕셔너리를 쓸 때는 키를 사용해 순회할 수 있다. 다음 코드는 키와 값을 출력한다.

```
counts = { 'chuck' : 1 , 'annie' : 42, 'jan': 100}
for key in counts:
    print(key, counts[key])
```

실행 결과는 아래와 같다.

```
chuck 1
annie 42
jan 100
```

다시 말하지만 키가 저장되는 순서는 일정하지 않으므로, 책의 결과와 순서가 다를 수 있다.

이 패턴을 사용해서 다양한 루프 관용구를 구현할 수 있다. 예를 들어 딕셔너리에서 10보다 큰 값을 모두 찾고 싶다면 아래처럼 쓸 수 있다.

```
counts = { 'chuck' : 1 , 'annie' : 42, 'jan': 100}
for key in counts:
    if counts[key] > 10 :
        print(key, counts[key])
```

for루프는 딕셔너리의 키를 통해 반복된다. 따라서 키와 연관된 값을 얻으려면 인덱스 연산자를 사용해야 한다. 코드를 실행하면 아래와 같이 10 이상의 값을 가진 항목들만 출력된다.

```
annie 42
jan 100
```

알파벳 순서로 키를 출력하고 싶다면 딕셔너리 객체에서 쓸 수 있는 keys 메서드를 써서 키의 리스트를 먼저 만든다. 다음으로 정렬된 키 리스트를 순회하면서 키-값 쌍을 출력한다. 아래 코드를 보자.

```
counts = { 'chuck' : 1 , 'annie' : 42, 'jan': 100}
lst = list(counts.keys())
print(lst)
lst.sort()
for key in lst:
    print(key, counts[key])
```

다음은 코드 실행 결과다.

```
['chuck', 'annie', 'jan']
annie 42
chuck 1
jan 100
```

첫 번째 줄에서는 keys 메서드로 얻은 키 리스트가 정렬되지 않은 상태로 출력됐다. 이후에 키 리스트를 정렬했기 때문에 for루프를 돌 때는 정렬된 상태의 키-값 쌍이 출력된다.

9.4 고급 텍스트 파싱

앞 절에서는 구두점을 모두 제거한 romeo.txt를 사용해서 예제 코드를 최대한 단순히 했다. 하지만 일상에서 마주치는 대부분의 텍스트들은 아래처럼 많은 구두점을 가지고 있다.

```
But, soft! what light through yonder window breaks?
It is the east, and Juliet is the sun.
Arise, fair sun, and kill the envious moon,
Who is already sick and pale with grief,
```

파이썬 split 함수를 인수 없이 사용하면 공백을 기준으로 단어를 분리한다. 그래서 'soft!'와 'soft'는 별개의 단어로 인식되어 딕셔너리에도 두 개의 항목이 만들어진다.

대, 소문자 구분 역시 문제다. 사람은 'who'와 'Who'를 같은 단어로 인식하지만, 파이썬은 그렇지 않다.

이러한 문제들은 lower, punctuation, translate 같은 문자열 메서드를 써서 해결할 수 있다. translate는 가장 미묘한(subtle) 메서드다. 아래는 문서의 일부다.

> line.translate(str.maketrans(fromstr, tostr, deletestr))
>
> fromstr의 문자들을 tostr의 같은 위치에 있는 문자들로 바꾸고 deletestr에 있는 모든 문자들을 삭제한다. fromstr과 tostr은 비어 있는 문자열이 될 수 있으며 deletestr 매개변수는 생략 가능하다.

아래의 예제 코드에서 tostr은 쓰지 않지만, deletestr 매개변수는 모든 구두점을 사제하기 위해 사용한다.

파이썬에서 구두점으로 인식하는 문자들은 아래와 같은 코드로 얻을 수 있다.

```
>>> import string
>>> string.punctuation
'!"#$%&\'()*+,-./:;<=>?@[\\]^_`{|}~'
```

한편, 파이썬 2.0에서는 translate에 사용되는 매개변수가 다르다.

완성된 코드를 보자.

```python
import string

fname = input('Enter the file name: ')
try:
    fhand = open(fname)
except:
    print('File cannot be opened:', fname)
    exit()

counts = dict()
for line in fhand:
    line = line.rstrip()
    line = line.translate(line.maketrans('', '', string.punctuation))
    line = line.lower()
    words = line.split()
    for word in words:
        if word not in counts:
            counts[word] = 1
        else:
            counts[word] += 1

print(counts)
```

 # Code: https://www.py4e.com/code3/count2.py

이처럼 파이썬은 일반적인 데이터 분석 문제를 해결하기 위한 내장 기능을 제공한다. 시간이 지나면서, 공부한 예제 코드와 문서가 늘어날수록 다른 많은 기능들에 대해서도 자연스레 배우게 될 것이다.

아래는 실행 결과다.

```
Enter the file name: romeo-full.txt
{'but': 1, 'soft': 1, 'what': 1, 'light': 1, 'through': 1, 'yonder': 1,
'window': 1, 'breaks':1, 'it': 1, 'is': 3, 'the': 3, 'east': 1, 'and':
3, 'juliet': 1, 'sun': 2, 'arise': 1, 'fair':1, 'kill': 1, 'envious':
1, 'moon': 1, 'who': 1, 'already': 1, 'sick': 1, 'pale': 1, 'with': 1,
'grief': 1}
```

출력 결과는 여전히 한눈에 들어오지 않는다. 원하는 바를 더 명확히 드러내도록 보완이 필요하다. 하지만 이렇게 하려면 튜플(tuple)을 배워야 한다. 10장에서는 튜플을 사용해 이 예제 코드를 개선한다.

9.5 디버깅

프로그램에서 다루는 데이터가 늘어나면, print() 등으로 데이터를 직접 출력하면서 검사하는 디버깅 방식은 한계에 부딪히기 마련이다. 이번에는 많은 양의 데이터를 디버깅할 때 쓸만한 방법을 소개한다.

입력 줄이기 가능한 한 데이터의 크기를 줄이자. 예를 들어 프로그램이 텍스트 파일을 읽는다면 처음 몇 줄만 읽는 식으로 최소 단위만 처리한다. 파일 자체를 수정해도 좋다. 그렇지만 더 나은 방법은 처음 n번째 줄까지만 읽도록 프로그램을 수정하는 것이다. 이 상태로 프로그램을 실행해서 오류가 발생하면, n 값을 오류가 명확히 드러나는 최솟값까지 줄인다. 다음으로 오류를 발견하고 수정할 때까지 n을 점진적으로 증가시킨다.

데이터 요약과 타입 확인 전체 데이터를 출력하고 검사하는 대신, 데이터 요약본을 출력하는 방법을 고려하자. 예를 들어 딕셔너리의 항목 개수나 숫자 리스트의 합계를 표시하는 것이다.
실행 오류의 주된 요인은 잘못된 타입을 쓰는 경우다. 이런 종류의 오류를 디버깅할 때는 값의 타입을 출력하는 것만으로 충분하다.

자체 검사 자동으로 오류를 검사하는 코드를 만든다. 예를 들어 리스트에 들어 있는 숫자들의 평균 값을 계산하는 코드를 만든다고 하자. 계산된 평균 값은 리스트 내 가장 큰 숫자와 같거나 더 작아야 하며, 가장 작은 숫자와 같거나 더 커야 한다. 이 규칙을 코드로 만들어 둔다. 이 방법은 '완전히 비논리적인' 결과를 감지하기 때문에 '온전성(sanity) 검사'라고 부른다.
또 다른 종류로 두 번의 다른 계산 결과를 비교하여 일관성이 있는지 확인하는 '일관성(consistency) 검사'가 있다.

보기 좋게 출력하기 디버깅 출력을 형식화하면 오류를 쉽게 찾아낼 수 있다.

정리하면, 시간을 충분히 들여 기본 뼈대가 되는 코드를 잘 만들어 두면, 나중에 디버깅에 소비되는 시간을 줄일 수 있다.

9.6 용어

딕셔너리(dictionary) 키의 집합과 각 키와 연관된 값의 집합을 매핑한 것.

해시 테이블(hashtable) 파이썬 딕셔너리를 구현하는 데 사용된 알고리즘.

해시 함수(hash function) 해시 테이블이 키의 위치를 계산할 때 쓰는 함수.

히스토그램(histogram) 카운터의 집합.

구현(implementation) 작업을 처리하는 방법.

항목(item) 키-값 쌍이 의미하는 또 다른 이름.

키(key) 딕셔너리에 사용되는 키-값 쌍의 첫 번째 부분.

키-값 쌍(key-value pair) 키와 값의 연관 관계를 나타냄.

조회(lookup) 키를 써서 연관된 값을 찾는 딕셔너리 작업.

중첩된 루프(nested loop) 루프 내부에 또 다른 루프가 하나 이상 있는 경우. 외부 루프가 한 번 돌 때, 내부 루프는 끝까지 완료된다.

값(value) 딕셔너리에 사용되는 키-값 쌍의 두 번째 부분. 지금까지 사용했던 '값'에 비해서는 좀 더 제한적인 뜻을 갖고 있다.

9.7 연습문제

☑ **문제 2** 수신된 요일별로 메일을 분류하는 코드를 만들어 보자. 'From'으로 시작하는 줄을 먼저 찾고, 이어서 세 번째 단어를 구해 각 요일별로 카운트한다. 프로그램 마지막에 딕셔너리 내용을 출력한다(순서는 무시한다).

샘플 데이터
```
From stephen.marquard@uct.ac.za Sat Jan  5 09:14:16 2008
```

샘플 실행 결과
```
python dow.py
Enter a file name: mbox-short.txt
{'Fri': 20, 'Thu': 6, 'Sat': 1}
```

☑ **문제 3** 메일 수신 기록을 읽고 각 메일 주소별로 얼마나 많은 메시지가 도착했는지 히스토그램을 출력하는 프로그램을 만들자. 딕셔너리 형태로 출력한다.

```
Enter file name: mbox-short.txt
{'gopal.ramasammycook@gmail.com': 1, 'louis@media.berkeley.edu': 3,
'cwen@iupui.edu': 5, 'antranig@caret.cam.ac.uk': 1,
'rjlowe@iupui.edu': 2, 'gsilver@umich.edu': 3,
'david.horwitz@uct.ac.za': 4, 'wagnermr@iupui.edu': 1,
'zqian@umich.edu': 4, 'stephen.marquard@uct.ac.za': 2,
'ray@media.berkeley.edu': 1}
```

☑ **문제 4** 누가 제일 많은 메일을 가지고 있는지 알아보는 코드를, 문제 3에서 만든 프로그램에 추가하자. 모든 데이터를 읽고 딕셔너리를 생성한 다음, '5.7.2절 루프에서 최댓값, 최솟값 구하기'에서 배운 방법을 써서, 가장 많은 메시지를 갖고 있는 사람이 누구고 몇 개의 메시지를 갖고 있는지 출력하자.

```
Enter a file name: mbox-short.txt
cwen@iupui.edu 5

Enter a file name: mbox.txt
zqian@umich.edu 195
```

☑ **문제 5** 이번에는 메일 주소 대신, 도메인 이름(메시지를 누가 보냈느냐가 아니라 어디서 메시지가 왔는지)을 기록하는 프로그램을 만들자. 프로그램의 마지막에 딕셔너리 내용을 출력한다.

```
python schoolcount.py
Enter a file name: mbox-short.txt
{'media.berkeley.edu': 4, 'uct.ac.za': 6, 'umich.edu': 7,
'gmail.com': 1, 'caret.cam.ac.uk': 1, 'iupui.edu': 8}
```

10장

튜플

10.1 튜플은 변하지 않는다

튜플(tuple)[1] 역시 리스트와 매우 유사한, 연속된 값의 모음이다. 어떤 타입도 튜플에 저장 가능하며 정수로 인덱스한다. 리스트와 다른 점은 튜플이 불변 (immutable)이라는 것이다. 튜플은 또한, 비교 가능하고 해시 가능하므로 튜플 리스트를 정렬하여 딕셔너리의 키로 사용할 수 있다.

튜플은 쉼표로 값을 구분해서 표현한다.

```
>>> t = 'a', 'b', 'c', 'd', 'e'
```

필수는 아니지만, 일반적으로 튜플을 괄호로 묶어, 코드에서 튜플을 빠르게 식별할 수 있게 한다.

```
>>> t = ('a', 'b', 'c', 'd', 'e')
```

하나의 원소로 튜플을 만들 때는 마지막에 쉼표를 추가한다.

```
>>> t1 = ('a',)
>>> type(t1)
<type 'tuple'>
```

---

[1] 재미있는 사실: '튜플'이라는 단어는 하나(single), 두 배(double), 세 배(triple), 네 배(quadruple), 다섯 배 (quintuple), 여섯 배(sextuple), 일곱 배(septuple) 등 다양한 길이의 연속된 숫자에 붙여진 이름에서 유래 한다.

쉼표 없이 ('a')라고 쓰면, 문자열로 취급된다.

```
>>> t2 = ('a')
>>> type(t2)
<type 'str'>
```

튜플을 만드는 또 다른 방법은 내장 함수 tuple을 사용하는 것이다. 이 함수를 인수 없이 쓰면 비어 있는 튜플을 생성한다.

```
>>> t = tuple()
>>> print(t)
()
```

인수가 문자열, 리스트, 튜플 같은 시퀀스라면 tuple의 호출 결과는 해당 시퀀스를 원소로 가진 튜플이다.

```
>>> t = tuple('lupins')
>>> print(t)
('l', 'u', 'p', 'i', 'n', 's')
```

tuple은 내장 함수이므로 변수 이름에 쓰지 말아야 한다.

리스트 연산자의 대부분은 튜플에서 동작한다. 대괄호 연산자는 원소 인덱스로 사용된다.

```
>>> t = ('a', 'b', 'c', 'd', 'e')
>>> print(t[0])
'a'
```

슬라이스 연산자는 원소 범위를 선택한다.

```
>>> print(t[1:3])
('b', 'c')
```

만약, 튜플 원소 중 하나를 수정하려고 하면 오류가 발생한다.

```
>>> t[0] = 'A'
TypeError: object doesn't support item assignment
```

튜플의 원소는 수정할 수 없다. 대신 다른 튜플로 대체할 수 있다.

```
>>> t = ('A',) + t[1:]
>>> print(t)
('A', 'b', 'c', 'd', 'e')
```

10.2 튜플 비교

비교 연산자는 튜플 같은 시퀀스에서 동작한다. 첫 번째 원소부터 시작해서, 동일하면 다음 원소로, 또 그 다음 원소로 넘어가면서 동일하지 않은 원소가 발견될 때까지 반복한다. 그 뒤의 요소는 고려되지 않는다.

```
>>> (0, 1, 2) < (0, 3, 4)
True
>>> (0, 1, 2000000) < (0, 3, 4)
True
```

sort 함수 역시 동일한 방식으로 동작한다. 첫 번째 원소를 주로 정렬하지만, 원소가 묶여 있다면 두 번째, 세 번째 원소 순서로 정렬한다.

이러한 특성은 DSU라고 부르는 패턴에 기반한다.

생성(Decorate) 원소 앞에 하나 이상의 정렬 키가 있는 튜플 리스트로 만들어
진 시퀀스.

정렬(Sort) 내장 함수 sort를 사용한 튜플 리스트.

추출(Undecorate) 시퀀스의 정렬된 원소를 추출.

예를 들어 단어 리스트를 갖고 있고 단어의 길이에 따라 가장 긴 단어에서 짧아지는 순서로 정렬하고 싶다면 다음과 같이 한다.

```
txt = 'but soft what light in yonder window breaks'
words = txt.split()
t = list()
for word in words:
    t.append((len(word), word))

t.sort(reverse=True)

res = list()
for length, word in t:
```

```
        res.append(word)
```

```
print(res)
```

 # Code: https://www.py4e.com/code3/soft.py

첫 번째 루프는 튜플 리스트를 생성한다. 각 튜플의 원소는 단어의 길이, 해당 단어로 구성된다. sort는 첫 번째 원소인 길이를 우선 비교하고, 동일하면 두 번째 원소를 비교한다. 키워드 인수 reverse=True로 인해 sort는 내림차순으로 정렬한다.

두 번째 루프는 튜플 리스트를 순회하면서 길이의 내림차순으로 단어 리스트를 만든다. 알파벳 역순으로 정렬되므로 네 글자 단어 중 'what'이 'sort' 앞에 나타난다.

프로그램 실행 결과는 아래와 같다.

```
['yonder', 'window', 'breaks', 'light', 'what', 'soft', 'but', 'in']
```

10.3 튜플 대입

파이썬 튜플의 독특한 구문적 특징 중 하나는 대입문 왼쪽에 튜플을 쓸 수 있다는 것이다. 이렇게 하면 왼쪽이 시퀀스일 때, 한 번에 하나 이상의 변수에 대입할 수 있다.

아래 코드에는 2개의 원소를 가지는 리스트가 있는데, 코드의 두 번째 줄에서 리스트의 첫 번째와 두 번째 원소를 한 줄의 대입문으로 변수 x와 y에 대입하고 있다.

```
>>> m = [ 'have', 'fun' ]
>>> x, y = m
>>> x
'have'
>>> y
'fun'
>>>
```

파이썬이 대입문을 해석하는 과정은 대략 다음과 같다.

```
>>> m = [ 'have', 'fun' ]
>>> x = m[0]
>>> y = m[1]
>>> x
'have'
>>> y
'fun'
```

스타일 면에서, 튜플을 대입문 왼쪽에 쓸 때 괄호를 생략할 수 있다. 이는 틀린 구문이 아니다. 따라서 다시 코드를 쓰면, 이번에는 코드 두 번째 줄 대입문에 튜플이 사용되고 있음이 명확히 드러난다.

```
>>> m = [ 'have', 'fun' ]
>>> (x, y) = m
>>> x
'have'
>>> y
'fun'
>>>
```

튜플 대입을 이용하면 하나의 구문으로 두 변수의 값을 뒤바꿀(swap) 수 있다.

```
>>> a, b = b, a
```

양쪽 모두 튜플이지만 조금 더 정확히 말하자면, 왼쪽은 변수들의 튜플, 오른쪽은 표현식의 튜플이다. 오른쪽의 각 값은 왼쪽의 각 변수에 대입된다. 오른쪽의 표현식은 대입이 발생하기 전에 평가된다.

   왼쪽의 변수 개수와 오른쪽 변수 개수는 반드시 동일해야 한다.

```
>>> a, b = 1, 2, 3
ValueError: too many values to unpack
```

일반적으로 대입문 오른쪽에는 문자열, 리스트, 튜플 등 어떤 종류의 시퀀스도 올 수 있다. 예를 들어 이메일 주소를 사용자 이름과 도메인으로 분리하고 싶다면 다음처럼 한다.

```
>>> addr = 'monty@python.org'
>>> uname, domain = addr.split('@')
```

split의 반환 값은 두 개의 원소를 가진 리스트다. 따라서 첫 번째 원소는 uname에, 두 번째는 domain에 대입된다.

```
>>> print(uname)
monty
>>> print(domain)
python.org
```

10.4 딕셔너리와 튜플

딕셔너리에는 items라는 메서드가 있다. 이 메서드는 각 원소가 키-값 쌍으로 된 튜플 리스트를 반환한다.

```
>>> d = {'a':10, 'b':1, 'c':22}
>>> t = list(d.items())
>>> print(t)
[('b', 1), ('a', 10), ('c', 22)]
```

이미 배웠지만, 딕셔너리로 반환되는 원소 순서는 정해져 있지 않다.

그렇지만 튜플 리스트 역시 '비교 가능한 리스트'이므로 정렬이 가능하다. 결국, 튜플 리스트로 변환하는 방법을 통해, 딕셔너리를 키로 정렬해서 출력할 수 있게 된다.

```
>>> d = {'a':10, 'b':1, 'c':22}
>>> t = list(d.items())
>>> t
[('b', 1), ('a', 10), ('c', 22)]
>>> t.sort()
>>> t
[('a', 10), ('b', 1), ('c', 22)]
```

새로운 리스트는 키 값을 기준으로 알파벳 오름차순으로 정렬된 리스트다.

10.5 딕셔너리를 통한 다중 대입

items, 튜플 대입 그리고 for문을 결합하면 하나의 루프에서 딕셔너리의 키, 값을 순회하는 멋진 코드 패턴이 만들어진다.

```
for key, val in list(d.items()):
    print(val, key)
```

items는 튜플 리스트를 반환한다. 반환되는 튜플의 각 원소는 key, val에 대입되며 for문을 통해 이 동작이 연속적으로 반복된다. 이렇게 보면, 예제 코드에는 두 개의 반복 변수가 있는 셈이다.

　루프를 돌 때, 각 키와 값은 딕셔너리의 (해시 키 순서에 따른) 다음 키-값 쌍이 차례로 들어간다.

　루프의 출력 결과는 아래와 같다.

```
10 a
22 c
1 b
```

다시 말하지만, 출력 결과는 해시 키 순서에 따른다.

　이 두 가지 기술을 결합하면 딕셔너리의 내용을 값으로 정렬해서 출력할 수 있다.

　이렇게 하려면, 먼저 각 튜플이 (value, key)로 구성된, 튜플 리스트를 만든다. (key, value)가 아니라는 것에 주의하자. items 메서드는 (key, value) 튜플을 반환하지만, 이번에는 키로 정렬하는 것이 아니라, 값으로 정렬해야 한다.

　값-키 튜플로 리스트를 만들면, 리스트를 역순으로 정렬해서 출력하는 건 그리 어려운 일이 아니다.

```
>>> d = {'a':10, 'b':1, 'c':22} >>> l = list()
>>> for key, val in d.items() :
...     l.append( (val, key) )
...
>>> l
[(10, 'a'), (22, 'c'), (1, 'b')]
>>> l.sort(reverse=True)
>>> l
[(22, 'c'), (10, 'a'), (1, 'b')]
>>>
```

다시 말하지만, 튜플 리스트를 만들 때 튜플의 첫 번째 원소가 값이어야 한다는 걸 주의하자. 이렇게 튜플 리스트를 정렬하면, 딕셔너리의 내용을 값으로 정렬해서 출력할 수 있다.

10.6 가장 많이 쓰인 단어

'9.4절 고급 텍스트 파싱'에서 다뤘던 '로미오와 줄리엣' 예제를 다시 살펴보자. 이 텍스트에 가장 많이 쓰인 단어 10개를 출력하고 싶다면, 지금 배운 기술을 활용해 아래처럼 쓸 수 있다.

```python
import string
fhand = open('romeo-full.txt')
counts = dict()
for line in fhand:
    line = line.translate(str.maketrans('', '', string.punctuation))
    line = line.lower()
    words = line.split()
    for word in words:
        if word not in counts:
            counts[word] = 1
        else:
            counts[word] += 1

# 값으로 딕셔너리를 정렬한다.
lst = list()
for key, val in list(counts.items()):
    lst.append((val, key))

lst.sort(reverse=True)

for key, val in lst[:10]:
    print(key, val)
```
 # Code: https://www.py4e.com/code3/count3.py

프로그램의 첫 부분, 그러니까 파일을 읽고 각 단어와 출현 횟수를 매핑해서 딕셔너리를 만드는 부분은 9장의 예제 코드와 동일하다. 하지만 이번에는 단순히 counts를 출력하는 대신, (val, key) 튜플을 생성한 다음 리스트를 역순으로 정렬한다.

키보다 값을 앞에 둬서 튜플 리스트를 만들었기 때문에 값 순서로 정렬할 수 있다. 값이 동일한 튜플이 두 개 이상이라면, 두 번째 원소인 키를 확인한다. 따라서 값이 동일한 튜플은 키의 알파벳 순서로 정렬된다.

마지막으로 lst[:10] 슬라이스의 결과를 반복하면서 가장 많이 사용된 10개의 단어를 출력했다.

이제 코드는 단어 빈도수를 원하는 대로 셈하는 것 같다. 정말 그런지 실행해 보자.

```
61 i
42 and
40 romeo
34 to
34 the
32 thou
32 juliet
30 that
29 my
24 thee
```

분명한 사실은, 이해하기 쉬운 19줄(공백 3줄은 제외)짜리 파이썬 코드만으로, 복잡한 데이터를 파싱하고 분석했다는 점이다. 이 사실만 봐도 왜 파이썬이 정보 분석에 있어 적합한 언어인지 알 수 있다.

10.7 딕셔너리의 키로 튜플 사용하기

튜플은 해시가 가능하지만 리스트는 그렇지 않다. 만약 딕셔너리에 복합(composite) 키를 사용하고 싶으면 반드시 튜플을 키로 써야 한다.

만약 성(last-name)과 이름(first-name) 쌍이 전화번호와 매핑되는 전화번호부를 만든다면, 복합 키가 필요하다. 각각의 변수로 last, first, number를 선언했다면 아래처럼 딕셔너리 대입문을 쓸 수 있다.

```
directory[last,first] = number
```

대괄호 표현식은 튜플이다. 이 딕셔너리를 순회하기 위해 for루프 내에서 튜플 대입을 사용한다.

```
for last, first in directory:
    print(first, last, directory[last,first])
```

이 루프는 directory 내의 튜플 키를 순회하면서 각 튜플 원소를 last와 first
에 대입한다. 그런 다음, 이름과 연관된 전화번호를 출력한다.

10.8 시퀀스: 문자열, 리스트 그리고 튜플

여기서는 튜플의 리스트를 설명하는 데 치중했지만, 이번 장의 거의 모든 예제
는 리스트의 리스트, 튜플의 튜플, 리스트의 튜플에서도 동작한다. 가능한 조
합을 모두 나열하는 걸 피하기 위해 때로는 시퀀스의 시퀀스에 대해 얘기하는
것이 더 쉽다.

대부분의 상황에서 문자열, 리스트, 튜플과 같은 시퀀스는 상호 교환하여 쓸
수 있다. 그렇다면 어떤 기준으로 이들을 선택해야 할까?

확실한 것부터 시작하자면, 문자열 원소는 '문자'만 가능하므로 다른 시퀀스
에 비해 제한적이다. 또한 변경할 수 없다. 그러므로 문자열 내의 문자를 변경
할 필요가 있고 새 문자열을 생성하고 싶지 않다면, 문자 리스트 사용을 고려
하자.

리스트는 변경이 가능하므로 튜플보다 많이 쓰인다. 그렇지만, 튜플을 사용
하는 게 더 유리한 경우도 있다.

1. return문 같은 일부 상황에서는 리스트보다 튜플을 생성하는 것이 문맥적
   으로 더 단순하다. 다른 상황에서는 리스트가 더 좋다.
2. 딕셔너리 키로 시퀀스를 사용하길 원한다면, 튜플이나 문자열 같은 불변 타
   입을 사용해야 한다.
3. 함수 인수로 시퀀스를 전달할 때 튜플을 쓰면, 별칭으로 인한 비정상 동작
   가능성을 줄일 수 있다.

튜플은 변경 되지 않으므로, sort나 reverse처럼 현재 값을 수정하는 메서드를
제공하지 않는다. 그렇지만 파이썬은 sorted, reversed처럼 모든 타입을 매개
변수로 취해서, 다른 순서로 새 시퀀스를 반환하는 내장 함수를 제공한다.

10.9 디버깅

리스트, 딕셔너리 그리고 튜플은 일반적으로 데이터 구조(data structure)로 알려져 있다. 이번 장에서는 이들을 결합한 데이터 구조를 살펴봤다. 즉, 튜플 리스트 및 튜플을 키로, 리스트를 값으로 쓴 딕셔너리가 그 예다.

이러한 결합 데이터 구조는 유용한 반면, 형태 오류(shape error)에 취약하다. 즉, 잘못된 타입, 크기, 구성을 쓰는 경우, 또는 코드를 작성하면서 데이터 구조를 잊어서 오류가 발생할 수 있다. 예를 들어 하나의 정수가 있는 리스트를 인수로 기대하고 있는데, 리스트가 아닌 정수 하나가 인수로 들어오면 제대로 동작하지 않을 것이다.

10.10 용어

비교 가능(comparable) 타입이 동일한 두 값이 있을 때, 둘 중 어느 것이 더 크고 작은지 확인 가능한 타입. 비교 가능한 타입은 리스트에 넣어 정렬할 수 있다.

데이터 구조(data structure) 연관 값들의 모음(collection)을 의미하며 보통 리스트, 딕셔너리, 튜플 등이 사용된다.

DSU '생성(decorate)-정렬(sort)-추출(undecorate)'의 약자로, 튜플 리스트를 만들고, 정렬하고, 결과의 일부를 추출하는 패턴.

수집(gather) 다양한 길이의 튜플 인수를 조립하는 작업.

해시 가능(hashable) 해시 함수가 있는 타입. 정수, 실수 그리고 문자열 같은 불변 타입은 해시가 가능하다. 리스트나 딕셔너리 같은 변경 가능 타입은 가능하지 않다.

늘어놓기(scatter) 시퀀스를 인수 목록으로 다루는 작업.

(데이터 구조의) **모양**(shape) 데이터 구조의 타입, 크기, 구성을 의미.

싱글턴(singleton) 단일 원소를 가지는 리스트(또는 다른 시퀀스).

튜플 불변 원소를 가지는 시퀀스.

튜플 대입 오른쪽에 시퀀스, 왼쪽에는 튜플이 있는 대입문. 오른쪽 표현식이 평가되면 해당 원소들은 왼쪽의 변수에 대입된다.

10.11 연습문제

☑ **문제 1** 앞의 예제 코드를, 'From' 라인을 읽고 파싱해서 주소를 가져온 다음, 딕셔너리를 써서 각 개인의 메시지 개수를 구하도록 수정하자.

모든 데이터를 읽고 난 후에는, 딕셔너리로부터 카운트, 이메일로 구성된 튜플 리스트를 생성해서 가장 적은 메일을 받은 사람을 출력하고, 리스트를 역순으로 출력해서 가장 많은 메일을 보낸 사람을 출력하자.

```
Sample Line:
From stephen.marquard@uct.ac.za Sat Jan  5 09:14:16 2008

Enter a file name: mbox-short.txt
cwen@iupui.edu 5

Enter a file name: mbox.txt
zqian@umich.edu 195
```

☑ **문제 2** 이번에는 각 메시지의 수신 시간을 수집하는 프로그램을 만들어 보자. 먼저 'From' 라인에서 시간을 가져오고 콜론(:) 문자를 사용해 분리한다. 각 시간을 모두 카운트하고 정렬해서 한 줄씩 출력한다. 출력 결과는 아래와 같다.

```
python timeofday.py
Enter a file name: mbox-short.txt
04 3
06 1
07 1
09 2
10 3
11 6
14 1
15 2
16 4
17 2
18 1
19 1
```

☑ **문제 3** 파일을 읽어 각 문자의 빈도수를 내림차순으로 출력하는 프로그램을 만들자. 모든 문자는 소문자로 변환하고, a에서 z 사이의 문자만 카운트

한다. 그 외의 공백, 숫자, 구두점 등은 카운트하지 않는다. 프랑스어, 독일어, 스페인어 등 다른 언어로 작성된 텍스트 샘플을 찾아서 각 언어마다 문자 빈도 수가 어떻게 다른지 살펴보자. 결과를 *https://en.wikipedia.org/wiki/Letter_frequency*와 비교해 보자.

11장

정규 표현식

지금까지 파일을 읽고 관심 있는 부분을 찾고 추출하는 과정을 살펴봤다. 그러면서, 텍스트 행의 일부만 추출하기 위해 split과 find 같은 문자열 메서드와 리스트 및 문자열 슬라이스를 사용했다.

이와 같은 탐색 및 추출은 매우 흔한 작업이므로, 파이썬은 정규 표현식 (regular expression)이라고 부르는 강력한 라이브러리를 제공하여, 작업의 많은 부분을 우아한 방법으로 처리할 수 있게 한다. 처음부터 정규 표현식을 소개하지 않은 이유는 비록 라이브러리가 강력하기는 하지만, 구문이 약간 복잡하기 때문이다.

사실, 정규 표현식은 탐색과 문자열 파싱을 위한 또 하나의 작은 언어로 볼 수 있다. 책 한 권이 모두 정규 표현식에 대한 설명으로 채워지는 경우도 있다. 이번 장에서는 정규 표현식의 기본 내용만 다룬다. 정규 표현식의 세부 내용을 알고 싶다면 아래를 참고하자.

🔗 *https://ko.wikipedia.org/wiki/정규_표현식*

🔗 *https://docs.python.org/3.7/library/re.html*

정규 표현식을 사용하려면 우선 정규 표현식 라이브러리 re를 가져와야 한다. 가장 단순한 사용법은 search() 함수를 쓰는 것이다. 다음 프로그램은 함수 사용의 한 예다.

```
# -*- coding: utf-8 -*-
# 'From'을 포함한 행을 찾는다.
import re
hand = open('mbox-short.txt')
for line in hand:
    line = line.rstrip()
    if re.search('From:', line):
        print(line)
```

 # Code: https://www.py4e.com/code3/re01.py

파일을 열고, 각 행을 순회하면서, search() 함수를 써서 'From'을 포함하는 행만 출력한다. 이 프로그램은 정규 표현식의 진정한 힘을 활용하지는 않았다. 왜냐하면 line.find()로 동일한 결과를 쉽게 얻을 수 있기 때문이다.

정규 표현식의 힘은 검색 문자열에 특수 문자를 추가해서 문자열과 일치하는 행을 좀 더 정확하게 제어할 때 비로소 발휘된다. 특수 문자를 쓰면 매우 적은 코드만으로 원하는 작업을 처리할 수 있다.

예를 들어 캐럿 문자(^)는 '한 줄의 시작'이 일치해야 한다는 것을 가리킨다. 앞의 코드를 캐럿 문자를 사용해서 다시 써보자.

```
# -*- coding: utf-8 -*-
# 'From'을 포함한 행을 찾는다.
import re
hand = open('mbox-short.txt')
for line in hand:
    line = line.rstrip()
    if re.search('^From:', line):
        print(line)
```

 # Code: https://www.py4e.com/code3/re02.py

결과는 앞의 코드와 같다. 이 코드 역시 문자열 라이브러리의 startswith()를 써서 동일한 결과를 얻을 수 있다. 하지만 정규 표현식에 특수 문자를 써서 문자열 일치 여부를 정교하게 제어할 수 있다는 것을 보여주기에는 충분하다.

11.1 정규 표현식의 문자 일치

더 강력한 정규 표현식을 만들기 위해 쓸 수 있는 특수 문자는 여러 개가 있다.

마침표(.)는 가장 많이 사용되는 특수 문자로, 어떤 문자와도 일치한다는 것을 나타낸다.

아래 예제에서는 정규 표현식으로 **F..m:**을 썼다. 따라서 'From:' 이외에도 'Fxxm:', 'F12m:', 'F!@m:' 등의 문자열과도 일치한다.

```
# -*- coding: utf-8 -*-
# 'F'로 시작하면서, 두 개의 문자가 이어지고
# 다음으로 'm:'이 있는 행을 찾는다.
import re
hand = open('mbox-short.txt')
for line in hand:
    line = line.rstrip()
    if re.search('^F..m:', line):
        print(line)
```

 # Code: https://www.py4e.com/code3/re03.py

이 특징을, 문자의 반복 횟수를 지정하는 *나 +와 결합하면 더 정교한 정규 표현식을 만들 수 있다. *는 0개 이상의 문자, +는 하나 이상의 문자와 일치함을 의미한다.

아래 코드에서는 반복되는 와일드 카드(wild card) 문자를 써서 일치하는 행의 범위를 더 좁힌다.

```
# -*- coding: utf-8 -*-
# 'From'으로 시작하면서 @ 문자가 있는 행을 찾는다.
import re
hand = open('mbox-short.txt')
for line in hand:
    line = line.rstrip()
    if re.search('^From:.+@', line):
        print(line)
```

 # Code: https://www.py4e.com/code3/re04.py

^From:.+@은 'From:'과 '@' 사이에 하나 이상의 문자가 있는 행을 찾는다. 따라서 다음 줄은 매칭된다.

```
From: stephen.marquard@uct.ac.za
```

.+ 와일드 카드는 콜론 문자와 '@' 사이의 모든 문자를 매칭하도록 확장 시킨다.

```
From:.+@
```

더하기와 별표 문자를 '밀어내기(pushy)'로 생각하면 기억하기 쉽다. 예를 들어 다음 문자열은 .+가 문자들을 바깥쪽으로 밀어내므로, 마지막 '@' 문자와 일치한다.

```
From: stephen.marquard@uct.ac.za, csev@umich.edu, and cwen @iupui.edu
```

+와 *에 다른 문자를 추가해서 '비탐욕적(non-greedy)' 혹은 '게으른(lazy)' 수량자로 동작하게 할 수도 있다. 이에 대한 내용은 앞에서 설명한 문서를 참고하자.

11.2 정규 표현식을 사용한 데이터 추출

findall() 메서드를 사용하면 정규 표현식과 일치하는 모든 하위 문자열을 추출할 수 있다. 아래와 같은 텍스트에서 이메일 주소를 추출하는 예제를 살펴보자.

```
From stephen.marquard@uct.ac.za Sat Jan  5 09:14:16 2008
Return-Path: <postmaster@collab.sakaiproject.org>
          for <source@collab.sakaiproject.org>;
Received: (from apache@localhost)
Author: stephen.marquard@uct.ac.za
```

모든 행을 분리하고, 각 행마다 다른 방식으로 분할하고 슬라이스 하고 싶지 않다면 어떻게 해야 할까? 다음 코드는 findall()을 사용해서 이메일 주소가 있는 행을 찾아 하나 이상의 주소를 추출한다.

```
import re
s = 'A message from csev@umich.edu to cwen@iupui.edu about meeting @2PM'
lst = re.findall('\S+@\S+', s)
print(lst)
```

 # Code: https://www.py4e.com/code3/re05.py

findall() 메서드는 두 번째 인수로 전달된 문자열에서 이메일 주소와 일치하는 문자열을 찾아 리스트로 반환한다. 공백이 아닌 문자(\S)를 찾기 위해 두 개의 문자 시퀀스를 사용했다.

프로그램 실행 결과는 아래와 같다.

```
['csev@umich.edu', 'cwen@iupui.edu']
```

위에서 사용한 정규 표현식을 하나씩 살펴보자. 공백이 아닌 문자가 최소 하나이상 있고, 다음으로 @ 문자가 따라오며 그 다음에도 최소, 1개 이상의 비 공백문자가 따라오는 문자열을 찾아야 한다. \S+는 여러 개의 비 공백 문자와 일치한다.

이 정규 표현식은 두 번(csev@umich.edu.com, cwen@iupui.edu) 매칭된다. '@2PM'과는 매칭되지 않는데 @ 문자 앞에 공백이 있기 때문이다. 이제 이 정규표현식을 사용해서 파일의 모든 행을 읽고 이메일 주소를 출력해보자.

```
# -*- coding: utf-8 -*-
# 문자 사이에 @ 문자가 있는 행을 찾는다.
import re
hand = open('mbox-short.txt')
for line in hand:
    line = line.rstrip()
    x = re.findall('\S+@\S+', line)
    if len(x) > 0:
        print(x)
```
 # Code: https://www.py4e.com/code3/re06.py

이 프로그램은 모든 행을 읽고 정규 표현식과 일치하는 하위 문자열을 추출한다. findall()은 리스트를 반환한다. 최소 1개 이상의 이메일 주소가 발견된 경우만 출력하기 위해, 반환된 리스트 길이가 0보다 큰지 검사한다.

mbox.txt를 대상으로 프로그램을 실행한 결과는 다음과 같다.

```
['wagnermr@iupui.edu']
['cwen@iupui.edu']
['<postmaster@collab.sakaiproject.org>']
['<200801032122.m03LMFo4005148@nakamura.uits.iupui.edu>']
['<source@collab.sakaiproject.org>;']
```

```
['<source@collab.sakaiproject.org>;']
['<source@collab.sakaiproject.org>;']
['apache@localhost)']
['source@collab.sakaiproject.org;']
```

그런데 출력 결과를 자세히 보면, 시작과 끝에 <나 ;처럼, 이메일 주소에 쓸 수 없는 문자도 포함돼 있다. 코드를 개선해서 이메일 주소로 유효한 문자만 가져오도록 해보자.

이렇게 하려면, 정규 표현식의 또 다른 기능을 사용해야 한다. 대괄호는 허용 가능한 여러 개의 문자 집합을 나타낼 때 사용한다. 그리고 \S는 '비 공백 문자'와 일치함을 나타낸다. 이 기능들을 이용하면 좀 더 명확한 표현식이 가능하다.

개선된 정규 표현식은 아래와 같다.

```
[a-zA-Z0-9]\S*@\S*[a-zA-Z]
```

정규 표현식이 더 복잡해지고 있다. 이번 장의 첫 부분에서 왜 정규 표현식이 별도의 프로그래밍 언어로 취급 받는다고 했는지 이해가 될 것이다. 표현식을 하나씩 해석해 보자.

[a-Za-Z0-9]는 1개의 소문자, 또는 대문자, 숫자로 시작하는 하위 문자열을 찾는다. 다음의 \S*에 의해 비 공백 문자가 없거나 1개 이상인 문자열을 찾는다. @ 문자 다음에 \S*가 또 나오므로, 비 공백 문자가 없거나 1개 이상인 문자열을 다시 찾는다. 마지막으로 1개의 대문자, 또는 소문자를 찾는다.

이전에 사용했던 정규 표현식과 비교하면, +를 *로 바꿔서 0개 이상의 비 공백 문자를 찾도록 했다. 왜냐하면 [a-zA-Z0-9]를 통해, 이미 하나의 비 공백 문자를 지정했기 때문이다. +나 *는 왼쪽에 위치한 문자에 바로 적용된다는 걸 알아두자.

이 표현식을 사용하면 좀 더 정확한 데이터가 추출된다.

```python
# -*- coding: utf-8 -*-
# 문자 사이에 @ 문자가 있는 행을 찾는다.
# 이때, 문자는 영어 대/소문자 또는 숫자여야 한다.
import re
```

```
hand = open('mbox-short.txt')
for line in hand:
    line = line.rstrip()
    x = re.findall('[a-zA-Z0-9]\S+@\S+[a-zA-Z]', line)
    if len(x) > 0:
        print(x)
```

 # Code: https://www.py4e.com/code3/re07.py

아래는 출력 결과다.

```
...
['wagnermr@iupui.edu']
['cwen@iupui.edu']
['postmaster@collab.sakaiproject.org']
['200801032122.m03LMFo4005148@nakamura.uits.iupui.edu']
['source@collab.sakaiproject.org']
['source@collab.sakaiproject.org']
['source@collab.sakaiproject.org']
['apache@localhost']
...
```

source@collab.sakaiproject.org를 보면 맨 끝의 두 문자(>;)가 제외된 걸 볼 수 있다. 정규 표현식 마지막에 [a-zA-Z]를 추가했기 때문에, 이제는 영어 대, 소문자만 매칭된다. 따라서 sakaiproject.org>;에서 >는 일치되는 문자가 아니므로, 마지막으로 일치한 문자 'g'에서 멈추게 된다.

한편, 출력 결과는 문자열 1개를 원소로 가진 리스트라는 것도 참고하자.

11.3 탐색과 추출을 한번에 처리하기

아래처럼 'X-'로 시작하는 문자열에서 숫자만 찾고 싶다고 하자.

```
X-DSPAM-Confidence: 0.8475
X-DSPAM-Probability: 0.0000
```

파일의 모든 줄에서 숫자를 찾는 것이 아니라, 'X-'로 시작하는 줄에서만 찾는다. 사용할 정규 표현식은 다음과 같다.

```
^X-.*: [0-9.]+
```

이 정규 표현식은 X-로 시작하고 0개 이상의 문자가 뒤따르고(.*) 콜론과 공백이 이어진다. 공백 뒤에는 숫자나 마침표가 1개 이상 있는 경우를 찾는다.([0-9.]+) 주의할 것은, 대괄호 안의 마침표는 실제 마침표와 일치한다는 점이다. 즉, 와일드 카드의 의미로 사용되지 않는다.

매우 엄격한 표현이며 필요한 행만 정확히 일치시킨다.

```python
# -*- coding: utf-8 -*-
# 'X'로 시작하고, 비 공백 문자가 이어지며,
# 콜론(:), 공백 다음에 숫자가 있는 문자열을 찾는다.
import re
hand = open('mbox-short.txt')
for line in hand:
    line = line.rstrip()
    if re.search('^X\S*: [0-9.]+', line):
        print(line)
```
Code: https://www.py4e.com/code3/re10.py

프로그램을 실행하면, 원하는 문자열만 정확히 출력되는 것을 볼 수 있다.

```
X-DSPAM-Confidence: 0.8475
X-DSPAM-Probability: 0.0000
X-DSPAM-Confidence: 0.6178
X-DSPAM-Probability: 0.0000
...
```

하지만 아직 남은 작업이 있다. 우리가 원한 것은 행 전체가 아니라 숫자였다. split을 써도 될 만큼 단순한 상황이지만, 여기서는 탐색과 추출을 한번에 처리하는 정규 표현식의 또 다른 기능을 사용해 보자.

괄호는 정규 표현식의 또 다른 특수 문자다. 정규 표현식에 괄호를 추가하면, 해당 부분은 문자열을 일치시킬 때 무시된다. 하지만 findall()에서 괄호는 일치하는 문자열 중 특정 하위 문자열만 추출한다는 의미로 사용된다.

이 사실을 이용해서 코드를 다음처럼 수정했다.

```python
# -*- coding: utf-8 -*-
# 'X'로 시작하고, 비 공백 문자가 이어지며,
```

```
# 콜론(:), 공백 다음에 숫자가 있는 문자열을 찾는다.
# 0보다 큰 숫자만 출력한다.
import re
hand = open('mbox-short.txt')
for line in hand:
    line = line.rstrip()
    x = re.findall('^X\S*: ([0-9.]+)', line)
    if len(x) > 0:
        print(x)
```

 # Code: https://www.py4e.com/code3/re11.py

search()를 호출하는 대신, 부동 소수점 숫자를 나타내는 정규 표현식 부분에
괄호를 추가하여 findall()이 부동 소수점만 반환하도록 지정했다.

프로그램의 실행 결과는 다음과 같다.

```
['0.8475']
['0.0000']
['0.6178']
['0.0000']
['0.6961']
['0.0000']
...
```

리스트 내의 숫자들은 여전히 문자열에서 실수로 변환하는 과정이 필요하다.
하지만 정규 표현식을 사용하면, 이처럼 원하는 문자열을 찾고 추출하는 작업
을 한번에 할 수 있다.

이번에는 또 다른 예를 다뤄보자. 파일 내용 중에는 아래와 같은 포맷으로
된 줄이 여러 개 있다.

```
Details: http://source.sakaiproject.org/viewsvn/?view=rev&rev=39772
```

조금 전 배운 기술을 활용해, 맨 마지막의 리비전 숫자만 가져와 보자.

```
# -*- coding: utf-8 -*-
# 'Details: rev='로 시작하면서
# 숫자와 '.'가 따라오는 행을 찾는다.
# 숫자가 0보다 큰 경우 출력한다.
import re
hand = open('mbox-short.txt')
```

```
for line in hand:
    line = line.rstrip()
    x = re.findall('^Details:.*rev=([0-9.]+)', line)
    if len(x) > 0:
        print(x)
```

 # Code: https://www.py4e.com/code3/re12.py

하나씩 살펴보자. 먼저, Details:로 시작하는 행을 찾고, 다음으로 0개 이상의 문자(.*)가 따라오며, rev= 다음에 1개 이상의 숫자가 있는지 찾는다. 전체 표현식과 일치하는 행을 찾지만, 맨 끝의 숫자만 가져와야 하므로 [0-9]+를 괄호로 감쌌다.

다음은 실행 결과다.

```
['39772']
['39771']
['39770']
['39769']
...
```

[0-9]+는 '탐욕적'으로 동작하므로, 숫자를 추출하기 전에 최대한 큰 숫자의 문자열을 찾으려고 한다. 이러한 동작상의 이유 때문에, 각 숫자에 대해 다섯 자리의 숫자를 추출할 수 있다. 이 정규 표현식은 한 줄의 끝이나 문자를 만날 때까지 계속 확장된다.

이번에는 앞 장의 연습문제 중 메일이 도착한 시간을 찾는 예제를, 정규 표현식을 사용해 다시 써보자. 우리가 찾으려는 형식은 아래와 같다.

From stephen.marquard@uct.ac.za Sat Jan 5 09:14:16 2008

그리고 추출하고 싶은 건 각 줄의 시간이다. 이전 같으면, 두 번의 split 호출로 처리했을 것이다. 예를 들어 첫 번째 호출로 각 줄을 단어로 분리하고, 5번째 단어를 가져온 다음, 두 번째 호출로 콜론 문자를 기준으로 나눠서, 필요한 두 문자를 가져온다.

코드는 제대로 동작한다. 하지만 각 줄의 포맷이 정확하다는 가정하에서만 동작하므로, 그만큼 불안정한 코드이기도 하다. 그렇다고 포맷이 부정확한 경우를 대비해 오류 검사(try, except 블록 등)를 추가하면, 코드는 순식간에 10 에서 15줄까지 늘어나므로 읽기가 어려워진다.

이 경우, 다음의 정규 표현식을 쓰면 훨씬 더 간단하게 작업을 처리할 수 있다.

```
^From .* [0-9][0-9]:
```

먼저 From (공백에 주의하자)으로 시작하는 라인을 찾는다. 다음으로 0개 이상 의 문자(.*), 공백, 두 개의 숫자([0-9] [0-9]), 콜론 문자를 찾는다.

findall()을 써서 시간만 가져와야 하므로, 두 개의 숫자를 괄호로 감쌌다.

```
^From .* ([0-9][0-9]):
```

다음은 이 정규 표현식을 사용한 코드다.

```python
# -*- coding: utf-8 -*-
# 'From '과 문자, 00-99까지의 숫자 두 개 그리고 콜론이
# 이어지는 행을 찾아 숫자가 가져온다.
# 숫자가 0보다 크면 출력한다.
import re
hand = open('mbox-short.txt')
for line in hand:
    line = line.rstrip()
    x = re.findall('^From .* ([0-9][0-9]):', line)
    if len(x) > 0: print(x)
```

 # Code: https://www.py4e.com/code3/re13.py

실행 결과는 아래와 같다.

```
['09']
['18']
['16']
['15']
...
```

11.4 이스케이프 문자

지금까지 몇 개의 특수 문자를 써서, 줄의 시작과 끝을 찾거나 와일드 카드를 지정했다. 그런데 특수 문자를 이런 용도로 쓰는 대신, 단순히 해당 문자를 나타내고 싶은 경우, 그러니까 +를 '1개 이상의 문자'라는 의미로 쓰는 대신, 실제로 더하기 기호와 매칭하고 싶다면 어떻게 해야 할까?

이때는 백슬래시(\, backslash)를 해당 문자 앞에 접두어로 써서, 이 문자가 정규 표현식의 '특수 문자'로 쓰이는 것이 아니라, 단순히 해당 '문자 자체'를 표현하고 있다는 걸 알리면 된다. 예를 들어 달러($)를 표시하려면 아래처럼 한다.

```
import re
x = 'We just received $10.00 for cookies.'
y = re.findall('\$[0-9.]+',x)
```

원래 $가 정규 표현식의 특수 문자로 쓰일 때는 '줄의 마지막과 일치함'을 의미한다. 하지만 지금은 앞에 백슬래시가 있기 때문에 단순히 달러 문자를 가리킬 뿐이다. 정규 표현식의 나머지는 1개 이상의 숫자 또는 마침표를 찾는다. 대괄호 안의 문자들은 특수 문자가 아니라는 걸 참고하자. 따라서 [0-9.]는 실제로 숫자 또는 마침표를 의미한다. 대괄호 바깥의 마침표는 '와일드 카드' 문자로, 어떤 문자와도 일치한다는 것을 의미하지만, 대괄호 안의 마침표는 실제 마침표다.

11.5 요약

비록 일부이긴 하지만 정규 표현식에 관한 대략적인 내용을 공부했다. 정규 표현식은 일치시킬 문자열을 정의하고, 그 문자열에서 추출할 내용을 정의한, 특수 문자가 포함된 검색 문자열이다.

다음에 특수 문자와 문자 시퀀스 중 일부를 나열했다.

^   줄의 시작이 일치한다.

$ 줄의 끝이 일치한다.

.   와일드 카드. 어떤 문자와도 일치한다.

\s 공백 문자와 일치한다.

\S 비 공백 문자와 일치한다.(소문자 \s와 반대)

*	왼쪽의 문자가 0번 이상 나오는 경우와 일치한다.(탐욕적 수량자)
*?	왼쪽의 문자가 0번 이상 나오는 경우와 일치한다.(게으른 수량자)
+	왼쪽의 문자가 1번 이상 나오는 경우와 일치한다.(탐욕적 수량자)
+?	왼쪽의 문자가 1번 이상 나오는 경우와 일치한다.(게으른 수량자)
?	왼쪽의 문자가 0번 이상 나오는 경우와 일치한다.(탐욕적 수량자)
??	왼쪽의 문자가 0번 이상 나오는 경우와 일치한다.(게으른 수량자)

[aeiou] 단일 문자와 일치한다. 여기서는 'a', 'e', 'i', 'o', 'u'와 일치하며, 그 외
의 문자는 일치되지 않는다.

[a-z0-9] '-' 표시를 써서 문자 범위를 지정할 수 있다. 여기서는 소문자나 숫
자로 된 하나의 단일 문자만 일치한다.

[^A-Za-z] 캐럿 문자는 논리를 반전시킨다. 이 예제는 대문자 또는 소문자 이
외의 다른 문자와 일치한다.

() 보통은 일치 여부를 판단하지 않을 때 괄호를 쓰지만, findall()에 사용하
면 일치된 문자열에서 특정 하위 문자열만 추출할 수 있다.

\b 비어 있는 문자열과 일치하지만, 단어 처음이나 끝에 있어야 한다.

\B 비어 있는 문자열과 일치하지만, 단어 처음이나 끝에 있지 않아야 한다.

\d 숫자와 일치한다. [0-9]와 동일하다.

\D 숫자 이외의 문자와 일치한다. [^0-9]와 동일하다.

11.6 유닉스/리눅스 사용자를 위한 추가 정보

정규 표현식을 사용한 파일 탐색 지원은 1960년대부터 유닉스 시스템에 내장
되었으며, 거의 모든 프로그래밍 언어에서 하나의 형태로 이용 가능하다.

　사실 유닉스에 내장된 grep(Generalized Regular Expression Parser)이라는
명령행 프로그램은 이번 장에서 다뤘던 search() 예제와 거의 동일하다.

　따라서 맥이나 리눅스 시스템을 사용 중이면, 콘솔 창에서 다음처럼 할 수
있다.

```
$ grep '^From:' mbox-short.txt
From: stephen.marquard@uct.ac.za
From: louis@media.berkeley.edu
```

```
From: zqian@umich.edu
From: rjlowe@iupui.edu
```

이 명령은 mbox-short.txt 파일에서 'From:'으로 시작하는 줄을 grep으로 찾는다. grep에 관한 문서를 읽고 조금 더 써보면, 파이썬에서 지원하는 정규 표현식과 grep에서 지원하는 정규 표현식 사이에는 미묘한 차이가 있다는 걸 알게될 것이다. grep에서는 비 공백 문자 \S를 지원하지 않기 때문에, 조금 복잡한 표현인 [^]를 써야 한다.

11.7 디버깅

파이썬은 단순하고 기본적인 도움말 문서를 내장하고 있는데, 특정 메서드의 정확한 이름을 빨리 찾고 싶을 때 매우 유용하다. 이 문서는 파이썬 인터프리터에서 볼 수 있다.

help()를 입력해서 도움말 시스템을 가져온다.

```
>>> help()
...
help> modules
```

모듈 이름을 알고 있다면, dir() 명령을 사용해 모듈 내의 메서드를 볼 수 있다.

```
>>> import re
>>> dir(re)
[... 'compile', 'copy_reg', 'error', 'escape', 'findall', 'finditer',
'match', 'purge', 'search', 'split', 'sre_compile', 'sre_parse', 'sub',
'subn', 'sys', 'template']
>>>
```

특정 메서드에 관한 문서 일부도 볼 수 있다.

```
>>> help(re.search)
Help on function search in module re:

search(pattern, string, flags=0)
    Scan through string looking for a match to the pattern, returning
    a match object, or None if no match was found.
```

```
>>>
```

파이썬에 포함된 기본 도움말은 그다지 자세하지 않지만, 급한 상황 또는 웹 브라우저나 검색 엔진을 사용할 수 없는 상황일 때, 유용하게 쓸 수 있다.

11.8 용어

불안정한 코드(brittle code) 입력되는 데이터가 올바른 형식에서 조금만 달라지면 제대로 동작하지 않는 코드.

탐욕적 일치(greed matching) 정규 표현식의 +와 *는, 가능한 한 가장 큰 문자열과 일치하도록 바깥으로 확장된다는 개념.

그렙(grep) 대부분의 유닉스 시스템에서 지원하는 명령으로, 텍스트 파일을 검색해서 정규 표현식과 일치하는 행을 찾는다. grep은 '일반화된 정규 표현식 파서(Generalized Regular Expression Parser)'를 의미한다.

정규 표현식(regular expression) 좀 더 복잡한 검색 문자열을 표현하기 위한 언어. 정규 표현식은 문자열 시작이나 끝, 또는 특정 패턴과 일치한다는 것을 의미하는 특수 문자를 포함할 수 있다.

와일드 카드(wild card) 어떤 문자와도 일치하는 특수 문자. 정규 표현식에서 와일드 카드는 마침표(.)다.

11.9 연습문제

☑ **문제 1** 유닉스의 grep 명령을 흉내 내는 간단한 프로그램을 만들자. 사용자로부터 정규 표현식을 입력 받은 다음, 일치하는 행의 수를 카운트한다.

```
$ python grep.py
Enter a regular expression: ^Author
mbox.txt had 1798 lines that matched ^Author

$ python grep.py
Enter a regular expression: ^Xmbox.txt
had 14368 lines that matched ^X-

$ python grep.py
```

```
Enter a regular expression: java$
mbox.txt had 4175 lines that matched java$
```

☑ **문제 2** 아래 포맷을 찾는 프로그램을 만들어 보자.

```
New Revision: 39772
```

정규 표현식과 findall() 메서드를 써서, 일치하는 줄에서 숫자를 추출한
다. 다음으로 숫자들의 평균을 계산해서 출력한다.

```
Enter file:mbox.txt
38444.0323119
```

```
Enter file:mbox-short.txt
39756.9259259
```

12장

네트워크 프로그램

이 책의 많은 예제는 파일에서 데이터를 읽고 찾는 데 중점을 두고 있지만, 사실 파일 이외에도 데이터를 가져올 수 있는 곳은 다양하다. 그 중 한 곳은 인터넷이다.

　이번 장에서는 HTTP(HyperTest Transfer Protocol)를 통해, 웹 페이지를 가져와서 데이터를 읽고 분석한다.

12.1 HTTP

웹을 작동시키는 네트워크 프로토콜은 사실 매우 단순하며, 파이썬은 네트워크 연결과 데이터 수신을 매우 쉽게 해주는 소켓(socket)을 기본으로 지원한다.

　소켓은 두 개의 프로그램 사이에 양방향 연결을 제공한다는 것만 제외하면 파일과 매우 닮았다. 동일한 소켓으로 읽고 쓰기가 가능하다. 소켓에 무언가를 쓰면, 소켓의 다른 쪽 끝에 있는 애플리케이션으로 전송된다. 소켓에서 무언가를 읽으면 다른 애플리케이션이 보낸 데이터를 가져올 수 있다.

　소켓의 다른 쪽 끝에 있는 프로그램이 어떤 데이터도 보내지 않았을 때 소켓에서 읽기를 시도하면, 기다릴 수밖에 없다. 양쪽 프로그램이 아무것도 보내지 않고 데이터를 기다리기만 하면, 매우 오랜 시간을 대기해야 하므로 인터넷을 통해 통신하는 프로그램은 프로토콜을 갖는 것이 중요하다.

프로토콜은 누가 먼저 데이터를 보내고, 전송된 데이터는 어떤 내용이며, 응답은 어떻게 해야 하고, 다음 전송은 누가 해야 하는지를 약속한 규칙이다. 말하자면, 소켓 양쪽 끝에 있는 두 개의 애플리케이션은 서로 춤을 추되, 상대의 발가락을 밟지 않도록 주의해야 한다.

네트워크 프로토콜을 기술한 많은 문서가 있는데, HTTP는 다음 문서에 설명되어 있다.

∞ *https://www.w3.org/Protocols/rfc2616/rfc2616.txt*

이 문서는 세부 내용을 176페이지 분량에 담고 있는 방대하고 복잡한 문서다. 정말 흥미가 있다면 전체를 읽어봐도 좋다.

RFC2616의 36페이지에서는 GET 요청(request)을 다룬다. 예제로 몇 번 다뤘던 romeo.txt 파일을 웹에서 내려받는 경우를 생각해 보자. 웹 서버에 문서를 요청하려면 *www.pr4e.org* 서버에 80포트로 연결해서 아래와 같은 내용을 전송한다.

GET http://data.pr4e.org/romeo.txt HTTP/1.0

두 번째 매개변수는 요청할 웹 페이지이며 빈 줄(blank line)도 보낸다. 이 요청에 대해 웹 서버는, 문서에 관한 헤더 정보와 비어 있는 줄 그리고 문서 내용을 응답으로 보내준다.

12.2 가장 단순한 웹 브라우저

HTTP 프로토콜이 어떻게 동작하는지 이해하는 가장 쉬운 방법은 아주 단순한 웹 브라우저를 만드는 것이다. 이 프로그램은 웹 서버에 연결하고 HTTP 프로토콜 규약에 따라 문서를 요청하고 서버가 응답한 내용을 출력한다.

```
import socket

mysock = socket.socket(socket.AF_INET, socket.SOCK_STREAM)
mysock.connect(('data.pr4e.org', 80))
```

```
cmd = 'GET http://data.pr4e.org/romeo.txt HTTP/1.0\r\n\r\n'.encode()
mysock.send(cmd)

while True:
    data = mysock.recv(512)
    if len(data) < 1:
        break
    print(data.decode(),end='')

mysock.close()
```

 # Code: https://www.py4e.com/code3/socket1.py

먼저, 이 프로그램은 *www.py4e.com* 서버의 80포트에 연결한다. 웹 브라우저 역할을 할 것이므로 HTTP 프로토콜 규약에 따라 반드시 GET 명령과 비어 있는 줄을 보내야 한다. \r\n은 EOL(줄의 끝)을 나타낸다. 따라서, \r\n\r\n은 두 개의 EOL 시퀀스 사이에 아무것도 없음을 나타낸다. 이것은 비어 있는 줄과 동일하다.

비어 있는 줄을 보낸 뒤에는, 소켓에서 512개의 문자 데이터를 가져오는 루프를 돈다. 그리고 더는 읽을 데이터가 없을 때까지 데이터를 출력한다. 읽을 데이터가 없다는 의미는 recv()가 비어 있는 문자열을 반환할 때를 말한다.

프로그램 출력은 아래와 같다.

```
HTTP/1.1 200 OK
Date: Sun, 03 Feb 2019 14:47:42 GMT
Server: Apache/2.4.18 (Ubuntu)
Last-Modified: Sat, 13 May 2017 11:22:22 GMT
ETag: "a7-54f6609245537"
Accept-Ranges: bytes
Content-Length: 167
Cache-Control: max-age=0, no-cache, no-store, must-revalidate
Pragma: no-cache
Expires: Wed, 11 Jan 1984 05:00:00 GMT
Connection: close
Content-Type: text/plain

But soft what light through yonder window breaks
It is the east and Juliet is the sun
Arise fair sun and kill the envious moon
Who is already sick and pale with grief
```

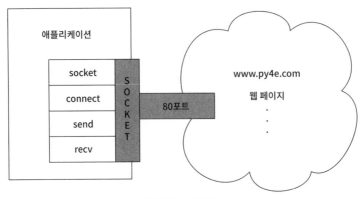

그림 12.1 소켓 연결

출력 결과의 맨 처음에는, 웹 서버가 전송하는 문서에 대해 설명한 헤더가 있다. Content-Type 헤더는 이 문서가 텍스트로 이루어져 있음을 알려준다.(text/plain)

헤더 다음에는 헤더 끝을 알리기 위해 빈 줄을 하나 추가한다. 그런 다음 romeo.txt 파일의 실제 내용을 보낸다.

이 예제는 소켓을 사용한 네트워크 연결 방법을 보여준다. 소켓은 웹 서버, 메일 서버, 기타 여러 다른 종류의 서버와 통신하는 데 사용할 수 있다. 이렇게 하기 위해 필요한 것은 프로토콜을 설명하는 문서를 찾고, 프로토콜에 따라 데이터를 보내고 받는 코드를 만드는 것이다.

하지만 HTTP는 가장 많이 사용되는 프로토콜이므로 파이썬은 이미 HTTP 프로토콜을 지원하기 위한 라이브러리를 만들어 제공한다. HTTP를 사용할 때 주의할 한 가지는 문자열이 아닌, 바이트 객체로 데이터를 보내고 받는다는 것이다. 조금 전 예제에서 encode()와 decode() 메서드는 문자열을 바이트 객체로, 다시 반대로 변환한다.

아래 예제는 b' ' 표기법을 사용해서 변수가 바이트 객체로 저장돼야 함을 지정한다. encode()와 b' '는 동일하게 동작한다.

```
>>> b'Hello world'
b'Hello world'
>>> 'Hello world'.encode()
b'Hello world'
```

12.3 HTTP를 통해 이미지 가져오기

앞의 예제에서는 파일 내에 줄 바꿈 문자가 있는 텍스트 파일을 가져와서 출력했다. 이와 유사하게 HTTP를 사용해서 이미지를 가져오는 프로그램을 만들수도 있다. 콘솔에 데이터를 출력하는 대신, 문자열에 데이터를 모아두고 헤더정보를 잘라낸 다음, 모아둔 데이터를 파일에 저장한다. 아래 코드를 보자.

```
# -*- coding: utf-8 -*-
import socket
import time

HOST = 'data.pr4e.org'
PORT = 80
mysock = socket.socket(socket.AF_INET, socket.SOCK_STREAM)
mysock.connect((HOST, PORT))
mysock.sendall(b'GET http://data.pr4e.org/cover3.jpg HTTP/1.0\r\n\r\n')
count = 0
picture = b""

while True:
    data = mysock.recv(5120)
    if len(data) < 1: break
    #time.sleep(0.25)
    count = count + len(data)
    print(len(data), count)
    picture = picture + data

mysock.close()

# 헤더의 끝을 찾는다. (2 CRLF)
pos = picture.find(b"\r\n\r\n")
print('Header length', pos)
print(picture[:pos].decode())

# 헤더를 건너뛰고 이미지 데이터를 저장한다.
picture = picture[pos+4:]
fhand = open("stuff.jpg", "wb")
fhand.write(picture)
fhand.close()
```

 # Code: https://www.py4e.com/code3/urljpeg.py

프로그램을 실행하면 다음과 같은 출력 결과를 보게 된다.

```
$ python urljpeg.py
5120 5120
5120 10240
1824 12064
3472 15536
...
5120 213980
5120 219100
5120 224220
5120 229340
1268 230608
Header length 394
HTTP/1.1 200 OK
Date: Sun, 03 Feb 2019 15:23:45 GMT
Server: Apache/2.4.18 (Ubuntu)
Last-Modified: Mon, 15 May 2017 12:27:40 GMT
ETag: "38342-54f8f2e5b6277"
Accept-Ranges: bytes
Content-Length: 230210
Vary: Accept-Encoding
Cache-Control: max-age=0, no-cache, no-store, must-revalidate
Pragma: no-cache
Expires: Wed, 11 Jan 1984 05:00:00 GMT
Connection: close
Content-Type: image/jpeg
```

Content-Type 헤더는 문서 본문이 이미지(image/jpeg)라는 걸 나타낸다. 실행이 완료되면 이미지 뷰어 프로그램에서 stuff.jpg를 열어서 이미지 데이터를 볼 수 있다.

출력 내용을 자세히 보면, recv() 메서드를 호출할 때 매번 5120문자를 받는 건 아니라는 걸 알 수 있다. 그 대신, 메서드를 호출한 순간에 네트워크를 통해 받을 수 있는 최대한의 문자를 가져온다. 이 예제에서는 최소 1824에서 최대 5120개의 문자를 받았다.

결과는 네트워크의 속도에 의존하므로 다른 컴퓨터에서 실행했을 때의 결과는 책과 다를 수 있다. 마지막 recv() 호출은 스트림의 끝인 1268바이트를 가져온다. 그 다음의 recv() 호출은 길이가 0인 문자열을 받는데, 이는 서버가 close()를 호출해서 더는 전송할 데이터가 없다는 걸 의미한다.

코드에서 time.sleep()의 주석 처리를 제거하면 recv() 호출을 늦출 수 있다.

이렇게 하면, 서버가 더 많은 데이터를 보낼 수 있도록 recv()를 다시 호출하기 전에 잠깐 기다린다. 지연(delay)을 추가했을 때의 프로그램 실행 결과는 아래와 같다.

```
$ python urljpeg.py
5120 5120
5120 10240
5120 15360
...
5120 225280
5120 230400
208 230608
Header length 394
HTTP/1.1 200 OK
Date: Sun, 03 Feb 2019 15:40:33 GMT
Server: Apache/2.4.18 (Ubuntu)
Last-Modified: Mon, 15 May 2017 12:27:40 GMT
ETag: "38342-54f8f2e5b6277"
Accept-Ranges: bytes
Content-Length: 230210
Vary: Accept-Encoding
Cache-Control: max-age=0, no-cache, no-store, must-revalidate
Pragma: no-cache
Expires: Wed, 11 Jan 1984 05:00:00 GMT
Connection: close
Content-Type: image/jpeg
```

마지막 recv() 호출을 제외하면, 매번 새 데이터를 5120바이트씩 가져온다.

서버의 send() 요청과 예제 프로그램의 recv() 요청 사이에는 버퍼(buffer)가 있다. 프로그램에 지연을 주고 실행했을 때는 서버가 소켓 버퍼를 다 채웠다면 수신 측에서 버퍼를 비우기 시작할 때까지 일시 중지될 수 있다. 이처럼, 보내는 애플리케이션과 받는 애플리케이션 중 어느 한쪽이 멈추는 것을 '흐름 제어 (flow control)'라고 한다.

12.4 urllib로 웹 페이지 가져오기

소켓 라이브러리를 사용하면 HTTP를 통해 데이터 전송과 수신을 수동으로 할 수 있지만, urllib를 사용하면 이 작업이 훨씬 단순해진다.

urllib를 쓰면 웹 페이지를 파일처럼 다룰 수 있다. 가져올 페이지만 알려주면 HTTP 프로토콜과 헤더의 세부적인 처리는 urllib가 담당한다.

romeo.txt를 가져오는 코드를, urllib를 사용해 다시 써보자.

```python
import urllib.request

fhand = urllib.request.urlopen('http://data.pr4e.org/romeo.txt')
for line in fhand:
    print(line.decode().strip())
```

 # Code: https://www.py4e.com/code3/urllib1.py

urllib.urlopen으로 웹 페이지를 열면, 그 이후에는 파일처럼 for루프를 사용해 내용을 읽을 수 있다.

프로그램을 실행하면 파일 내용만 출력된다. 헤더는 여전히 전송되지만, urllib가 알아서 처리하고 데이터만 반환한다.

```
But soft what light through yonder window breaks
It is the east and Juliet is the sun
Arise fair sun and kill the envious moon
Who is already sick and pale with grief
```

다른 예로, romeo.txt에서 데이터를 읽고 각 단어의 빈도수를 구하는 코드는 아래처럼 쓸 수 있다.

```python
import urllib.request, urllib.parse, urllib.error

fhand = urllib.request.urlopen('http://data.pr4e.org/romeo.txt')

counts = dict()
for line in fhand:
    words = line.decode().split()
    for word in words:
        counts[word] = counts.get(word, 0) + 1
print(counts)
```

 # Code: https://www.py4e.com/code3/urlwords.py

다시 한번 말하지만, 웹 페이지를 열고 난 뒤에는 로컬의 파일처럼 다룰 수 있다.

12.5 urllib를 사용해서 바이너리 파일 읽기

때로는 텍스트 파일이 아닌, 이미지나 비디오 파일 같은 바이너리 파일을 가져와야 할 경우도 있다. 이런 파일의 데이터는 출력해 봤자 읽을 수 없기 때문에 의미가 없다. 대신 urllib를 사용해서 URL의 데이터를 하드 디스크의 로컬 파일에 쉽게 복사할 수 있다.

URL을 열고 read로 문서 전체 내용을 내려받은 뒤, 문자열 변수 img에 넣어 파일로 생성하는 코드는 아래와 같다.

```
import urllib.request, urllib.parse, urllib.error

img = urllib.request.urlopen('http://data.pr4e.org/cover3.jpg').read()
fhand = open('cover3.jpg', 'wb')
fhand.write(img)
fhand.close()
```

 # Code: https://www.py4e.com/code3/curl1.py

이 프로그램은 네트워크를 통해 모든 데이터를 한번에 읽고 변수 img에 저장한다. 그런 다음, cover.jpg 파일을 열어 데이터를 쓴다. open()에 사용한 wb 인수는 쓰기 목적으로 바이너리 파일을 열 때 사용한다. 이 프로그램은 파일 크기가 컴퓨터의 메모리 크기보다 작을 때는 잘 동작한다.

하지만 크기가 큰 음악 파일이나 동영상 파일이고, 컴퓨터 메모리도 부족하다면, 크래시가 발생하거나 최소한 매우 느리게 실행될 것이다. 메모리 부족을 피하려면, 일정 크기의 블록이나 버퍼로 데이터를 받는다. 그런 다음, 버퍼의 데이터를 디스크에 쓰고, 다시 다음 데이터를 받는다. 이 방법을 사용하면, 컴퓨터의 모든 메모리를 소비하지 않으면서, 어떤 크기의 파일도 읽을 수 있다.

```
import urllib.request, urllib.parse, urllib.error

img = urllib.request.urlopen('http://data.pr4e.org/cover3.jpg')
fhand = open('cover3.jpg', 'wb')
size = 0
while True:
    info = img.read(100000)
    if len(info) < 1: break
    size = size + len(info)
```

```
      fhand.write(info)
```

```
print(size, 'characters copied.')
fhand.close()
```

 # Code: https://www.py4e.com/code3/curl2.py

이 예제에서는 한번에 100,000개의 문자만 읽고, **cover.jpg**에 쓴 다음, 다시 그 다음 100,000개의 문자를 읽는다.

실행 결과는 아래와 같다.

```
python curl2.py
230210 characters copied.
```

12.6 HTML 파싱과 웹 스크래핑

파이썬에서 urllib가 많이 사용되는 곳 중 하나는 웹 스크랩(scrape)이다. 웹 스크래핑은 일종의 웹 브라우저를 만들어서, 특정 페이지를 가져오고 찾는 패턴이 있는지 데이터를 검사하는 것이다.

예를 들어 구글 같은 검색 엔진은 어떤 웹 페이지에서 다른 페이지에 대한 링크를 뽑아내 페이지를 가져온다. 가져온 페이지에서 다시 링크를 추출해 해당 페이지를 가져온다. 이런 식의 작업을 계속 반복한다. 구글은 이 기술을 사용해서 웹상의 거의 모든 페이지를 찾아낸다.

구글은 또한 페이지가 얼마나 중요한지 그리고 검색 결과에 몇 번째로 나타내야 하는지 측정하기 위해 페이지의 링크 빈도 수를 사용한다.

12.7 정규 표현식을 사용한 HTML 파싱

HTML을 파싱하는 간단한 방법은, 정규 표현식을 써서 특정 패턴과 일치하는 하위 문자열을 반복적으로 검색하고 추출하는 것이다.

다음에 간단한 웹 페이지가 있다.

```
<h1>The First Page</h1>
<p>
If you like, you can switch to the
```

```
<a href="http://www.dr-chuck.com/page2.htm">
Second Page</a>.
</p>
```

여기서 링크만 추출하고 싶다면 아래와 같은 정규 표현식을 쓸 수 있다.

```
href="http[s]?://.+?"
```

이 정규 표현식은 'href="http://' 또는 'href="https://'로 시작하고, 1개 이상의 문자 (.+?)가 따라오며, 다음으로 따옴표가 있는 문자열을 찾는다. [s]?는 'http' 다음에 's'가 0개 또는 1개인 경우와 일치한다는 걸 의미한다.

.+?의 끝에 물음표는 '게으른 수량자'를 의미한다. '게으른 수량자'는 가능한 가장 작게 일치하는 문자열을 찾고, '탐욕적 수량자'는 가능한 가장 크게 일치하는 문자열을 찾는다.

그리고 11장에서 배웠듯이 findall()에 괄호를 사용하여, 일치한 문자열에서 추출할 부분만 괄호로 감싼다. 전체 코드는 아래와 같다.

```
# -*- coding: utf-8 -*-
# 입력 값에서 URL 포맷을 찾는다.
import urllib.request, urllib.parse, urllib.error
import re
import ssl

# SSL 인증서 오류는 무시한다.
ctx = ssl.create_default_context()
ctx.check_hostname = False
ctx.verify_mode = ssl.CERT_NONE

url = input('Enter - ')
html = urllib.request.urlopen(url).read()
links = re.findall(b'href="(http[s]?://.*?)"', html)
for link in links:
    print(link.decode())
```

 # Code: https://www.py4e.com/code3/urlregex.py

ssl 라이브러리는 이 프로그램이 웹 사이트에 접근할 때 HTTPS를 사용하도록 강제한다. read 메서드는 HTTP 응답 객체를 반환하는 대신 바이트 객체로 HTML 소스 코드를 반환한다. findall 정규 표현식 메서드는 일치하는 문자열 중 따옴표 사이의 링크 텍스트만 반환하도록 한다.

프로그램을 실행하고 URL을 입력했을 때의 결과는 다음과 같다.

```
Enter - https://docs.python.org
https://docs.python.org/3/index.html
https://www.python.org/
https://docs.python.org/3.8/
https://docs.python.org/3.7/
https://docs.python.org/3.6/
https://docs.python.org/3.5/
https://docs.python.org/2.7/
https://www.python.org/doc/versions/
https://www.python.org/dev/peps/
https://wiki.python.org/moin/BeginnersGuide
https://wiki.python.org/moin/PythonBooks
https://www.python.org/doc/av/
https://www.python.org/
https://www.python.org/psf/donations/
http://sphinx.pocoo.org/
```

HTML이 올바로 포맷되어 있고 예측도 가능하다면 정규식은 매우 잘 동작한다. 하지만 실제로는 '깨진' HTML 페이지도 많기 때문에, 정규 표현식만 사용하면 유효한 링크를 놓치거나 잘못된 데이터를 얻는 경우도 있다.

이 문제는 강력한 HTML 파싱 라이브러리를 사용해서 해결할 수 있다.

12.8 BeautifulSoup를 사용한 HTML 파싱

HTML과 XML은 비슷한 점이 많지만, XML 파서는 HTML 페이지를 정확히 읽어내지 못한다.

HTML 분석과 데이터 추출을 쉽게 해주는 많은 파이썬 라이브러리가 있다. 각 라이브러리는 장단점을 가지고 있으므로 필요한 작업이 무엇인지에 따라 이들 중 하나를 선택하면 된다.

여기서는 뷰티풀수프(BeautifulSoup) 라이브러리를 써서 HTML 입력을 분석하고, 링크를 추출한다. 뷰티풀수프는 결함이 있는 HTML 페이지에서도 필요한 데이터를 쉽게 추출할 수 있다. 뷰티풀수프는 다음에서 내려받아 설치할 수 있다.

🔗 *https://pypi.org/project/beautifulsoup4/*

파이썬 패키지 인덱스 도구인 pip으로 뷰티풀수프를 설치하는 방법은 아래를
참고하자.

🔗 *https://packaging.python.org/tutorials/installing-packages/*

이번에 작성할 예제는 urlllib를 써서 페이지를 읽고, BeautifulSoup로 앵커
태그(a)에서 href 속성을 추출한다.

```python
# -*- coding: utf-8 -*-
# 먼저, BeautifulSoup 설치가 필요하다.
# https://pypi.python.org/pypi/beautifulsoup4

# 또는, 아래 파일을 내려받고,
# http://www.py4e.com/code3/bs4.zip
# 예제 코드와 같은 디렉터리에 압축을 푼다.

import urllib.request, urllib.parse, urllib.error
from bs4 import BeautifulSoup
import ssl

# SSL 인증서 오류는 무시한다.
ctx = ssl.create_default_context()
ctx.check_hostname = False
ctx.verify_mode = ssl.CERT_NONE

url = input('Enter - ')
html = urllib.request.urlopen(url, context=ctx).read()
soup = BeautifulSoup(html, 'html.parser')

# 모든 a 태그를 가져온다.
tags = soup('a')
for tag in tags:
    print(tag.get('href', None))
```

 # Code: https://www.py4e.com/code3/urllinks.py

프로그램은 웹 주소를 입력 받고 페이지를 연 다음, 읽은 데이터를 뷰티풀수프
파서에 전달한다. 다음으로 모든 a 태그를 가져와서, 각 태그의 href 속성을 출
력한다.

프로그램 실행 결과는 아래와 같다.

```
Enter - https://docs.python.org
genindex.html
py-modindex.html
https://www.python.org/
#
whatsnew/3.7.html
whatsnew/index.html
tutorial/index.html
library/index.html
reference/index.html
using/index.html
howto/index.html
installing/index.html
distributing/index.html
extending/index.html
c-api/index.html
faq/index.html
py-modindex.html
genindex.html
glossary.html
search.html
contents.html
bugs.html
about.html
license.html
copyright.html
download.html
https://docs.python.org/3.8/
https://docs.python.org/3.7/
https://docs.python.org/3.6/
https://docs.python.org/3.5/
https://docs.python.org/2.7/
https://www.python.org/doc/versions/
https://www.python.org/dev/peps/
https://wiki.python.org/moin/BeginnersGuide
https://wiki.python.org/moin/PythonBooks
https://www.python.org/doc/av/
genindex.html
py-modindex.html
https://www.python.org/
#
copyright.html
https://www.python.org/psf/donations/
```

```
bugs.html
http://sphinx.pocoo.org/
```

일부 a 태그는 'http://' 또는 'https://'를 포함하지 않는 상대 경로(예: tutorial/index.html)이거나 페이지 내부 참조(예: '#')이므로, 정규 표현식을 썼을 때에 비해, 출력되는 내용이 훨씬 많아졌다.

　뷰티풀수프를 쓰면 각 태그의 다양한 부분을 추출할 수 있다.

```python
# -*- coding: utf-8 -*-
# 먼저, BeautifulSoup 설치가 필요하다.
# https://pypi.python.org/pypi/beautifulsoup4

# 또는, 아래 파일을 내려받고,
# http://www.py4e.com/code3/bs4.zip
# 예제 코드와 같은 디렉터리에 압축을 푼다.

import urllib.request, urllib.parse
from bs4 import BeautifulSoup
import ssl

# SSL 인증서 오류는 무시한다.
ctx = ssl.create_default_context()
ctx.check_hostname = False
ctx.verify_mode = ssl.CERT_NONE

url = input('Enter - ')
html = urllib.request.urlopen(url, context=ctx).read()
soup = BeautifulSoup(html, "html.parser")

# 모든 a 태그를 가져온다.
tags = soup('a')
for tag in tags:
    # 태그의 여러 부분을 출력한다.
    print('TAG:', tag)
    print('URL:', tag.get('href', None))
    print('Contents:', tag.contents[0])
    print('Attrs:', tag.attrs)
```
 # Code: https://www.py4e.com/code3/urllink2.py

다음은 출력 결과다.

```
Enter - http://www.dr-chuck.com/page1.html
```

```
TAG: <a href="http://www.dr-chuck.com/page2.htm">
Second Page</a>
URL: http://www.dr-chuck.com/page2.htm
Contents:
Second Page
Attrs: {'href': 'http://www.dr-chuck.com/page2.htm'}
```

html.parser는 파이썬3 라이브러리에 포함된 표준 HTML 파서다. 이 외에 다른 HTML 파서에 대해서는 아래 링크를 참고하자.

🔗 *https://www.crummy.com/software/BeautifulSoup/bs4/doc/#installing-a-parser*

지금까지의 예제는 뷰티풀수프가 지닌 HTML 파싱의 강력함을 소개하는 데 그쳤다.

12.9 유닉스/리눅스 사용자를 위한 추가 정보

리눅스, 유닉스 또는 맥에서는 HTTP나 FTP 프로토콜을 사용해서 텍스트 파일이나 바이너리 파일을 가져올 수 있는 명령을 OS에서 기본으로 제공한다. curl은 이런 명령들 중 하나다.

```
$ curl -O http://www.py4e.com/cover.jpg
```

curl이란 이름은 'copy URL'을 의미한다. 앞에서 urllib를 사용해 바이너리 파일을 가져오는 2개의 예제 파일 이름을 각각 curl1.py, curl2.py로 한 것은 curl 명령과 비슷한 기능을 구현했기 때문이다.

　책에 싣지는 않았지만 *www.py4e.com/code3*에는 curl3.py 파일도 올라가 있다. curl3.py 파일은 실제로 이 패턴을 사용하고자 할 경우, 작업을 좀 더 효과적으로 처리한다.

　curl과 비슷한 명령으로 wget이 있다.

```
$ wget http://www.py4e.com/cover.jpg
```

두 명령 모두 웹 페이지와 원격 파일을 가져오는 작업을 매우 간단히 처리한다.

12.10 용어

뷰티풀수프(BeautifulSoup) HTML 문서를 파싱하고 데이터를 추출하는 파이썬 라이브러리. 소스 코드는 *https://code.launchpad.net/beautifulsoup*에서 볼 수 있다.

포트(port) 어떤 애플리케이션이 서버에 소켓 연결을 만들 때 사용하는 숫자를 가리킨다. 예를 들어 웹은 보통 80포트를 사용하며, 메일은 25포트를 사용한다.

스크랩(scrape) 웹 브라우저처럼 동작하면서 특정 페이지를 찾고 내용을 가져온다. 보통, 페이지의 링크를 따라가면서 다음 페이지를 찾는 식으로 진행되기 때문에 페이지나 소셜 네트워크를 순회한다.

소켓(socket) 두 애플리케이션 사이의 네트워크 연결을 말하며, 애플리케이션은 양방향으로 데이터를 보내고 받을 수 있다.

스파이더(spider) 검색 엔진의 동작 방식. 페이지를 읽고 여기에 링크된 모든 페이지를 다시 읽는 방식으로 인터넷의 거의 모든 페이지를 찾아서 검색 인덱스를 만든다.

12.11 연습문제

☑ **문제 1** socket1.py 프로그램을 수정해서 사용자로부터 URL을 입력 받아 해당 페이지를 가져오도록 해보자. split('/')을 쓰면 URL을 각 부분으로 나눌 수 있기 때문에 connect를 호출할 때 사용할 호스트 이름을 얻을 수 있다. try, except도 추가해서, 사용자가 잘못된 형식의 URL을 입력하거나, 존재하지 않는 URL을 입력했을 때의 오류를 처리해보자.

☑ **문제 2** 위에서 만든 소켓 프로그램을 보완해서 출력되는 문자가 3000개에 이르면 출력을 중단하도록 한다. 이 프로그램은 문서 전체의 문자 개수를 카운트해서 출력해야 한다.

☑ **문제 3** 이번에는 urllib를 써서 앞의 기능을 구현해 보자. 먼저, URL에서 문서를 가져오고, 3000개까지만 문자를 출력하고 문서의 전체 문자 수를 카운

트한다. 여기서는 헤더에 대해서는 신경 쓰지 않아도 된다. 단순히 문서의 처음 3000개의 문자만 보여주면 된다.

☑ **문제 4** urllinks.py 프로그램을 수정해서 문서 내의 p 태그의 수와 그 내용을 추출해 보자. 단락 내용을 출력할 필요는 없고, 숫자만 카운트하면 된다. 페이지 내용이 적은 경우, 많은 경우에 대해 각각 테스트해 보자.

☑ **문제 5** (고급) 소켓 프로그램을 변경해서 헤더와 빈 줄을 받은 후에 오직 데이터만 출력되도록 해보자. recv는 한 줄씩 받는 것이 아니라, 줄 바꿈 문자를 비롯한 모든 문자를 받는다는 걸 기억하자.

13장

웹 서비스 사용하기

HTTP를 사용해 문서를 가져오고 파싱하는 것이 쉬워지면, HTML이 아닌 다른 문서를 사용한 접근 방식을 구현하는 것 역시 더는 어려운 작업이 아니다.

웹에서 데이터를 주고 받는 데는 보통 두 가지 형식이 있다. XML(eXtensible Markup Language)은 문서 형식의 데이터 교환에 매우 적합하며, 아주 오랜 시간 동안 사용되고 있다. 반면에 프로그램에서 딕셔너리, 리스트나 다른 내부 정보를 주로 교환한다면 JSON(JavaScript Object Notation)을 사용한다. 여기서는 두 가지 형식을 모두 살펴본다.

13.1 XML

XML은 HTML과 매우 유사하지만 좀 더 구조적(structured)이다. 아래는 XML 문서의 예다.

```
<person>
    <name>Chuck</name>
    <phone type="intl">
        +1 734 303 4456
    </phone>
    <email hide="yes"/>
</person>
```

XML을 트리 구조로 생각하면 이해하는 데 도움이 된다. 여기서 person은 부모 태그고 phone을 비롯한 다른 태그는 부모 태그에 대한 자식 태그다.

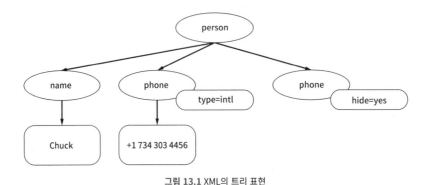

그림 13.1 XML의 트리 표현

13.2 XML 파싱

아래는 XML을 파싱하고 데이터를 추출하는 간단한 프로그램이다.

```python
import xml.etree.ElementTree as ET

data = '''
<person>
  <name>Chuck</name>
  <phone type="intl">
    +1 734 303 4456
  </phone>
  <email hide="yes" />
</person>'''

tree = ET.fromstring(data)
print('Name:', tree.find('name').text)
print('Attr:', tree.find('email').get('hide'))
```

 # Code: https://www.py4e.com/code3/xml1.py

fromstring을 호출해서 XML의 문자열 표현을 XML 노드의 '트리' 형태로 변환한다. XML을 트리 형태로 변환하면, 다양한 메서드를 사용해서 필요한 부분만 추출할 수 있다.

find 함수는 XML 트리를 탐색해서 지정된 태그와 일치하는 노드(node)를 가져온다. 각 노드는 텍스트를 가지거나 '숨김' 같은 속성을 가질 수 있으며, '자식' 노드를 가질 수도 있다. 노드는 트리 구조의 상단에 위치할 수 있다.

```
Name: Chuck
Attr: yes
```

비록 간단한 예제지만 ElementTree 같은 XML 파서를 사용하면, 유효한 XML과 관련된 규칙이 많다는 걸 알 수 있으며, 또한 XML 구문 규칙에 신경 쓸 필요 없이 데이터를 추출할 수 있다.

13.3 노드를 순회하는 루프

XML은 여러 개의 노드를 가지고 있으므로, 루프를 돌면서 모든 노드를 순회하는 코드를 작성할 필요가 있다. 아래 코드에서는 모든 user 노드를 순회한다.

```python
import xml.etree.ElementTree as ET

input = '''
<stuff>
  <users>
    <user x="2">
      <id>001</id>
      <name>Chuck</name>
    </user>
    <user x="7">
      <id>009</id>
      <name>Brent</name>
    </user>
  </users>
</stuff>'''

stuff = ET.fromstring(input)
lst = stuff.findall('users/user')
print('User count:', len(lst))

for item in lst:
    print('Name', item.find('name').text)
    print('Id', item.find('id').text)
    print('Attribute', item.get('x'))
```

 # Code: https://www.py4e.com/code3/xml2.py

findall 메서드는 XML 트리에서 user 구조의 데이터를 파이썬 리스트로 반환한다. 다음으로 for루프를 써서 각 user 노드를 순회하면서, x 속성을 비롯하여 name과 id 텍스트를 출력한다.

```
User count: 2
Name Chuck
Id 001
Attribute 2
Name Brent
Id 009
Attribute 7
```

13.4 JSON

JSON 형식은 자바스크립트 언어에서 사용하는 객체와 배열 형식의 영향을 받았다. 그렇지만 파이썬이 자바스크립트보다 먼저 나왔기 때문에 파이썬의 딕셔너리와 리스트 구문은 JSON 구문에 영향을 미쳤다. 결국 JSON 형식은 파이썬의 딕셔너리와 리스트를 합쳐놓은 것과 거의 동일하다.

앞에서 봤던 XML 문서를 JSON으로 바꿔 쓰면 아래와 같다.

```
{
  "name" : "Chuck",
  "phone" : {
    "type" : "intl",
    "number" : "+1 734 303 4456"
  },
  "email" : {
    "hide" : "yes"
  }
}
```

XML 형식과 차이점이 보일 것이다. XML에서는 'intl' 같은 속성을 'person' 태그에 추가할 수 있었다. 반면에 JSON에서는 키-값 쌍으로 추가된다. 또, XML의 'person' 태그가 사라졌고, 바깥 쪽의 중괄호로 대체됐다.

일반적으로 JSON 구조가 XML보다 단순하다. 왜냐하면 XML에 비해 기능이 더 적기 때문이다. 하지만 JSON은 데이터를 딕셔너리와 리스트의 조합에 바로 매핑할 수 있다는 장점이 있다. 또한, 거의 모든 프로그래밍 언어가 파이썬의 딕셔너리 및 리스트와 동일한 기능을 갖고 있기 때문에 JSON은 두 프로그램 사이에서 데이터를 교환할 때 매우 자연스러운 포맷이다.

JSON은 XML에 비해 상대적으로 단순하기 때문에, 애플리케이션 간의 데이터 교환을 목적으로 광범위하게 사용되고 있다.

13.5 JSON 파싱

필요한 경우, 중첩된 딕셔너리(객체)와 리스트를 사용해서 JSON을 생성할 수 있다. 이번 예제에서는 각 사용자를 키-값 쌍으로 표현하고, 이를 리스트에 넣어서 사용해 본다. 결국 딕셔너리의 리스트를 쓴다는 말이다.

다음 코드에서는 JSON을 파싱하고 읽기 위해 내장 json 라이브러리를 사용한다. 이 코드를, XML 데이터를 다뤘던 코드와 비교해 보자. JSON은 세부 내용에 대한 설명이 부족하므로, 이 데이터가 각 사용자를 키-값 쌍으로 나타낸 리스트라는 걸 미리 알고 있어야 한다. 이처럼, JSON의 간결함은 장점인 동시에, 최소한의 정보만 들어 있으므로 XML에 비해 이해하기 어렵다는 단점이 되기도 한다.

```
import json

data = '''
[
  { "id" : "001",
    "x" : "2",
    "name" : "Chuck"
  } ,
  { "id" : "009",
    "x" : "7",
    "name" : "Brent"
  }
]'''

info = json.loads(data)
print('User count:', len(info))

for item in info:
    print('Name', item['name'])
```

```
    print('Id', item['id'])
    print('Attribute', item['x'])
```

 # Code: https://www.py4e.com/code3/json2.py

json.loads()를 통해 파이썬 리스트를 얻고 for루프에서 리스트를 순회한다. 리스트 내의 각 아이템은 파이썬 딕셔너리다. JSON을 파싱한 다음에는 파이썬 인덱스 연산자를 써서 세부적인 사용자 데이터를 가져올 수 있다. 파싱된 JSON을 제어하기 위해 JSON 라이브러리를 사용할 필요는 없다. 왜냐하면 반환된 데이터는 단순히 파이썬 구조체이기 때문이다.

이 프로그램의 출력 결과는 앞에서 봤던 XML 버전의 코드와 정확히 일치한다.

```
User count: 2
Name Chuck
Id 001
Attribute 2
Name Brent
Id 009
Attribute 7
```

일반적으로, 웹 서비스는 XML보다 JSON을 사용하는 것을 더 선호하는 추세다. 왜냐하면 JSON은 단순하며, 대부분의 프로그래밍 언어가 갖고 있는 데이터 구조체에 곧바로 매핑되기 때문이다. JSON을 사용하면 파싱 및 데이터 추출 코드가 간단하고 명확해진다. 하지만 XML에는 JSON에 없는 태그 정보가 들어있으므로 일부 애플리케이션에서는 이득이 될 수 있다. 예를 들어 대부분의 워드 프로세서에서는 JSON보다 XML을 사용해서 내부적으로 문서를 저장한다.

13.6 API

지금까지 HTTP를 사용해서 애플리케이션 간에 데이터를 교환하고, XML과 JSON으로 복잡한 데이터를 표현하고 주고받는 방법을 배웠다.

다음 단계는 이런 기술을 사용해서 애플리케이션 간의 '계약(contract)'을 정의하고 문서화하는 것이다. 애플리케이션 대 애플리케이션 간의 계약을 흔히,

API(Application Programming Interface)라고 한다. API를 쓸 때는, 한쪽 프로그램이 다른 쪽 프로그램에서 사용할 수 있는 서비스 모음을 만들어, 이 API(일종의 '규칙')를 발행하며, 프로그램에 접근하고 싶은 서비스는 반드시 이를 따라야 한다.

다른 프로그램이 제공하는 서비스에 접근하고 이를 사용하는 것을, SOA(Service-Oriented Architecture, 서비스 지향 아키텍처) 접근 방법이라고 한다. SOA 접근법은 다른 애플리케이션이 제공하는 서비스를 자신의 애플리케이션에서 사용할 수 있게 한다. 비 SOA 접근법은 애플리케이션을 구현하는 데 필요한 모든 코드를 자체적으로 포함하고 있는 단일(standalone) 애플리케이션이다.

웹을 사용하다 보면 SOA의 많은 예를 볼 수 있다. 우리는 하나의 웹 사이트에서 비행기, 호텔, 렌트카를 모두 예약할 수 있다. 이때 호텔 데이터는 항공사 컴퓨터에 저장되어 있는 것이 아니라, 호텔 컴퓨터로부터 가져와서 사용자에게 보여준다. 항공사 사이트에서 호텔 예약을 승인하면, 항공사 사이트는 호텔 시스템의 다른 웹 서비스를 활용해 예약을 완료한다. 사용자가 모든 예약을 확인하고 신용 카드 정보를 입력하면, 이번에는 결제와 관련된 다른 웹 서비스들을 사용한다.

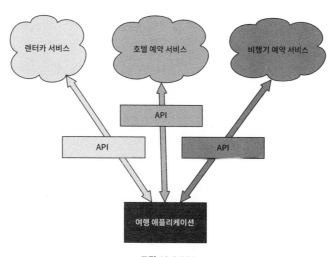

그림 13.2 SOA

SOA 아키텍처는 다음과 같은 장점이 있다. (1) 하나의 데이터 복사본만 유지한다. (특히, 호텔 예약처럼 중복 커밋이 발생하면 안 되는 경우에 중요하다.) (2) 데이터 소유자가 데이터 사용에 관한 규칙을 정할 수 있다. 이런 장점과 함께 SOA 시스템은 충분한 성능과 사용자의 요구를 충족시키기 위해 신중하게 설계돼야 한다.

애플리케이션이 웹에서 사용 가능한 API 형태로 여러 서비스를 제공하는 것을 웹 서비스(web service)라고 한다.

13.7 구글 위치 검색 웹 서비스

구글은 방대한 위치 정보(geographic information) 데이터베이스를 사용할 수 있는 웹 서비스를 제공한다. 해당 API에 'gil-dong, seoul' 같은 검색 문자열을 보내면, 가장 근접한 위치를 지도에서 찾고 주위 명소를 알려준다.

이 서비스를 사용하는 건 무료지만 호출 횟수 제한이 있기 때문에, 상용 버전의 애플리케이션에서는 사용할 수 없다. 그렇지만 사용자가 입력한 위치 정보를 가지고 있다면, 이 API를 사용하여 데이터를 매우 깔끔하게 정리할 수 있다.

구글 위치 검색 API와 같은, 무료 API를 사용할 때는 주의가 필요하다. 너무 많은 사람이 이 서비스를 악용하면 구글은 서비스를 중단하거나 호출 가능한 횟수를 크게 줄일 수도 있다.

이 서비스에 관한 온라인 도움말도 있지만, 매우 단순하며 브라우저에 아래 URL을 입력해서 곧바로 테스트할 수 있다.

🔗 *http://maps.googleapis.com/maps/api/geocode/json?address=gil-dong%2C%20 seoul*

URL을 브라우저에 붙여 넣기 전에 공백을 제거해야 한다.

다음은 사용자로부터 검색어를 입력 받아, 구글 위치 검색 API를 호출하고 반환된 JSON에서 정보를 추출하는 코드다.

```python
# -*- coding: utf-8 -*-
import urllib.request, urllib.parse, urllib.error
import json
```

```
import ssl

api_key = False
# 구글 API 키가 있다면 여기에 입력한다.
# api_key = 'AIzaSy___IDByT70'
# https://developers.google.com/maps/documentation/geocoding/intro

if api_key is False:
    api_key = 42
    serviceurl = 'http://py4e-data.dr-chuck.net/json?'
else :
    serviceurl = 'https://maps.googleapis.com/maps/api/geocode/json?'

# SSL 인증서 오류는 무시한다.
ctx = ssl.create_default_context()
ctx.check_hostname = False
ctx.verify_mode = ssl.CERT_NONE

while True:
    address = input('Enter location: ')
    if len(address) < 1: break

    parms = dict()
    parms['address'] = address
    if api_key is not False: parms['key'] = api_key
    url = serviceurl + urllib.parse.urlencode(parms)

    print('Retrieving', url)
    uh = urllib.request.urlopen(url, context=ctx)
    data = uh.read().decode()
    print('Retrieved', len(data), 'characters')

    try:
        js = json.loads(data)
    except:
        js = None

    if not js or 'status' not in js or js['status'] != 'OK':
        print('==== Failure To Retrieve ====')
        print(data)
        continue

    print(json.dumps(js, indent=4))

    lat = js['results'][0]['geometry']['location']['lat']
    lng = js['results'][0]['geometry']['location']['lng']
```

```
    print('lat', lat, 'lng', lng)
    location = js['results'][0]['formatted_address']
    print(location)
```

 # Code: https://www.py4e.com/code3/geojson.py

이 프로그램은 검색어를 입력 받고 매개변수를 적절히 인코딩해서 검색 URL을 생성한다. 다음으로 urllib를 사용해 API에서 텍스트를 가져온다. 항상 동일한 내용의 웹 페이지와는 다르게, 전송한 매개변수에 따라 매번 다른 내용을, 구글 서버에 저장된 위치 데이터에서 가져온다.

JSON 데이터를 가져온 이후에는, json 라이브러리를 써서 파싱하고, 올바른 데이터인지 확인하기 위해 약간의 유효성 검사를 추가한다. 마지막으로 필요한 정보를 추출한다.

프로그램 출력은 다음과 같다(반환된 JSON 중 일부는 제거했다).

```
Enter location: gil-dong, seoul
Retrieving http://py4e-data.dr-chuck.net/json?address=gil-
dong%2C+seoul&key=42
Retrieved 1959 characters
{
    "results": [
        {
            "address_components": [
                {
                    "long_name": "Gil-dong",
                    "short_name": "Gil-dong",
                    "types": [
                        "political",
                        "sublocality",
                        "sublocality_level_2"
                    ]
                },
            ],
            "formatted_address": "Gil-dong, Gangdong-gu, Seoul, South  Korea",
            "geometry": {
                "location": {
                    "lat": 37.5392074,
                    "lng": 127.1461206
                },
                "location_type": "APPROXIMATE",
            },
        }
```

```
    ],
    "status": "OK"
}
lat 37.5392074 lng 127.1461206
Gil-dong, Gangdong-gu, Seoul, South Korea
Enter location:
```

*www.py4e.com/code3/geoxml.py*에서 구글 위치 검색 API의 XML 버전도 살펴
보자.

13.8 API 사용과 보안

다른 회사나 단체가 제공하는 API를 쓸 때는 보통 'API 키'가 필요하다. 이렇게
하는 이유 중 하나는 누가 서비스를 사용하는지, 얼마나 많이 사용하는지 알기
위해서다. 이런 서비스들은 무료일 수도, 유료일 수도 있으며 일정 시간 동안
호출 가능한 횟수를 제한하기도 한다.

API 키를 얻은 뒤에는, API를 호출할 때 POST 데이터의 일부, 또는 URL의 매
개변수에 키를 포함시킨다.

때로는 신뢰할 수 있는 곳에서 보낸 요청인지 확인하기 위해 API 공급자가,
공유키와 비밀키를 사용해 암호화된 서명(sign)으로 메시지를 보낼 것을 요구
하기도 한다. 인터넷을 통한 요청을 서명하는 데 사용되는 일반적인 기술을
OAuth라고 한다. *https://oauth.net*에서 OAuth 프로토콜에 관한 내용을 더 읽어
볼 수 있다.

트위터 API는 공개 API였지만, 사용량이 늘어나고 중요성이 높아지자 각
API 요청에 OAuth 서명을 필수로 하고 있다. 다행히 많은 수의 무료 OAuth
라이브러리가 있기 때문에 문서를 읽고 처음부터 OAuth를 구현할 필요는 없
다. 이들 라이브러리는 복잡성이나 제공하는 기능면에서 저마다 차이가 있다.
OAuth 웹 사이트에서 여러 OAuth 라이브러리에 대한 설명을 읽을 수 있다.

다음 예제를 위해 *www.py4e.com/code*에서 `twurl.py`, `hidden.py`, `oauth.py`,
`twitter1.py` 파일을 내려받자.

이 프로그램을 사용하기 위해서는 트위터 계정이 필요하며 App을 생성하
고 API 키, API 시크릿 키, 액세스 토큰, 액세스 토큰 시크릿을 설정해야 한다.

hidden.py를 수정해서 4개의 키 값을 해당 변수에 입력한다.

```python
# -*- coding: utf-8 -*-
# 이 파일은 별도로 보관하자.
# https://apps.twitter.com/에서
# 새 App을 만들고 4개의 문자열을 얻는다.

def oauth():
    return {"consumer_key": "h7Lu...Ng",
            "consumer_secret": "dNKenAC3New...mmn7Q",
            "token_key": "10185562-eibxCp9n2...P4GEQQOSGI",
            "token_secret": "H0ycCFemmC4wyf1...qoIpBo"}
```

 # Code: https://www.py4e.com/code3/hidden.py

트위터 웹 서비스는 다음 URL로 접근한다.

🔗 *https://api.twitter.com/1.1/statuses/user_timeline.json*

모든 보안 정보가 추가되면 URL은 아래처럼 변한다.

```
https://api.twitter.com/1.1/statuses/user_timeline.json?count=2
&oauth_version=1.0&oauth_token=101...SGI&screen_name=drchuck
&oauth_nonce=09239679&oauth_timestamp=1380395644
&oauth_signature=rLK...BoD&oauth_consumer_key=h7Lu...GNg
&oauth_signature_method=HMAC-SHA1
```

OAuth의 보안 요구 사항을 충족시키기 위해 추가된 매개변수들이 어떤 의미를 갖는지 알고 싶다면 OAuth 사양을 읽어 보자.

　이 프로그램은 모든 복잡성을 oauth.py와 twurl.py안에 숨긴다. hidden.py에 시크릿을 설정하고 원하는 URL을 twurl.augment() 함수에 보내면, 라이브러리 코드가 필요한 모든 매개변수를 URL에 추가한다.

　이 프로그램은 특정 트위터 사용자의 타임라인을 가져와서 JSON 포맷의 문자열로 반환한다. 그런 다음, 문자열의 처음 250문자를 출력한다.

```python
# -*- coding: utf-8 -*-
import urllib.request, urllib.parse, urllib.error
import twurl
import ssl
```

```
# https://apps.twitter.com/에서
# App을 생성하고 4개의 문자열을 가져와서 hidden.py에 넣는다.
#

TWITTER_URL = 'https://api.twitter.com/1.1/statuses/user_timeline.json'

# SSL 인증서 오류는 무시한다.
ctx = ssl.create_default_context()
ctx.check_hostname = False
ctx.verify_mode = ssl.CERT_NONE

while True:
    print('')
    acct = input('Enter Twitter Account:')
    if (len(acct) < 1): break
    url = twurl.augment(TWITTER_URL,
                        {'screen_name': acct, 'count': '2'})
    print('Retrieving', url)
    connection = urllib.request.urlopen(url, context=ctx)
    data = connection.read().decode()
    print(data[:250])
    headers = dict(connection.getheaders())
    # 헤더를 출력한다.
    print('Remaining', headers['x-rate-limit-remaining'])
```

 # Code: https://www.py4e.com/code3/twitter1.py

프로그램의 실행 결과는 아래와 같다.

```
Enter Twitter Account:drchuck
Retrieving https://api.twitter.com/1.1/ ...
[{"created_at":"Tue Feb 05 21:14:53 +0000 2019","id":1092894351527571458,
"id_str":"1092894351527571458","text":"RT @_SJPeace_: A father.\n\nHe wore
an Upsee so his son with cerebral palsy could experience some sports.
His boy is so happy \ud83d\ude2d
Remaining 899

Enter Twitter Account:fixpert
Retrieving https://api.twitter.com/1.1/ ...
[{"created_at":"Tue Jan 29 02:31:44 +0000 2019","id":1090074987623522311,
"id_str":"1090074987623522311","text":"The future is the future of the
future.","truncated":false,"entities":{"hashtags":[],"symbols":[],
"user_mentions":[],"urls":[]},"source":"
Remaining 898
```

트위터는 타임라인 데이터와 함께 HTTP 응답 헤더에, 요청에 관한 메타 데이터도 같이 반환한다. 이 중 x-rate-limit-remaining은 짧은 시간 동안 중단되기 전에, 얼마나 많은 요청을 더 보낼 수 있는지 알려준다. API를 호출할 때마다 남은 수가 하나씩 감소하는 걸 볼 수 있다.

다음 예제는 사용자의 트위터 친구를 JSON 형식으로 가져와 분석하고, 친구 정보 일부를 추출한다. 출력할 때는 4개의 공백으로 보기 좋게 들여쓰기 해서, 데이터를 자세히 읽고 더 많은 필드를 추출할 수 있게 한다.

```python
# -*- coding: utf-8 -*-
import urllib.request, urllib.parse, urllib.error
import twurl
import json
import ssl

# https://apps.twitter.com/에서
# App을 생성하고 4개의 문자열을 가져와서 hidden.py에 넣는다.

TWITTER_URL = 'https://api.twitter.com/1.1/friends/list.json'

# SSL 인증서 오류는 무시한다.
ctx = ssl.create_default_context()
ctx.check_hostname = False
ctx.verify_mode = ssl.CERT_NONE

while True:
    print('')
    acct = input('Enter Twitter Account:')
    if (len(acct) < 1): break
    url = twurl.augment(TWITTER_URL,
                        {'screen_name': acct, 'count': '5'})
    print('Retrieving', url)
    connection = urllib.request.urlopen(url, context=ctx)
    data = connection.read().decode()

    js = json.loads(data)
    print(json.dumps(js, indent=2))

    headers = dict(connection.getheaders())
    print('Remaining', headers['x-rate-limit-remaining'])

    for u in js['users']:
        print(u['screen_name'])
```

```
    if 'status' not in u:
        print('   * No status found')
        continue
    s = u['status']['text']
    print('  ', s[:50])
```

 # Code: https://www.py4e.com/code3/twitter2.py

JSON은 중첩된 파이썬 리스트와 딕셔너리로 이뤄졌기 때문에, 인덱스 연산자
와 for루프를 결합하면, 약간의 파이썬 코드만으로 반환된 데이터를 순회할 수
있다.

프로그램의 출력은 아래와 같다. 페이지 길이에 맞추기 위해 일부 데이터는
축약했다.

```
Enter Twitter Account:drchuck
Retrieving https://api.twitter.com/1.1/friends/ ...
{
  "users": [
    {
      "id": 17178315,
      "followers_count": 36403,
      "status": {
        "created_at": "Tue Feb 05 13:25:47 +0000 2019",
        "text": "RT @addyosmani: Tip: Run copy(obj) in the @ChromeDevTools
              console to copy an object to your clipboard. https://
              t.co/8pYomaNePs",
        "retweeted": false,
      },
    },
    {
      "id": 54487942,
      "name": "Cheryl Brown",
      "screen_name": "cherybrown",
      "location": "Christchurch City, New Zealand",
      "followers_count": 941,
      "status": {
        "created_at": "Mon Feb 04 04:28:30 +0000 2019",
        "text": "@veletsianos And we are reduced to emoji type
              reactions.",
      },
    },
  ],
  "next_cursor": 1621713553003267157,
}
```

```
Remaining 14
Una
   RT @addyosmani: Tip: Run copy(obj) in the @ChromeD
cherybrown
   @veletsianos And we are reduced to emoji type reac
addyosmani
   @arnaldocapo @ChromeDevTools I felt bad, but yes.
jenn543
   RT @SouthMetroPIO: Happy to be warm and dry, this
MozDevNet
   RT @rachelandrew: When your CSS is behaving differ
```

출력 결과의 마지막 부분에서는, drchuck 트위터 계정의 가장 최근 5명의 '친구' 정보를 for루프로 읽고 최근 상태를 표시했다. 반환된 JSON에는 사용 가능한 데이터가 더 많다. 결과를 보면, 특정 계정의 '친구 찾기'는 기간별로 실행 가능한 타임라인 쿼리 수와 다른 제한을 갖고 있는 걸 볼 수 있다.

보안 API 키는 자신의 API와 데이터를 누가 어떤 수준에서 사용하고 있는지 트위터가 확실히 알 수 있게 한다. 호출 제한은, 간단한 데이터 검색은 허용하되, 하루에 수백만 번 API를 호출하는 제품을 만들 수는 없게 한다.

13.9 용어

API 애플리케이션 프로그램 인터페이스. 두 애플리케이션 사이의 상호작용 패턴을 정의한 애플리케이션 간의 계약.

ElementTree XML 데이터를 파싱하는 데 사용하는 내장 파이썬 라이브러리.

JSON 자바스크립트 객체 표기법. 자바스크립트 객체 구문을 기반으로 구조화된 데이터를 표시할 수 있는 형식.

SOA 서비스 지향 아키텍처. 네트워크상에서 연결된 구성 요소로 만든 애플리케이션.

XML 확장 마크업 언어. 구조화된 데이터를 표시할 수 있는 형식.

13.10 연습문제

☑ 문제 1 *https://www.py4e.com/code3/geojson.py*와 *https://www.py4e.com/code3/*

geoxml.py, 2개 프로그램 모두를 수정하여, 반환된 데이터에서 2개 문자로 된 국가 코드를 출력하자. 국가 코드가 없더라도 오류가 발생하지 않도록 프로그램에 오류 처리를 추가하자. 수정이 끝나면 'Atlantic Ocean'을 검색 어에 입력해서 어느 국가에도 없는 위치를 처리할 수 있는지 확인하자.

14장

객체 지향 프로그래밍

14.1 더 규모 있는 프로그램 관리하기

이 책의 첫 부분에서, 프로그램을 만들 때 사용하는 4개의 기본 프로그래밍 패턴을 알아봤다.

- 순차 코드(Sequential code)
- 조건 코드(Conditional code): if문
- 반복 코드(Repetitive code): 루프
- 저장 및 재사용(Store and reuse): 함수

그리고 이후 몇 장에 걸쳐 간단한 변수뿐 아니라 리스트, 튜플, 딕셔너리 같은 데이터 구조를 배웠다.

프로그램을 만들 때는 데이터 구조를 설계하고 데이터 구조를 조작하는 코드를 작성한다. 프로그램을 만드는 방법은 여러 가지다. 여러분은 이 책을 읽으면서 '우아하지 못한' 프로그램과 '우아한' 프로그램을 모두 만들어봤다. 비록, 코드 규모가 크지 않았지만 이런 과정을 거치면서 코드 작성에도 '예술(art)'과 '미학(aesthetic)'이 있다는 걸 조금씩 느끼기 시작했을 것이다.

프로그램 코드가 길어질수록 이해하기 쉽게 코드를 쓰는 것이 더욱 중요하다. 코드가 백만 줄 가까이 된다면, 모든 코드를 머릿속에 담을 수가 없다. 따

라서 코드의 일부만 수정해서 문제를 해결하고, 버그를 수정하고, 새로운 기능 추가가 가능하도록 프로그램을 여러 개의 작은 조각으로 나눌 방법이 필요하다.

객체 지향 프로그래밍이란 백 만 줄짜리 코드에서 500줄의 코드만 집중해서 볼 수 있도록 하며, 그 순간에는 나머지 999,500줄의 코드는 무시해도 이해할 수 있도록 코드를 조정하는 방법이다.

14.2 시작하기

객체 지향 프로그래밍을 효과적으로 사용하기 위해서는 프로그래밍의 다른 여러 측면과 마찬가지로 개념을 이해할 필요가 있다. 그래서 몇 가지 용어와 개념을 먼저 배우고, 간단한 예제를 통해 앞으로의 학습을 위한 기반을 마련한다. 이 책의 나머지 부분에서는 많은 프로그램에서 객체를 사용하지만, 새로운 객체를 만들지는 않는다.

이번 장의 핵심은 객체가 어떻게 구성되고 동작하는지 이해하는 것이다. 무엇보다 중요한 것은 파이썬이 제공하는 객체의 기능을 어떻게 사용하는지 이해하는 것이다.

14.3 객체 사용하기

이 책을 읽는 내내 객체를 사용했다. 파이썬은 많은 내장 객체를 제공한다. 아래 코드의 처음 몇 줄은 이미 우리들에게 익숙하다.

```python
stuff = list()
stuff.append('python')
stuff.append('chuck')
stuff.sort()
print (stuff[0])

print (stuff.__getitem__(0))
print (list.__getitem__(stuff,0))
```

 # Code: https://www.py4e.com/code3/party1.py

예제 코드의 결과보다는 객체 지향 프로그래밍 관점에서 실제로 무슨 일이 발생하는지 살펴보자. 다음 단락을 처음 읽고 이해가 되지 않더라도 걱정하지 말자. 아직 우리는 여기에 사용된 모든 용어를 살펴보지 않았다.

첫 번째 줄에서는 리스트 타입의 객체를 생성하고 두 번째, 세 번째 줄에서는 append() 메서드를, 네 번째 줄에서는 sort() 메서드를 호출한다. 그리고 다섯 번째 줄에서는 0번째 아이템을 가져온다.

여섯 번째 줄에서는 매개변수를 0으로 전달하여 stuff 리스트에서 __getitem__() 메서드를 호출한다.

```
print (stuff.__getitem__(0))
```

일곱 번째 줄 역시 아이템의 0번째 아이템을 가져오지만 코드는 더 장황하다.

```
print (list.__getitem__(stuff,0))
```

여기서는 list 클래스의 __getitem__ 메서드를 호출하면서, 매개변수로 리스트(stuff)와, 리스트에서 가져오려는 아이템 위치 값을 전달했다.

사실, 마지막 세 줄의 print문은 완전히 동일한 결과를 출력한다. 하지만 이 중에서 제일 간편한 방법은 대괄호에 인덱스를 사용해서 항목을 찾는 것이다.

어떤 객체가 제공하는 기능을 보고 싶다면 dir() 함수를 사용한다.

```
>>> stuff = list()
>>> dir(stuff)
['__add__', '__class__', '__contains__', '__delattr__',
'__delitem__', '__dir__', '__doc__', '__eq__',
'__format__', '__ge__', '__getattribute__', '__getitem__',
'__gt__', '__hash__', '__iadd__', '__imul__', '__init__',
'__iter__', '__le__', '__len__', '__lt__', '__mul__',
'__ne__', '__new__', '__reduce__', '__reduce_ex__',
'__repr__', '__reversed__', '__rmul__', '__setattr__',
'__setitem__', '__sizeof__', '__str__', '__subclasshook__',
'append', 'clear', 'copy', 'count', 'extend', 'index',
'insert', 'pop', 'remove', 'reverse', 'sort']
>>>
```

dir() 함수는 파이썬 객체의 메서드와 속성(attribute) 목록을 보여준다.

방금 새로 등장한 용어들은 이번 장의 나머지 부분에서 살펴볼 것이다. 이번 장을 마치면 다시 여기로 돌아와, 새로운 용어들을 얼마나 이해했는지 확인해 보자.

14.4 프로그램 시작하기

가장 기본적인 프로그램 형태는 어떤 입력을 받고, 처리한 다음, 결과를 출력 하는 것이다. 아래의 엘리베이터 변환 프로그램은 비록 짧지만, 세 단계를 모 두 보여주는 완전한 프로그램이다.

```
usf = input('Enter the US Floor Number: ')
wf = int(usf) - 1
print('Non-US Floor Number is',wf)
```

 # Code: https://www.py4e.com/code3/elev.py

이 프로그램에 대해 좀 더 생각해 보면, 거기에는 '외부 세계(outside world)'와 프로그램이 존재한다. 입력과 출력 요소는 프로그램이 외부 세계와 상호작용 하는 곳이다. 프로그램 내부에는 해결할 작업을 수행하기 위한 코드와 데이터 가 있다.

프로그램 '내부'는 '외부 세계'와 정의된 상호작용을 가지고 있지만, 이러한 상호작용은 잘 정의되어 있으며, 일반적으로 우리가 초점을 맞추는 곳이 아니 다. 코딩하는 동안에는 '프로그램 내부'의 세부사항에 대해서만 신경 쓴다.

그림 14.1 프로그램

객체 지향 프로그래밍의 한 가지 방법은 프로그램을 여러 개의 '구역(zone)'으 로 나누는 것이다. 각 구역은 코드 일부와 데이터를 포함하며 외부 세계, 또는 프로그램 내부의 다른 구역과 소통하는 방법을 잘 정의하고 있다.

'12장 네트워크 프로그램'에서는 뷰티풀수프 라이브러리를 사용해 웹 페이지의 링크를 추출했다. 코드를 보면 다른 객체를 연결해 작업을 처리하는 것을 알 수 있다.

```python
# -*- coding: utf-8 -*-
# 먼저, BeautifulSoup 설치가 필요하다.
# https://pypi.python.org/pypi/beautifulsoup4

# 또는, 아래 파일을 내려받고,
# http://www.py4e.com/code3/bs4.zip
# 예제 코드와 같은 디렉터리에 압축을 푼다.

import urllib.request, urllib.parse, urllib.error
from bs4 import BeautifulSoup
import ssl

# SSL 인증서 오류는 무시한다.
ctx = ssl.create_default_context()
ctx.check_hostname = False
ctx.verify_mode = ssl.CERT_NONE

url = input('Enter - ')
html = urllib.request.urlopen(url, context=ctx).read()
soup = BeautifulSoup(html, 'html.parser')

# 모든 a 태그를 가져온다.
tags = soup('a')
for tag in tags:
    print(tag.get('href', None))
```

 # Code: https://www.py4e.com/code3/urllinks.py

코드에서는 url을 읽고 문자열에 넣은 다음, urllib에 전달해서 웹에서 데이터를 가져온다. urllib는 데이터를 가져오기 위한, 네트워크 연결을 맺기 위해 socket 라이브러리를 사용한다. urllib로 가져온 문자열을 BeautifulSoup를 이용해 파싱한다. BeautifulSoup는 또 다른 객체인 html.parser를 써서 객체를 반환한다. 반환된 객체의 tags() 메서드를 호출해서 태그 객체의 딕셔너리를 얻은 다음, 루프를 돌면서 각 태그의 get() 메서드를 호출해 'href' 속성을 출력한다.

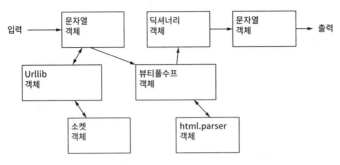

그림 14.2 객체들로 연결된 프로그램

객체가 어떻게 함께 동작하는지를 그림으로 나타내면 위와 같다.

여기서 중요한 점은 프로그램이 어떻게 작동하는지 완전히 이해하는 것이 아니라, 객체들 간의 상호작용과 정보의 흐름을 어떻게 구성하고 조정해서 프로그램을 만들었는지 보는 것이다. 사실, 지난 여러 장에 걸쳐 작성했던 코드들은 '객체 간의 데이터 흐름 조정'을 인지하지 못했어도, 프로그램이 어떤 일을 하는지 이해하는 데 문제가 없었다. 그저 작업을 완료하기 위한 코드였다.

14.5 문제 세분화: 캡슐화

객체 지향 접근법의 장점 중 하나는 복잡성을 숨길 수 있다는 것이다. 예를 들어 urllib나 뷰티풀수프의 사용법은 알아야 하지만, 이 라이브러리들이 내부적으로 어떻게 동작하는지는 알 필요가 없다. 즉, 프로그램의 다른 부분은 무시한 채로, 오로지 해결해야 할 문제에만 집중할 수 있게 해준다.

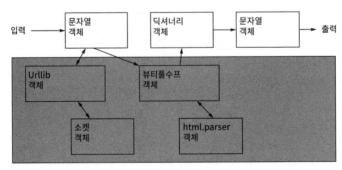

그림 14.3 객체를 사용할 때는 세부사항을 무시한다

프로그램의 다른 부분에 대해서는 신경 쓰지 않고, 특정 부분에만 집중할 수 있게 하는 능력은 각 객체를 개발하는 개발자에게도 도움이 된다. 예를 들어 뷰티풀수프 개발 담당자는 HTML 페이지에서 읽을 부분이 어디인지, 추출한 데이터로 무엇을 할 것인지 알거나 신경 쓸 필요가 없다.

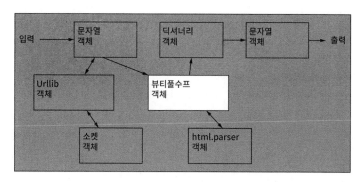

그림 14.4 객체를 만들 때는 다른 세부사항을 무시한다

'캡슐화(encapsulation)'는 이와 같이 객체 내부의 상세 구현에 관해서는 몰라도 좋다는 것을 나타낼 때 사용하는 용어다. 즉, 객체 내부가 어떻게 작동해서 작업을 처리하는지 자세히 알지 못하더라도, 그 객체를 사용할 수 있다는 것을 의미한다.

14.6 첫 번째 파이썬 객체

가장 단순한 객체는 전체 프로그램보다 작은, 코드 일부와 데이터 구조다. 약간의 코드를 저장하고 이름을 지정해서 함수를 만들어 두면, 나중에 함수 이름을 사용해서 해당 코드를 다시 호출할 수 있다,

객체는, 메서드라고 부르는 여러 함수와 함수에서 사용할 데이터를 포함한다. 객체의 일부인 데이터 항목을 '속성(attribute)'이라고 한다.

키워드 class를 사용해서 각 객체를 구성하는 데이터와 코드를 정의한다. class 키워드는 클래스 이름을 포함하며, 속성(데이터)과 메서드(코드)가 포함된 코드 블록을 들여쓰면서 시작한다.

```
class PartyAnimal:
   x = 0

   def party(self) :
     self.x = self.x + 1
     print("So far",self.x)

an = PartyAnimal()
an.party()
an.party()
an.party()
PartyAnimal.party(an)
```

 # Code: https://www.py4e.com/code3/party2.py

각 메서드는 함수처럼 def 키워드로 시작하고 들여쓰기된 코드 블록으로 구성된다. 예제 클래스는 하나의 속성(x)과 하나의 메서드(party)를 갖고 있다. 메서드는 규칙에 따라 self라고 부르는 특별한 첫 번째 매개변수를 가지고 있다.

def 키워드가 함수 코드를 실행하지 않는 것처럼, class 키워드만으로 객체가 생성되는 것은 아니다. 그 대신, class 키워드는 PartyAnimal 타입의 각 객체에 포함될 데이터와 코드를 지정하는 템플릿을 정의한다. 비유하자면 클래스는 쿠키를 찍어내는 틀이며, 객체는 틀(클래스)로 찍어낸 쿠키다. 설탕을 입힐 때는 틀에 묻히는 것이 아니라, 각 쿠키마다 다르게 묻히며, 이렇게 해서 조금씩 다른 맛이나 모양으로 만들어 낸다.

그림 14.5 하나의 클래스와 두 개의 객체

예제 코드를 보면 다음과 같은 코드가 먼저 실행되는 걸 볼 수 있다.

```
an = PartyAnimal()
```

이 코드는, 파이썬에게 PartyAnimal이란 이름으로 클래스의 객체(또는 인스턴스라고도 함)를 생성하라고 지시한다. 어떻게 보면 클래스 자체를 호출하는 함수처럼 보인다. 파이썬은 데이터와 함수로 객체를 생성하며, 생성된 객체는 변수 an에 대입된다. 지금껏 많이 써왔던 아래 코드와 매우 비슷하다.

```
counts = dict()
```

이 코드는 파이썬에서 제공하는 dict 템플릿을 사용해서 객체를 생성하고 반환된 딕셔너리의 인스턴스를 변수 counts에 대입한다.

PartyAnimal 클래스는 객체 생성을 위해 사용되며, 변수 an은 생성된 객체를 가리키는 데 사용한다. an을 사용해서, PartyAnimal 클래스로 생성된 특정 인스턴스의 코드와 데이터에 접근할 수 있다.

각 PartyAnimal 객체/인스턴스는 그 내부에 변수 x와 party라는 이름의 메서드/함수를 포함한다. 아래 코드는 party 메서드를 호출한다.

```
an.party()
```

party 메서드가 호출되면 첫 번째 매개변수 self가 가리키는, PartyAnimal 객체의 특정 인스턴스의 party가 내부적으로 호출된다. party 메서드 본문의 다음 줄을 보자

```
self.x = self.x + 1
```

이 코드에서 마침표 연산자는 'self 내의 x'를 의미한다. 그래서 party()가 호출될 때마다 내부의 x 값이 1씩 증가해서 그 값이 출력된다.

전역 함수와 클래스/객체 내의 메서드 호출을 구분하기 위해, an 객체 내의 party 메서드를 다른 방법으로 호출해 보자.

```
PartyAnimal.party(an)
```

여기서는 객체 포인터를 첫 번째 매개변수 self에 명시적으로 전달해서 클래스 내의 함수를 호출한다. an.party()는 앞의 코드에 대한 축약 표현으로 볼 수 있다.

프로그램 실행 결과는 아래와 같다.

```
So far 1
So far 2
So far 3
So far 4
```

객체가 생성된 후, party 메서드가 4번 호출되는데, 이때마다 an 객체 내부의 x 값이 증가되어 출력된다.

14.7 타입으로서의 클래스

이제까지 본 것처럼, 파이썬에서 모든 변수는 타입을 갖고 있다. 그리고 내장 함수 dir 함수를 쓰면 변수가 제공하는 기능을 살펴볼 수 있다. 마찬가지로, 생성한 클래스에 대해서도 type과 dir을 사용할 수 있다.

```
class PartyAnimal:
    x = 0

    def party(self) :
     self.x = self.x + 1
     print("So far",self.x)

an = PartyAnimal()
print ("Type", type(an))
print ("Dir ", dir(an))
print ("Type", type(an.x))
print ("Type", type(an.party))
```

 # Code: https://www.py4e.com/code3/party3.py

다음은 프로그램 실행 결과다.

```
Type <class '__main__.PartyAnimal'>
Dir  ['__class__', '__delattr__', ...
'__sizeof__', '__str__', '__subclasshook__',
```

```
'__weakref__', 'party', 'x']
Type <class 'int'>
Type <class 'method'>
```

생성된 새로운 타입이 class라는 걸 알 수 있다. dir 출력 결과에는 객체에서 사용 가능한 x 정수 속성과 party 메서드가 보인다.

14.8 객체 생명주기

앞의 예제에서는 클래스(템플릿)를 정의하고 클래스(객체)의 인스턴스를 생성한 다음 사용했다. 프로그램이 종료되면 모든 변수는 버려진다. 일반적으로, 변수의 생성과 파괴에 대해서는 그다지 신경 쓸 일이 없지만, 객체가 좀 더 복잡해지면, 객체가 생성된 직후에 필요한 초기 설정이나 객체가 삭제될 때 정리하는 작업이 필요하다.

　객체의 생성 시점이나 종료 시점을 알고 싶다면, 아래처럼 객체에 특별한 이름의 메서드를 추가한다.

```
class PartyAnimal:
    x = 0

    def __init__(self):
        print('I am constructed')

    def party(self) :
        self.x = self.x + 1
        print('So far',self.x)

    def __del__(self):
        print('I am destructed', self.x)

an = PartyAnimal()
an.party()
an.party()
an = 42
print('an contains',an)
```

 # Code: https://www.py4e.com/code3/party4.py

이 코드의 실행 결과는 다음과 같다.

```
I am constructed
So far 1
So far 2
I am destructed 2
an contains 42
```

파이썬은 객체를 생성할 때 __init__ 메서드를 호출하기 때문에 객체에 필요한 기본값, 초깃값 등을 여기서 설정할 수 있다. 파이썬이 아래 줄을 만나면,

```
an = 42
```

지금까지 사용하던 PartyAnimal 객체를 멀리 던져버린다. 그래서 변수 an을 재사용해서 42라는 새로운 값을 저장할 수 있게 한다. 이 순간에 an 객체는 소멸자 __del__이 호출되면서 파괴된다. 변수가 파괴되는 걸 막을 수는 없지만, 객체가 더는 존재하지 않게 되기 직전에 필요한 종료 처리를 할 수 있다.

객체를 만들 때 생성자를 추가해서 객체의 초깃값을 설정하는 일은 자주 있지만, 객체에 대한 소멸자가 필요한 경우는 상대적으로 드물다.

14.9 여러 개의 인스턴스

지금까지 클래스를 정의하고 객체 하나를 생성해서, 그 객체를 사용하고 종료했다. 하지만 객체 지향의 진정한 힘은 클래스 인스턴스를 여러 개 생성할 때 발휘된다.

클래스에서 여러 개의 객체를 생성할 때는 각각의 객체별로 다른 초깃값을 설정하고 싶은 경우가 많다. 이 경우는 생성자에 데이터를 전달해서 각 객체마다 다른 초깃값을 가지도록 할 수 있다.

```
class PartyAnimal:
    x = 0
    name = ''
    def __init__(self, nam):
        self.name = nam
        print(self.name,'constructed')

    def party(self) :
        self.x = self.x + 1
```

```
        print(self.name,'party count',self.x)
s = PartyAnimal('Sally')
j = PartyAnimal('Jim')

s.party()
j.party()
s.party()
```

 # Code: https://www.py4e.com/code3/party5.py

생성자는 객체 인스턴스를 가리키는 self 매개변수 외에 추가 매개변수를 가지며 이들은 객체가 생성될 때 전달된다.

```
s = PartyAnimal('Sally')
```

생성자에서 아래 줄은,

```
self.name = nam
```

nam에 전달된 매개변수를, 객체 인스턴스 내부의 name 속성으로 복사한다.

프로그램의 출력 결과를 보면, 각 객체(s 와 j)가 자신만의 고유한 x 및 name 값을 가지고 있음을 보여준다.

```
Sally constructed
Jim constructed
Sally party count 1
Jim party count 1
Sally party count 2
```

14.10 상속

객체 지향 프로그래밍의 또 다른 강력한 기능은 현재 클래스를 확장해서 새로운 클래스를 만들 수 있다는 점이다. 클래스를 확장할 때는 '부모 클래스'인 원본 클래스를 호출해서 '자식 클래스'인 새로운 클래스를 생성한다.

이번 예제에서는 PartyAnimal 클래스 정의를 별도의 소스 파일로 옮긴다.

```
class PartyAnimal:
    x = 0
```

```
    name = ''
    def __init__(self, nam):
        self.name = nam
        print(self.name,'constructed')

    def party(self) :
        self.x = self.x + 1
        print(self.name,'party count',self.x)
```

 # Code: https://www.py4e.com/code3/party.py

다음으로, 다른 파일에서 PartyAnimal 클래스를 가져와서(import), 아래처럼
확장한다.

```
from party import PartyAnimal

class CricketFan(PartyAnimal):
    points = 0
    def six(self):
        self.points = self.points + 6
        self.party()
        print(self.name,"points",self.points)

s = PartyAnimal("Sally")
s.party()
j = CricketFan("Jim")
j.party()
j.six()
print(dir(j))
```

 # Code: https://www.py4e.com/code3/party6.py

CricketFan 객체를 정의할 때, PartyAnimal 클래스를 확장하고 있다는 걸 나타
낸다. 이 말은 PartyAnimal 클래스의 모든 변수(x)와 메서드(party)가 Cricket
Fan 클래스에 의해 상속(inherit)된다는 뜻이다.

　CricketFan 클래스 내부의 six 메서드를 보면, PartyAnimal 클래스의 party
메서드를 호출하고 있음을 볼 수 있다. 부모 클래스의 변수와 메서드는 자식
클래스로 병합(merge)된다.

　프로그램을 실행해 보면, s와 j는 각각 독립적인 PartyAnimal 객체와 Cricket
Fan 객체라는 걸 알 수 있다. j 객체는 s 객체의 기능 외에 추가적인 기능을 갖
고 있다.

```
Sally constructed
Sally party count 1
Jim constructed
Jim party count 1
Jim party count 2
Jim points 6
['__class__', '__delattr__', ...
 '__weakref__', 'name', 'party', 'points', 'six', 'x']
```

CricketFan 클래스의 인스턴스인 j에 dir을 호출하면, 부모 클래스의 속성과
메서드 외에도, CricketFan 클래스를 확장하면서 추가된 속성과 메서드가 들어
있다는 걸 볼 수 있다.

14.11 요약

지금까지 주요 용어 및 객체를 정의하고 사용하는 구문을 중심으로, 객체 지향
프로그래밍에 대해 간략히 설명했다. 이번 장의 시작 부분의 코드를 다시 보
자. 이제는 코드에서 어떤 일이 발생하는지 이해할 수 있을 것이다.

```
stuff = list()
stuff.append('python')
stuff.append('chuck')
stuff.sort()
print (stuff[0])
print (stuff.__getitem__(0))
print (list.__getitem__(stuff,0))
```

 # Code: https://www.py4e.com/code3/party1.py

첫 번째 줄은 list 객체를 생성한다. 파이썬이 list 객체를 생성할 때는 __
init__이라는 이름의 생성자 메서드를 호출하여, 리스트 데이터를 저장하는
데 사용한 내부 데이디를 초기화한다. 캡슐화로 인해, 데이터가 내부적으로 어
떻게 저장되는지에 대해서 알 필요도, 신경 쓸 필요도 없다.

　코드에서는 생성자에 매개변수를 전달하지 않았으며 변수 stuff를 써서, 반
환된 list 클래스의 인스턴스를 가리키도록 했다.

　두 번째, 세 번째 줄에서는 하나의 매개변수로 append 메서드를 호출해서, 리
스트 끝에 새로운 아이템을 추가한다. 네 번째 줄에서는 매개변수 없이 sort 메

서드를 호출해서 stuff 객체 내의 데이터를 정렬한다.

다음으로, 대괄호를 사용해서 리스트의 첫 번째 항목을 출력한다. 이 방법은 stuff 객체 내의 __getitem__ 메서드를 호출하는 방법의 짧은 표기다. 따라서 list 클래스의 __getitem__ 메서드에, 첫 번째 매개변수로 stuff 객체를 전달하고, 두 번째 매개변수로 찾으려는 위치를 전달하는 것과 동일하다.

stuff 객체는 프로그램 끝에서 버려진다. 하지만 __del__ 이라는 이름의 소멸자가 호출되기 전에 그렇게 되는 건 아니므로, 필요에 따라 정리 작업을 할 수 있다.

이 내용들이 객체 지향 프로그래밍의 기본이며 주요 용어다. 대규모 애플리케이션이나 라이브러리를 개발할 때, 객체 지향 접근법을 어떻게 최대로 발휘할 수 있는지에 대해서는 많은 세부 내용을 추가로 알아야 하지만, 이번 장의 범위를 벗어나기 때문에 다루지 않는다.

14.12 용어

속성(attribute) 클래스의 일부인 변수.

클래스(class) 객체를 생성할 때 사용할 수 있는 일종의 틀(template). 객체를 생성하기 위한 속성과 메서드를 정의한다.

자식 클래스(child class) 부모 클래스를 확장해서 만든 새로운 클래스. 자식 클래스는 부모 클래스의 모든 속성과 메서드를 상속받는다.

생성자(constructor) __init__이라는 이름의 특별한 메서드로, 객체를 생성하기 위해 클래스가 사용되는 시점에 호출된다. 보통 객체에 초깃값을 설정하는 용도로 사용된다.

소멸자(destructor) __del__이라는 이름의 특별한 메서드로, 객체가 파괴되기 직전에 호출된다. 생성자에 비해 소멸자는 드물게 쓰인다.

상속(inheritance) 부모 클래스를 확장해서 새로운 자식 클래스를 만드는 것. 자식 클래스는 부모 클래스의 모든 속성과 메서드를 가지며, 이외에 자식 클래스에서 정의된 추가 속성과 메서드를 포함한다.

메서드(method) 클래스 내부 그리고 그 클래스로부터 생성된 객체에 포함된 함수. 일부 객체 지향 패턴에서는 '메서드' 대신 '메시지'를 사용해서 이 개념을 설명한다.

객체(object) 클래스의 인스턴스. 객체는 클래스에 정의된 모든 속성과 메서드를 포함한다. 일부 객체 지향 문서에서는 '객체'와 '인스턴스'를 번갈아 쓰기도 한다.

부모 클래스(parent class) 새로운 자식 클래스를 만들기 위해 확장되는 클래스. 부모 클래스는 모든 속성과 메서드를 자식 클래스에 제공한다.

15장

데이터베이스와 SQL 사용하기

15.1 데이터베이스란?

데이터베이스(database)는 데이터를 저장하기 위해 구성된 파일이다. 대부분의 데이터베이스는 키와 값이 매핑된다는 면에서 딕셔너리처럼 구성된다. 가장 큰 차이점은 데이터베이스는 하드 디스크 또는 다른 영구 저장소를 사용하므로, 프로그램이 종료되더라도 유지된다는 점이다. 데이터베이스의 이런 특징 때문에, 컴퓨터 메모리 크기에 따라 제약을 받는 딕셔너리에 비해 훨씬 더 많은 데이터를 저장할 수 있다.

데이터베이스 역시 딕셔너리처럼 데이터 크기에 무관하게 매우 빠르게 데이터를 삽입하고 접근할 수 있도록 설계됐다. 데이터베이스는 특정 항목으로 빠르게 이동할 수 있도록, 데이터가 추가될 때 인덱스를 만들어 성능을 유지한다.

오라클, MySQL, 마이크로소프트 SQL 서버, PostgreSQL, SQLite 등 다양한 용도로 사용되는 많은 종류의 데이터베이스 시스템이 있다. 이 책에서는 SQLite에 초점을 맞추는데, 자주 사용되며 파이썬에 이미 내장돼 있기 때문이다. SQLite는 다른 애플리케이션에 내장되어, 애플리케이션 내에서 데이터베이스 지원을 제공하도록 설계됐다. 예를 들어 파이어폭스 브라우저도 다른 많은 제품들과 마찬가지로, 내부적으로 SQLite 데이터베이스를 사용한다.

  https://sqlite.org/index.html

SQLite는, 이번 장에서 설명할 트위터 애플리케이션처럼, 정보 과학(Informatics)에서 데이터를 취급하는 작업에 매우 적합하다.

15.2 데이터베이스 개념

데이터베이스를 처음 보면, 마치 여러 개의 시트(sheet)를 갖고 있는, 스프레드시트처럼 보인다. 기본 데이터 구조는 테이블(table), 행(row), 열(column)이다.

관계형(relational) 데이터베이스를 기술적으로 설명할 때, 테이블, 행, 열의 개념을 좀 더 형식적으로 관계, 튜플, 속성으로 언급하기도 한다. 이번 장에서는 조금 덜 형식적인 용어를 사용한다.

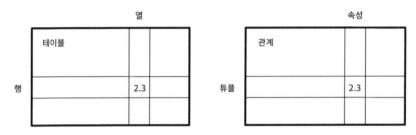

그림 15.1 관계형 데이터베이스

15.3 SQLite 데이터베이스 브라우저

이번 장에서는 파이썬을 사용하여, SQLite 데이터베이스 파일에서 데이터를 다루는 방법을 주로 설명하지만, 'DB Browser for SQLite'라는 무료 소프트웨어를 사용하면 많은 작업을 좀 더 편하게 처리할 수 있다.

http://sqlitebrowser.org/

이 도구를 사용하면 테이블 생성, 데이터 삽입, 데이터 편집, 또는 간단한 SQL 쿼리를 쉽게 실행할 수 있다.

어떤 면에서, 데이터베이스 브라우저는 텍스트 파일을 다루는 텍스트 편집기와 유사하다. 텍스트 파일로 어떤 작업을 해야 한다면, 단순히 텍스트 편집기로 파일을 열고 필요한 작업을 수행한다. 텍스트 파일에 처리해야 할 작업이 많다면, 이를 대신 처리해주는 파이썬 프로그램을 만들 수도 있다. 이와 같은 방법을 데이터베이스에도 적용할 수 있다. 즉, 데이터베이스 브라우저에서는 단순한 작업을 처리하고, 좀 더 복잡한 작업은 파이썬으로 코드를 만들어 처리하는 게 편하다.

15.4 데이터베이스 테이블 생성

데이터베이스는 파이썬 리스트나 딕셔너리에 비해, 더 구조화된 정의가 필요하다.[1]

데이터베이스 테이블을 만들 때는 각 열의 이름과 저장될 데이터 타입을 미리 데이터베이스에 알려줘야 한다. 그러면, 데이터베이스가 해당 타입을 기반으로 데이터 저장과 검색에 가장 효과적인 방법을 선택한다.

SQLite가 지원하는 다양한 데이터 타입은 아래 URL에서 볼 수 있다.

🔗 *https://www.sqlite.org/datatypes.html*

데이터 구조를 정의하는 것이 처음에는 불편할 수 있다. 하지만 이렇게 하면, 데이터베이스에 많은 양의 데이터가 있더라도 빠른 접근이 가능하다.

두 개의 열을 가지는 **Tracks**라는 이름의 데이터베이스 테이블을 만드는 코드는 아래와 같다.

```
import sqlite3

conn = sqlite3.connect('music.sqlite')
cur = conn.cursor()

cur.execute('DROP TABLE IF EXISTS Tracks')
cur.execute('CREATE TABLE Tracks (title TEXT, plays INTEGER)')

conn.close()
```

 # Code: https://www.py4e.com/code3/db1.py

---

1 SQLite는 실제로 열에 저장되는 데이터 타입에 약간의 유연성을 허용하지만, 이 책에서는 데이터 타입을 엄격히 유지한다. 따라서 이 개념은 MySQL 같은 다른 데이터베이스 시스템에도 동일하게 적용된다.

connect 작업은 현재 디렉터리의 music.sqlite3 파일에 저장된 데이터베이스에 '연결'한다. 만약, 파일이 없다면 생성한다. 이 동작을 '연결'이라고 부르는 이유는, 때로는 애플리케이션이 실행 중인 서버와 분리된 '데이터베이스 서버'에 데이터베이스가 저장되는 경우도 있기 때문이다. 지금의 단순한 예제에서 데이터베이스는 파이썬 코드가 실행되는 디렉터리와 같은 위치에 있는 로컬 파일이다.

커서(cursor)는 데이터베이스에 저장된 데이터를 대상으로 작업을 처리할 수 있게 하는, 파일 핸들과도 같다. cursor() 호출은 텍스트 파일을 다룰 때 open()을 호출하는 것과 개념적으로 매우 유사하다.

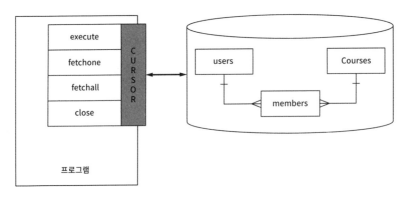

그림 15.2 데이터베이스 커서

커서를 얻게 되면 execute() 메서드를 써서 데이터베이스에 명령 실행을 시작할 수 있다.

데이터베이스 명령은 표준화된 언어를 사용하므로, 데이터베이스 종류와 무관하게 하나의 언어로 사용할 수 있다. 데이터베이스 언어는 SQL(Structured Query Language)이라고 부른다.

🔗 *https://ko.wikipedia.org/wiki/SQL*

이 예제에서는 두 개의 SQL 명령을 실행한다. 규칙에 따라 SQL 키워드는 대문자로 쓰며, 테이블과 열 이름처럼 우리가 추가한 명령의 일부는 소문자로 쓴다.

첫 번째 SQL 명령은 데이터베이스에 Tracks 테이블이 존재한다면 제거한다. 이 방식은 오류 없이 Tracks 테이블을 생성해서 동일 프로그램을 반복적으로 실행할 수 있게 한다. DROP TABLE 명령은 테이블과 테이블의 모든 내용을 삭제한다('취소' 명령은 없다).

```
cur.execute('DROP TABLE IF EXISTS Tracks ')
```

두 번째 명령은 title 텍스트 열과 plays 정수 열이 있는 Tracks 테이블을 생성한다.

```
cur.execute('CREATE TABLE Tracks (title TEXT, plays INTEGER)')
```

Tracks 테이블을 만들었으므로 SQL INSERT 작업으로 데이터를 넣을 수 있다. 데이터베이스에 다시 연결해서 cursor를 얻고, 커서를 이용하여 SQL 명령을 실행한다.

SQL INSERT 명령은 사용할 테이블을 지정한 다음, 포함할 필드 (title, plays)와 VALUES를 나열해서 새로운 행을 정의한다. 값은 물음표 (?, ?)로 지정하여, 실제 값이 튜플 ('My Way', 15)로, execute() 호출의 두 번째 매개변수에 전달된다는 걸 나타낸다.

```
import sqlite3

conn = sqlite3.connect('music.sqlite')
cur = conn.cursor()

cur.execute('INSERT INTO Tracks (title, plays) VALUES (?, ?)',
    ('Thunderstruck', 20))
cur.execute('INSERT INTO Tracks (title, plays) VALUES (?, ?)',
    ('My Way', 15))
conn.commit()

print('Tracks:')
cur.execute('SELECT title, plays FROM Tracks')
for row in cur:
    print(row)
```

```
cur.execute('DELETE FROM Tracks WHERE plays < 100')
conn.commit()

cur.close()
```

 # Code: https://www.py4e.com/code3/db2.py

먼저, 테이블에 두 개의 행을 INSERT하고, commit()을 써서 데이터 삽입을 데이터베이스 파일에 반영한다.

Tracks

title	plays
Thunderstruck	20
My Way	15

그림 15.3 INSERT 후, 테이블 데이터

다음으로 SELECT 명령으로 방금 삽입한 행을 가져온다. SELECT 명령에는 데이터를 가져올 테이블과 가져올 열 (title, plays)를 지정한다. SELECT 실행 후에는 for문에서 cursor를 반복할 수 있다. 효율성을 위해, SELECT를 실행할 때 커서는 데이터베이스의 모든 데이터를 읽지 않는다. 그 대신, for문에서 각 행을 반복하면서 필요에 따라 데이터를 읽는다.

프로그램 출력 결과는 아래와 같다.

```
Tracks:
('Thunderstruck', 20)
('My Way', 15)
```

for루프를 통해 두 개의 행이 검색되며, 각 행은 첫 번째 값이 title, 두 번째 값이 plays의 숫자로 구성된 파이썬 튜플이다.

> **참고** 다른 책이나 인터넷에서 u'로 시작하는 문자열을 본 적이 있을 것이다. 이 표시는 파이썬 2에서 비-라틴 문자 세트를 저장할 수 있는 유니코드 문자열을 나타낸다. 파이썬 3에서는 모든 문자열이 기본적으로 유니코드 문자열이다.

프로그램의 마지막에서는 DELETE 명령을 실행해서 방금 생성한 행을 삭제한다. 그래서 프로그램을 계속해서 실행할 수 있게 한다. DELETE 명령에 WHERE절을 사용해서 조건과 정확하게 일치하는 행만 제거되도록 한다. 이 예제에서는 모든 행에 조건이 적용되기 때문에, 테이블은 텅 빈 상태가 되며 반복해서 프로그램을 실행할 수 있게 된다. DELETE가 수행된 후에, commit()을 호출해서 데이터베이스에 데이터 삭제를 반영한다.

15.5 SQL 요약

지금까지 SQL을 사용하는 파이썬 예제와 기본적인 SQL 명령을 몇 개 배웠다. 이번 절에서는 특히, SQL 언어를 주로 살피면서 SQL 구문의 개요에 관해 설명한다.

데이터베이스의 종류가 매우 다양하기 때문에 SQL이 표준화되었고, 이를 통해 동일한 방식으로 여러 종류의 데이터베이스를 다룰 수 있다.

관계형 데이터베이스는 테이블, 행, 열로 구성된다. 열은 일반적으로 텍스트, 숫자, 날짜 같은 타입을 갖는다. 테이블을 생성할 때 열의 이름과 타입을 지정한다.

```
CREATE TABLE Tracks (title TEXT, plays INTEGER)
```

테이블에 행을 삽입할 때는 SQL INSERT 명령을 사용한다.

```
INSERT INTO Tracks (title, plays) VALUES ('My Way', 15)
```

INSERT 명령은 테이블 이름을 지정하고, 새로운 행에 설정할 열 목록을 받는다. 키워드 VALUES는 열과 관련된 값의 목록이다.

SQL SELECT 명령은 데이터베이스에서 데이터를 가져오기 위해 사용한다. SELECT문에 가져올 열을 지정하고 WHERE절에는 데이터를 선택할 조건을 지정한다. 또한, ORDER BY절을 써서 반환된 행의 정렬 상태를 제어할 수 있다.

```
SELECT * FROM Tracks WHERE title = 'My Way'
```

*을 쓰면, WHERE절의 조건과 일치하는 모든 열을 가져올 수 있다.

파이썬과 다르게 SQL WHERE 절에서는 하나의 = 표시로 '동일함'을 나타낸다. WHERE절에서는 <, >, <=, >=, != 그리고 AND, OR, 괄호를 써서 조건식을 만들 수 있다.

반환된 행은 아래와 같이 특정 열을 기준으로 정렬할 수 있다.

```
SELECT title,plays FROM Tracks ORDER BY title
```

행을 삭제하려면 SQL DELETE문에서 WHERE절을 사용해 어떤 행을 제거할 것인지 결정한다.

```
DELETE FROM Tracks WHERE title = 'My Way'
```

SQL UPDATE문을 사용해서, 다음과 같이 테이블의 하나 이상의 행에 있는 열을 업데이트할 수 있다.

```
UPDATE Tracks SET plays = 16 WHERE title = 'My Way'
```

UPDATE문은 테이블을 지정한 다음, SET 키워드 뒤에 열 이름과 변경할 값 목록을, WHERE절에 업데이트할 행을 선택한다. 하나의 UPDATE문은 WHERE절과 일치하는 모든 행을 변경한다. 만약 WHERE절이 지정되지 않으면, 테이블의 모든 행을 대상으로 UPDATE를 수행한다.

네 개의 기본 SQL 명령(INSERT, SELECT, UPDATE, DELETE)은 데이터 생성과 유지 관리에 필요한 네 개의 기본 작업을 처리할 수 있게 한다.

15.6 데이터베이스를 이용한 트위터 수집

이번 절에서는 트위터 계정을 데이터베이스에 저장하는 간단한 수집 프로그램을 만든다.

> **참고** 이 프로그램을 실행할 때는 굉장히 조심해야 한다. 너무 많은 데이터를 가져오거나 오랜 시간 프로그램을 실행하면 트위터 계정이 차단될 수 있다.

수집 프로그램은 보통 여러 번 멈추고 다시 시작할 수 있어야 하므로, 지금까지 수집한 데이터를 잃지 말아야 한다. 데이터 수집을 항상 처음부터 다시 시작하는 걸 바라지는 않을 것이므로, 데이터를 저장해 두면 다시 시작할 때 중단된 곳부터 이어갈 수 있다.

먼저, 한 사람의 트위터 친구 목록을 가져오고 루프를 돌면서 그들의 상태를 수집한다. 수집된 데이터는 나중에 가져올 수 있도록 데이터베이스에 저장한다. 이렇게 한 사람의 트위터 친구에 대한 데이터를 모두 수집했으면, 데이터베이스에서 다른 계정의 친구 정보를 가져온다. 계속해서 '아직 검색하지 않은' 계정을 골라내고, 그 계정의 친구 목록을 가져오고, 앞으로 검색하기 위해 데이터베이스에 저장한다.

또한, '인기도'를 알기 위해 특정 친구가 데이터베이스에 몇 번이나 나타났는지도 추적한다.

조회한 계정 목록을 저장하고, 검색 여부나 인기도를 저장하므로 프로그램을 필요한 만큼 여러 번 중지했다가 다시 시작할 수 있다.

이 프로그램은 조금 복잡하다. 이 예제는 13장의 트위터 API 예제 코드를 기반으로 한다.

트위터 수집 애플리케이션 소스 코드는 아래와 같다.

```
# -*- coding: utf-8 -*-
from urllib.request import urlopen
import urllib.error
import twurl
import json
import sqlite3
import ssl

TWITTER_URI = 'https://api.twitter.com/1.1/friends/list.json'

conn = sqlite3.connect('spider.sqlite')
cur = conn.cursor()

cur.execute('''
        CREATE TABLE IF NOT EXISTS Twitter
        (name TEXT, retrieved INTEGER, friends INTEGER)''')
```

```
# SSL 인증서 오류는 무시한다.
ctx = ssl.create_default_context()
ctx.check_hostname = False
ctx.verify_mode = ssl.CERT_NONE

while True:
    acct = input('Enter a Twitter account, or quit: ')
    if (acct == 'quit'): break
    if (len(acct) < 1):
        cur.execute('SELECT name FROM Twitter WHERE retrieved = 0 LIMIT 1')
        try:
            acct = cur.fetchone()[0]
        except:
            print('No unretrieved Twitter accounts found')
            continue

    url = twurl.augment(TWITTER_URL, {'screen_name': acct, 'count': '20'})
    print('Retrieving', url)
    connection = urlopen(url, context=ctx)
    data = connection.read().decode()
    headers = dict(connection.getheaders())

    print('Remaining', headers['x-rate-limit-remaining'])
    js = json.loads(data)
    # 디버깅
    # print json.dumps(js, indent=4)

    cur.execute('UPDATE Twitter SET retrieved=1 WHERE name = ?', (acct, ))

    countnew = 0
    countold = 0
    for u in js['users']:
        friend = u['screen_name']
        print(friend)
        cur.execute('SELECT friends FROM Twitter WHERE name = ? LIMIT 1',
                    (friend, ))
        try:
            count = cur.fetchone()[0]
            cur.execute('UPDATE Twitter SET friends = ? WHERE name = ?',
                        (count+1, friend))
            countold = countold + 1
        except:
            cur.execute('''INSERT INTO Twitter (name, retrieved, friends)
                        VALUES (?, 0, 1)''', (friend, ))
            countnew = countnew + 1
```

```
    print('New accounts=', countnew, ' revisited=', countold)
    conn.commit()

cur.close()
```

 # Code: https://www.py4e.com/code3/twspider.py

데이터베이스는 **spider.sqlite3** 파일에 저장되며 Twitter라는 이름의 테이블 하나를 가진다. Twitter 테이블의 열은 계정 이름, 친구 검색 여부, 친구로 지정된 횟수로 구성된다.

프로그램 메인 루프에서는 트위터 계정 이름을 입력 받거나 'quit'을 입력 받아 프로그램을 종료한다. 트위터 계정을 입력하면 친구 목록과 상태를 가져오며, 데이터베이스에 없다면 저장한다. 데이터베이스에 이미 있는 친구라면, friends 필드 값을 1 증가시킨다.

사용자가 엔터를 입력하면 데이터베이스에서 아직 검색되지 않은, 다음 트위터 계정을 가져와 친구 목록과 상태를 데이터베이스에 추가하거나 갱신하고 friends 값을 증가시키는, 조금 전 동작을 반복한다.

친구 목록과 상태를 가져온 다음에는, 반환된 JSON에서 모든 user 데이터를 반복하면서, 각 사용자의 screen_name을 가져온다. 다음으로, SELECT문을 사용해서 데이터베이스에 이미 screen_name이 저장돼 있는지 확인하고, 저장돼 있다면 friends 값을 가져온다.

```
countnew = 0
countold = 0
for u in js['users']:
    friend = u['screen_name']
    print(friend)
    cur.execute('SELECT friends FROM Twitter WHERE name = ? LIMIT 1',
            (friend, ))
    try:
        count = cur.fetchone()[0]
        cur.execute('UPDATE Twitter SET friends = ? WHERE name = ?',
                    (count+1, friend))
        countold = countold + 1
    except:
        cur.execute('''INSERT INTO Twitter (name, retrieved, friends)
                    VALUES (?, 0, 1)''', (friend, ))
        countnew = countnew + 1
```

```
print('New accounts=', countnew, ' revisited=', countold)
conn.commit()
```

커서가 SELECT문을 실행하면 조건에 맞는 모든 데이터를 가져온다. 여기서는 **LIMIT 1** 조건에 의해 하나의 행만 가져오므로 fetchone() 메서드를 써서 첫 번째 행만 가져올 수 있다. fetchone()은 필드 하나만 있더라도 튜플 형태로 데이터를 반환하기 때문에, 튜플의 첫 번째 값을 가져와 count 변수에 넣는다.

가져오기가 성공하면 SQL **UPDATE**문에 **WHERE** 절을 사용해서 친구 계정과 일치하는 행의 friends 컬럼에 1을 더한다. SQL 쿼리에 두 개의 물음표가 있는데, 이 물음표들은 execute()의 두 번째 매개변수인 튜플 값으로 교체된다.

try 블록이 실패했다면 그 이유는 아마도 SELECT문의 **WHERE name = ?**절과 일치하는 데이터가 없기 때문일 것이다. 따라서, except 블록에서 SQL **INSERT**문으로 친구의 screen_name을 테이블에 추가한다. 추가되는 screen_name은 아직 검색되지 않았으므로 retrieved는 0으로 하고, 이미 1명의 친구가 있는 셈이므로 friends는 1로 설정한다.

프로그램을 실행하고 트위터 계정을 입력하면 프로그램은 아래와 같이 동작한다.

```
Enter a Twitter account, or quit: drchuck
Retrieving https://api.twitter.com/1.1/friends/ ...
New accounts= 20  revisited= 0
Enter a Twitter account, or quit: quit
```

프로그램을 처음 실행한 것이므로 데이터베이스는 비어있다. spider.sqlite3 파일에 데이터베이스를 만들고, Twitter라는 이름의 테이블을 데이터베이스에 추가한다. 다음으로, 친구 데이터를 조금 가져와서 데이터베이스에 저장한다.

이 상태에서 spider.sqlite3 파일의 내용을 살펴보기 위해, 간단한 데이터베이스 출력 프로그램을 만들어 보자.

```
import sqlite3

conn = sqlite3.connect('spider.sqlite')
cur = conn.cursor()
cur.execute('SELECT * FROM Twitter')
```

```
count = 0
for row in cur:
    print(row)
    count = count + 1
print(count, 'rows.')
cur.close()
```

 # Code: https://www.py4e.com/code3/twdump.py

이 프로그램은 단순히 데이터베이스를 열고 Twitter 테이블의 모든 행과 열을
선택한 다음, 루프를 돌면서 출력한다.

트위터 수집 프로그램을 처음 실행한 뒤에, 이 프로그램을 실행한 결과는 아
래와 같다.

```
('Una', 0, 1)
('cherybrown', 0, 1)
('addyosmani', 0, 1)
('jenn543', 0, 1)
('MozDevNet', 0, 1)
...
20 rows.
```

각 screen_name마다 하나의 행이 검색됐으며, 아직 그 screen_name을 검색하지
않았고, 모두가 한 명씩의 친구를 갖고 있다는 걸 알 수 있다.

데이터베이스에 저장된 현재 데이터들은 처음 입력했던 트위터 계정(dr-
chuck)의 검색 결과가 반영된 것이다. 아래와 같이, 트위터 계정을 입력하는
대신, 엔터 키를 누르면 프로그램이 다시 실행되면서 아직 검색되지 않은 다른
계정을 검색한다.

```
Enter a Twitter account, or quit:
Retrieving https://api.twitter.com/1.1/friends/ ...
New accounts= 20  revisited= 0

Enter a Twitter account, or quit:
Retrieving https://api.twitter.com/1.1/friends/ ...
New accounts= 19  revisited= 1
```

트위터 계정을 입력하지 않은 채로 엔터 키를 누르면 다음 코드가 실행된다.

```
if (len(acct) < 1):
    cur.execute('SELECT name FROM Twitter WHERE retrieved = 0 LIMIT 1')
    try:
        acct = cur.fetchone()[0]
    except:
        print('No unretrieved Twitter accounts found')
        continue
```

SQL SELECT문을 사용해서 retrieved 열이 0인 필드, 그러니까 '아직 검색되지 않은' 사용자 계정 중 첫 번째 행(LIMIT 1)을 검색한다. 또한, try, except 블록 내에서 fetchone()[0]을 사용해서, 검색된 데이터에서 screen_name을 가져오거나 다음 루프로 넘어간다.

검색되지 않은 screen_name을 가져오는 데 성공했다면, 다음 코드로 트위터 API를 호출해서 데이터를 가져온다.

```
url = twurl.augment(TWITTER_URL, {'screen_name': acct, 'count': '20'})
print('Retrieving', url)
connection = urlopen(url, context=ctx)
data = connection.read().decode()
js = json.loads(data)

cur.execute('UPDATE Twitter SET retrieved=1 WHERE name = ?', (acct, ))
```

트위터 API로 데이터를 가져오는 데 성공했으면, UPDATE문으로 retrieved 열을 1로 설정해서, 이 계정의 친구를 검색했다는 걸 표시한다. 이렇게 하면, 이미 검색된 계정을 제외하면서 트위터 친구 관계를 따라 이 작업을 계속 이어나갈 수 있다.

친구 목록 수집 프로그램을 실행하고 엔터를 두 번 입력해서 아직 검색하지 않은 계정의 친구를 가져온 다음, 데이터베이스 출력 프로그램을 실행하면 다음 결과를 볼 수 있다.

```
('Una', 1, 1)
('cherybrown', 1, 1)
('addyosmani', 0, 1)
('jenn543', 0, 1)
('MozDevNet', 0, 1)
...
('ASpittel', 0, 2)
```

```
...
55 rows.
```

결과를 보면, Una와 cherybrown을 방문했다는 걸 제대로 기록했음을 알 수 있다. 또한 ASpittel은 이미 두 명의 팔로워를 갖고 있다. 여기까지 세 개의 트위터 계정(drchuck, Una, cherybrown)의 친구를 검색하면서, 데이터베이스에는 앞으로 검색할 55개가 저장됐다.

프로그램을 실행하고 엔터 키를 누를 때마다, 방문할 계정을 선택(예: 출력 결과에 의하면, 다음 방문할 계정은 'addyosmani'다.)하고, 해당 계정의 친구를 조회하며, 조회된 친구들은 데이터베이스에 새로 추가되거나, 이미 데이터베이스에 존재하면 친구 수를 증가시킨다.

수집된 데이터는 하드 디스크의 데이터베이스에 저장되므로 데이터 소실에 대한 걱정 없이, 원하는 만큼 수집 작업을 중단했다가 다시 시작할 수 있다.

15.7 기본 데이터 모델링

관계형 데이터베이스의 진정한 힘은 여러 개의 테이블을 만들고 테이블 사이의 연결을 만들 때 발휘된다. 애플리케이션 데이터를 어떻게 여러 테이블로 나눌지, 그 테이블 간의 관계는 어떻게 할지 결정하는 행동을 데이터 모델링(data modeling)이라고 부른다. 설계 문서는 테이블과 데이터 모델이라고 부르는 테이블 사이의 관계를 보여준다.

데이터 모델링은 상대적으로 복잡한 기술이므로, 이번 절에서는 가장 기본적인 개념만 설명한다. 더 자세한 내용을 읽고 싶다면 아래를 참고하자.

🔗 *https://en.wikipedia.org/wiki/Relational_model*

트위터 수집 애플리케이션이, 단순히 친구 수를 세는 대신, 특정 계정을 팔로잉하는 모든 목록을 가져온다고 해보자.

이렇게 되면, 잠재적으로 누구나 많은 팔로잉 계정을 가질 수 있으므로, 더는 Twitter 테이블에 하나의 열을 추가하는 것만으로 처리할 수 없다. 이때는 새로운 테이블을 만들어서 친구 목록을 유지해야 한다. 다음은 그러한 역할의 테이블을 생성한다.

```
CREATE TABLE Pals (from_friend TEXT, to_friend TEXT)
```

drchuck을 팔로잉하는 사람이 확인될 때마다 다음과 같은 행을 삽입한다.

```
INSERT INTO Pals (from_friend,to_friend) VALUES ('drchuck', 'lhawthorn')
```

drchuck 트위터 계정에서 20명의 친구를 가져오면, drchuck을 첫 번째 매개변수로 써서 20개의 레코드를 삽입하므로 문자열이 여러 번 중복된다.

문자열 중복은 데이터베이스에 동일한 문자열 데이터를 두 번 이상 넣으면 안 된다는 데이터베이스 정규화 규칙을 위반한다. 데이터가 두 번 이상 필요하면 데이터의 숫자 키를 만들고, 이 키를 사용해서 실제 데이터를 참조해야 한다.

실제로 문자열은 정수 데이터에 비해, 디스크와 메모리 공간을 훨씬 더 많이 차지한다. 또한 정렬과 비교 작업 시에 CPU 시간을 더 소비한다. 데이터가 몇 백 개 정도에 불과하다면 문제될 일이 없지만, 수백만 명의 데이터가 들어있고 1억 명에 달하는 친구 관계를 다뤄야 한다면, 가능한 한 빠르게 데이터를 찾는 것이 중요하다.

여기서는 트위터 계정을, 앞의 예제에서 사용한 Twitter 테이블 대신 People 이란 이름의 테이블에 저장한다. People 테이블은 트위터 사용자의 행과 연관된 숫자 키를 저장하기 위해 부가적인 열을 갖는다. SQLite에서 INTEGER PRIMARY KEY라는 특별한 타입의 데이터 열을 사용하면, 테이블에 삽입되는 모든 행의 키 값을 자동으로 추가해준다.

아래와 같이 추가적인 id 열을 사용해서 People 테이블을 생성한다.

```
CREATE TABLE People (id INTEGER PRIMARY KEY, name TEXT UNIQUE, retrieved
                     INTEGER)
```

더는 People 테이블의 각 행에 친구 수를 유지하지 않는다는 걸 참고하자. id 열의 타입으로 INTEGER PRIMARY KEY를 사용했기 때문에, 새로운 데이터가 삽입될 때 SQLite가 자동으로 고유한 숫자 키를 할당한다. 또한, name 열에 UNIQUE 키워드를 추가해서 SQLite가 동일한 값을 두 개의 행에 넣지 못하게 한다.

이번에는 Pals 테이블 대신, from_id, to_id라는 두 개의 정수 열을 가지는 Follows라는 테이블을 생성하고, 두 컬럼의 조합은 이 테이블에서 유일하다는 제약을 건다. 즉, 중복된 행을 삽입할 수 없다.

```
CREATE TABLE Follows
(from_id INTEGER, to_id INTEGER, UNIQUE(from_id, to_id) )
```

테이블에 UNIQUE절을 추가해서, 데이터베이스에 데이터가 삽입될 때 지켜야 할 규칙을 설정한다. 이러한 규칙은 프로그램의 편의를 위한 것이다. 규칙을 정하면, 실수를 방지하고 코드 작성을 더 쉽게 해준다.

Follows 테이블을 생성할 때는 필수로, 어떤 사람이 다른 사람을 '팔로우'하는 관계를 모델링해서, (a) 사람들이 연결됐다는 것과 (b) 관계의 방향을 한 쌍의 숫자로 표현한다.

15.8 여러 개의 테이블로 프로그래밍

이번에는 앞에서 설명한 두 개의 테이블, 기본키, 참조키를 사용해서 트위터 수집 프로그램을 다시 실행한다. 새로운 버전의 코드는 아래와 같다.

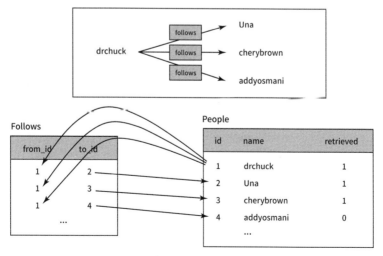

그림 15.4 테이블 간의 관계

```
import urllib.request, urllib.parse, urllib.error
import twurl
import json
import sqlite3
import ssl

TWITTER_URL = 'https://api.twitter.com/1.1/friends/list.json'

conn = sqlite3.connect('friends.sqlite')
cur = conn.cursor()

cur.execute('''CREATE TABLE IF NOT EXISTS People
            (id INTEGER PRIMARY KEY, name TEXT UNIQUE, retrieved INTEGER)''')
cur.execute('''CREATE TABLE IF NOT EXISTS Follows
            (from_id INTEGER, to_id INTEGER, UNIQUE(from_id, to_id))''')

# SSL 인증서 오류는 무시한다.
ctx = ssl.create_default_context()
ctx.check_hostname = False
ctx.verify_mode = ssl.CERT_NONE

while True:
    acct = input('Enter a Twitter account, or quit: ')
    if (acct == 'quit'): break
    if (len(acct) < 1):
        cur.execute('SELECT id, name FROM People WHERE retrieved = 0 LIMIT 1')
        try:
            (id, acct) = cur.fetchone()
        except:
            print('No unretrieved Twitter accounts found')
            continue
    else:
        cur.execute('SELECT id FROM People WHERE name = ? LIMIT 1',
                    (acct, ))
        try:
            id = cur.fetchone()[0]
        except:
            cur.execute('''INSERT OR IGNORE INTO People
                        (name, retrieved) VALUES (?, 0)''', (acct, ))
            conn.commit()
            if cur.rowcount != 1:
                print('Error inserting account:', acct)
                continue
            id = cur.lastrowid
```

```
url = twurl.augment(TWITTER_URL, {'screen_name': acct, 'count': '100'})
print('Retrieving account', acct)
try:
    connection = urllib.request.urlopen(url, context=ctx)
except Exception as err:
    print('Failed to Retrieve', err)
    break

data = connection.read().decode()
headers = dict(connection.getheaders())

print('Remaining', headers['x-rate-limit-remaining'])

try:
    js = json.loads(data)
except:
    print('Unable to parse json')
    print(data)
    break

# 디버깅
# print(json.dumps(js, indent=4))

if 'users' not in js:
    print('Incorrect JSON received')
    print(json.dumps(js, indent=4))
    continue

cur.execute('UPDATE People SET retrieved=1 WHERE name = ?', (acct, ))

countnew = 0
countold = 0
for u in js['users']:
    friend = u['screen_name']
    print(friend)
    cur.execute('SELECT id FROM People WHERE name = ? LIMIT 1',
                (friend, ))
    try:
        friend_id = cur.fetchone()[0]
        countold = countold + 1
    except:
        cur.execute('''INSERT OR IGNORE INTO People (name, retrieved)
                    VALUES (?, 0)''', (friend, ))
        conn.commit()
        if cur.rowcount != 1:
```

```
                    print('Error inserting account:', friend)
                    continue
             friend_id = cur.lastrowid
             countnew = countnew + 1
        cur.execute('''INSERT OR IGNORE INTO Follows (from_id, to_id)
                    VALUES (?, ?)''', (id, friend_id))
     print('New accounts=', countnew, ' revisited=', countold)
     print('Remaining', headers['x-rate-limit-remaining'])
     conn.commit()
cur.close()
```

 # Code: https://www.py4e.com/code3/twfriends.py

이 프로그램은 조금 복잡하게 시작했지만, 정수 키를 사용해서 테이블을 연결할 때 필요한 패턴을 보여준다. 기본 패턴은 아래와 같다.

1. 기본키와 제약을 걸어 테이블을 생성한다.
2. 계정 이름과 같은 논리적 키가 있고 id 값이 필요한 경우, People 테이블에 데이터가 이미 존재하는지 여부에 따라 (1) id 값을 가져오거나 (2) 새로운 데이터를 추가한 다음, 추가한 데이터의 id 값을 가져온다.
3. '팔로' 관계를 표현하는 행을 삽입한다.

이 내용을 차례대로 살펴보자.

15.8.1 데이터베이스 테이블 제약

테이블 구조를 설계할 때, 데이터베이스 시스템에 몇 가지 규칙을 적용할 수 있다. 이런 규칙은 실수를 막고, 잘못된 데이터가 테이블에 삽입되는 걸 방지한다.

```
cur.execute('''CREATE TABLE IF NOT EXISTS People
          (id INTEGER PRIMARY KEY, name TEXT UNIQUE,
           retrieved INTEGER)''')
cur.execute('''CREATE TABLE IF NOT EXISTS Follows
          (from_id INTEGER, to_id INTEGER, UNIQUE(from_id, to_id))''')
```

People 테이블의 name 열은 반드시 UNIQUE 해야 한다는 제약을 걸었다. 또한, Follows 테이블의 각 행에서 from_id, to_id의 두 숫자 조합은 유일하다는 제약도 설정했다. 이러한 제약은 동일 관계를 두 번 이상 추가하는 것과 같은 실수를 막는다.

다음 코드에서 제약 조건의 장점을 사용한다.

```
cur.execute('''INSERT OR IGNORE INTO People (name, retrieved)
                VALUES (?, 0)''', (friend, ))
```

OR IGNORE절을 INSERT문에 추가해서, 만약 데이터 삽입이 'name 열은 유일하다'라는 규칙을 깨뜨리면, INSERT문을 무시하도록 한다. 이처럼 데이터베이스 제약 조건은 부정확한 데이터로 작업하지 않도록 막아주는 안전한 그물망 역할을 한다.

마찬가지로, 다음 코드는 동일한 Follows 관계를 두 번 추가하지 않도록 한다.

```
cur.execute('''INSERT OR IGNORE INTO Follows (from_id, to_id)
                VALUES (?, ?)''', (id, friend_id))
```

Follows 행에 지정한 제약 조건을 위배하는 INSERT 작업은 무시된다.

15.8.2 데이터 조회 및 삽입

사용자로부터 트위터 계정을 입력 받을 때, 만약 계정이 존재하면 id 값을 찾고, 아직 계정이 존재하지 않으면 데이터를 삽입한 다음, 해당 데이터의 id 값을 가져온다.

이 방식은 이미 몇 번 경험해 본 매우 일반적인 패턴이다. 앞의 예제에서는 트위터 API가 반환한 JSON의 user 노드에서 추출한, screen_name으로 id를 조회할 때 이 방식을 사용했다.

시간이 지나면서 계정이 이미 데이터베이스에 존재할 가능성이 높아지므로, 먼저 SELECT문을 사용해서 People에 데이터가 있는지 확인한다.

try 블록의 코드가 문제없이 동작하면, fetchnone()으로 데이터를 가져온 다음, 반환된 튜플의 첫 번째 원소만 friend_id에 저장한다.

SELECT가 실패하면, fetchnone()[0] 코드가 실패하면서 코드 흐름은 except 블록으로 넘어간다.

```
friend = u['screen_name']
cur.execute('SELECT id FROM People WHERE name = ? LIMIT 1',
            (friend, ))
try:
    friend_id = cur.fetchone()[0]
    countold = countold + 1
except:
    cur.execute('''INSERT OR IGNORE INTO People (name, retrieved)
                VALUES (?, 0)''', (friend, ))
    conn.commit()
    if cur.rowcount != 1:
        print('Error inserting account:', friend)
        continue
    friend_id = cur.lastrowid
    countnew = countnew + 1
```

except 영역으로 흐름이 넘어왔다는 말은 데이터가 발견되지 않았다는 뜻이므로 데이터를 새로 추가한다. INSERT OR IGNORE로 오류를 피한 다음, commit()을 호출해서 데이터베이스에 실제로 반영되도록 한다. 다음으로 cur.rowcount로 얼마나 많은 행이 영향을 받았는지 확인한다. 하나의 행만 삽입했으므로 업데이트된 행의 수가 1보다 크면 오류가 발생했다는 뜻이다.

　INSERT가 성공하면 새로 생성된 행의 id 값을 알아보기 위해 cur.lastrowid 값을 확인한다.

15.8.3 친구 관계 저장

JSON에서 트위터 사용자와 친구의 키 값을 모두 알고 나면, 아래처럼 Follows 테이블에 두 개의 숫자 값을 간단히 삽입할 수 있다.

```
cur.execute('''INSERT OR IGNORE INTO Follows (from_id, to_id)
                VALUES (?, ?)''', (id, friend_id))
```

유일성 제약 조건을 걸어 테이블을 생성하고, INSERT문에 OR IGNORE를 추가해서 데이터베이스에 '중복 삽입'이 발생하지 않도록 했다는 걸 참고하자.

　프로그램 실행 결과는 다음과 같다.

```
Enter a Twitter account, or quit:
No unretrieved Twitter accounts found
```

```
Enter a Twitter account, or quit: drchuck
Retrieving account drchuck
New accounts= 100  revisited= 0

Enter a Twitter account, or quit:
Retrieving account Una
New accounts= 99  revisited= 1

Enter a Twitter account, or quit:
Retrieving account cherybrown
New accounts= 99  revisited= 1

Enter a Twitter account, or quit: quit
```

먼저, drchuck 계정으로 시작한 다음, 프로그램이 자동으로 다음 두 개 계정을 선택해서 데이터를 가져오고 데이터베이스에 저장하도록 한다.

다음은 프로그램이 완료된 후, People과 Follows 테이블의 처음 몇 개 행이다.

```
People:
(1, 'drchuck', 1)
(2, 'Una', 1)
(3, 'cherybrown', 1)
(4, 'addyosmani', 0)
(5, 'jenn543', 0)
299 rows.
Follows:
(1, 2)
(1, 3)
(1, 4)
(1, 5)
(1, 6)
300 rows.
```

People 테이블에서는 처음 세 사람을 방문해서 데이터를 검색했다는 걸 알 수 있다. Follows 테이블의 데이터는 drchuck(1번 사용자)이 처음 다섯 행에 표시된 사람들의 친구라는 걸 보여준다. 프로그램 실행 후, 맨 처음 검색하고 저장한 데이터가 'drchuck'의 트위터 친구들이었다는 점에서 의미가 있다. 더 많은 Follows 테이블의 데이터를 출력하면 Una(2번 사용자), cherybrown(3번 사용자)의 친구도 표시된다.

15.9 키의 3가지 종류

여러 개의 연결된 테이블에 데이터를 저장하고, 키를 사용해서 테이블의 행을 연결하는 데이터 모델을 만들기 시작했다. 이제 키와 관련된 몇 개의 용어를 익혀야 한다. 데이터베이스 모델에 사용되는 키는 보통 세 가지 종류로 나눈다.

- 논리적 키(logical key)는 '실제 세계'의 관점에서 데이터를 찾을 때 사용할 수 있는 키다. 예제의 데이터 모델에서는 name이 논리적 키다. name은 트위터 화면에 표시될 사용자의 이름이며, 실제로 프로그램에서 이 값을 사용해 데이터를 여러 번 조회한다. 논리적 키에는 **UNIQUE** 제약 조건을 걸어주는 것이 좋다. 논리적 키는 '실제 세계' 기준으로 데이터를 찾는 방법이므로 테이블에 동일한 값을 가진 여러 행을 허용하는 건 의미가 없다.
- 기본키(primary key)는 보통, 데이터베이스가 자동으로 할당한 번호다. 프로그램 외부에서는 의미가 없으며, 다른 테이블의 행과 연결하기 위해서만 사용된다. 테이블에서 데이터를 조회할 때는, 기본키를 사용하는 것이 일반적으로 가장 빠른 방법이다. 기본키는 정수 타입을 사용하므로, 저장 공간을 거의 차지하지 않고, 비교 및 정렬도 매우 빠르다. 예제의 데이터 모델에서는 id가 기본키의 예다.
- 외래키(foreign key)는 보통, 다른 테이블의 연관된 행의 기본키를 가리킨다. 예제의 데이터 모델에서 외래키의 예는 from_id다.

기본키의 이름은 id, 외래키의 이름에는 접미사 _id를 추가하는 명명 규칙을 사용한다.

15.10 JOIN으로 데이터 가져오기

데이터베이스의 정규화 규칙을 따르고, 기본키와 외래키를 사용해서 데이터를 두 개의 연결된 테이블로 분리했다. 이번에는 분리된 테이블로부터 데이터를 다시 조립하는 SELECT문을 만들어 보자.

SQL은 JOIN절을 사용해서 테이블을 다시 연결한다. JOIN절에서는 테이블 간의 행을 다시 연결하는 데 사용할 열을 지정한다.

다음은 JOIN절이 있는 SELECT의 예다.

```
SELECT * FROM Follows JOIN People
    ON Follows.from_id = People.id WHERE People.id = 1
```

JOIN절은 찾는 데이터가 Follows와 People 테이블과 교차한다는 걸 나타낸다. ON절은 두 테이블이 조인한 방법을 나타낸다. 여기서는 Follows에서 행을 가져와 People에서 가져온 행에 추가한다. 이때, 아무 데이터나 가져오는 것이 아니라 Follows의 from_id 값과 People 테이블의 id 값이 동일한 데이터만 가져온다.

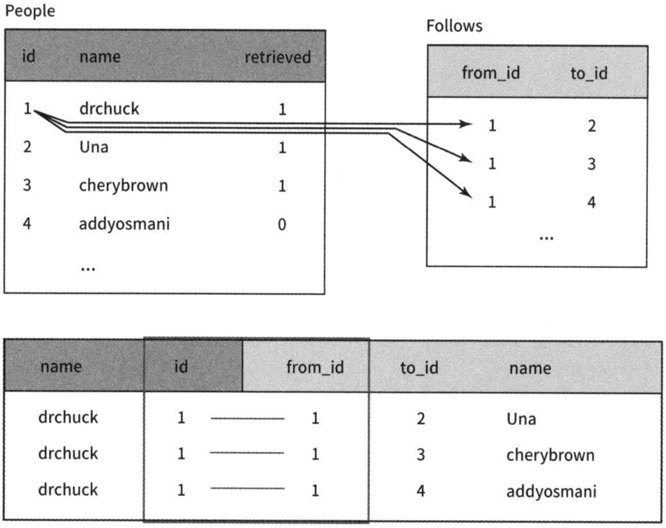

그림 15.5 JOIN을 사용한 테이블 연결

JOIN의 결과로, People과 Follows의 일치하는 데이터가 모두 포함된 매우 긴 '메타로우(metarows)'들이 만들어진다. 일치하는 데이터가 하나 이상이라면, JOIN은 일치하는 각 행의 쌍(pair of rows)에 대해 '메타로우'를 만들어, 필요에 따라 데이터를 복제한다.

다음 코드는 트위터 수집 프로그램이 여러 번 실행된 후, 데이터베이스에 들어있는 데이터를 보여준다.

```
import sqlite3

conn = sqlite3.connect('friends.sqlite')
cur = conn.cursor()

cur.execute('SELECT * FROM People')
count = 0
print('People:')
for row in cur:
    if count < 5: print(row)
    count = count + 1
print(count, 'rows.')

cur.execute('SELECT * FROM Follows')
count = 0
print('Follows:')
for row in cur:
    if count < 5: print(row)
    count = count + 1
print(count, 'rows.')

cur.execute('''SELECT * FROM Follows JOIN People
            ON Follows.to_id = People.id
            WHERE Follows.from_id = 2''')
count = 0
print('Connections for id=2:')
for row in cur:
    if count < 5: print(row)
    count = count + 1
print(count, 'rows.')

cur.close()
```

 # Code: https://www.py4e.com/code3/twjoin.py

코드에서는 먼저, People과 Follows의 데이터를 출력한 다음, JOIN 결과를 표시
한다.

다음은 프로그램의 출력 결과다.

```
python twjoin.py
People:
(1, 'drchuck', 1)
(2, 'Una', 1)
(3, 'cherybrown', 1)
```

```
(4, 'addyosmani', 0)
(5, 'jenn543', 0)
299 rows.
Follows:
(1, 2)
(1, 3)
(1, 4)
(1, 5)
(1, 6)
300 rows.
Connections for id=2:
(2, 30, 30, 'dog_feelings', 0)
(2, 102, 102, 'mpjme', 0)
(2, 103, 103, 'materialdesign', 0)
(2, 104, 104, 'petebarr', 0)
(2, 105, 105, 'blakekathryn', 0)
100 rows.
```

출력 결과의 마지막 부분이 JOIN절이 있는 SELECT문의 결과다. 여기서는 'Una'(People.id=2)의 친구 계정이 출력됐다.

마지막 SELECT의 '메타로우'에서 처음 두 개는 Follows 테이블의 열이며, 나머지 세 개는 People 테이블의 열이다. 또한, '메타로우'의 두 번째 열(Follows.to_id)과 세 번째 열(People.id)이 동일하다는 것도 알 수 있다.

15.11 요약

이번 장에서는 파이썬에서 데이터베이스를 사용법을 개괄적으로 설명했다. 데이터베이스를 사용해서 데이터를 다루는 코드를 작성하는 일은 파이썬 딕셔너리나 파일을 사용할 때보다 복잡하다. 따라서 애플리케이션에 데이터베이스 기능이 정말로 필요한 것이 아니라면 쓰지 않는 것이 좋다. 데이터베이스기 유용한 상황은 (1) 큰 데이터 집합 내에서 적은 수의 무작위 업데이트를 자주 해야 하는 경우, (2) 데이터가 너무 커서 딕셔너리에 저장할 수 없고, 반복적인 검색이 필요한 경우, (3) 장기간 실행되는 애플리케이션을 중지하고 다시 시작하기 전에, 데이터를 보관해야 할 때를 예로 들 수 있다.

하나의 테이블만 써서 간단한 데이터베이스를 만들 수도 있지만, 대부분의 문제는 여러 테이블과 테이블 사이의 연결 및 관계를 필요로 한다. 테이블 사이의 연결을 만들 때는 신중한 설계와 데이터베이스의 정규화 규칙에 따라, 데이터베이스 기능을 최대한 활용하는 것이 중요하다. 데이터베이스를 사용하는 이유는 대용량 데이터를 처리하기 위한 것이므로, 데이터를 효율적으로 모델링하여 프로그램이 가능한 한 빠르게 실행되도록 하는 것이 중요하다.

15.12 디버깅

SQLite 데이터베이스를 사용하는 파이썬 프로그램을 개발할 때는 프로그램을 실행한 다음, SQLite용 데이터베이스 브라우저를 사용해서 결과를 확인한다. 데이터베이스 브라우저를 사용하면 프로그램이 제대로 동작하는지 빠르게 확인할 수 있다.

SQLite를 사용할 때는 두 프로그램이 같은 데이터를 동시에 변경하지 않도록 주의해야 한다. 예를 들어 브라우저에서 데이터베이스를 열고 변경한 다음 '저장' 버튼을 누르지 않았다면, 브라우저는 데이터베이스 파일을 '잠금' 처리하고 다른 프로그램이 파일에 접근하지 못하게 한다. 파일이 잠기면 파이썬 프로그램은 해당 파일에 접근할 수 없다.

이때는 파이썬 프로그램이 잠긴 데이터베이스에 접근하기 전에, 데이터베이스 브라우저를 종료하거나, 브라우저의 파일 메뉴에서 데이터베이스를 닫아서 실패 상황을 피할 수 있다.

15.13 용어

속성(attribute) 튜플 내의 값 중 하나. 더 일반적으로 '열'이나 '필드'라고 부른다.

제약(constraint) 데이터베이스 테이블의 열이나 행에 특정 조건을 강제하는 경우. 공통된 제약은 특정 필드에 중복 값이 없어야 한다는 것이다(즉, 모든 값은 고유하다).

커서(cursor) 데이터베이스의 SQL 명령을 실행해서 데이터를 가져올 수 있게 한다. 커서는 네트워크 연결에 대한 소켓이나 파일에 대한 핸들과 비슷하다.

데이터베이스 브라우저(database browser) 코드를 작성하지 않고, 데이터베이스에 직접 연결해서 데이터를 다룰 수 있게 하는 소프트웨어.

외래키(foreign key) 다른 테이블의 연관된 행의 기본키. 외래 키는 다른 테이블에 저장된 행 사이의 관계를 설정한다.

인덱스(index) 데이터를 빠르게 조회하기 위해 테이블에 삽입하는 추가 데이터.

논리적 키(logical key) '실제 세계'의 관점으로 데이터를 찾을 때 사용할 수 있는 키. 예를 들어 사용자 계정 테이블이라면, 이메일 주소를 논리적 키로 사용할 수 있다.

정규화(normalization) 데이터가 중복되지 않도록 데이터 모델을 설계하는 것. 각 데이터 항목을 데이터베이스의 한 곳에 저장하고, 다른 곳에서는 외래 키를 사용해 참조한다.

기본키(primary key) 각 행에 할당된 숫자 키로, 다른 테이블에서 참조할 때 사용한다. 보통, 행이 삽입될 때 기본 키를 자동으로 지정하도록 데이터베이스를 구성한다.

관계(relation) 튜플 및 속성을 포함하는 데이터베이스 내부의 영역. 좀 더 일반적으로 '테이블'이라고 한다.

튜플(tuple) 데이터베이스 테이블의 단일 항목으로, 속성의 집합을 의미. 보통 '행'이라고 부른다.

16장

P y t h o n   f o r   E v e r y b o d y

데이터 시각화

지금까지 파이썬 언어와 파이썬을 사용하여 네트워크나 데이터베이스에서 데이터를 다루는 방법을 공부했다.

이번 장에서는 이제껏 배운 모든 것을 활용해서, 데이터를 관리하고 시각화하는 3개의 완전한 애플리케이션을 만들어 본다. 여기서 만드는 애플리케이션은 실생활의 문제를 해결하는 데도 유용하게 쓸 수 있을 것이다.

각 애플리케이션의 완성 코드는 ZIP 파일로 되어 있으며, 파일을 내려받아 압축을 풀고 실행해 볼 수 있다.

16.1 구글 맵에 위치 정보 표시하기

여기서는 구글 위치 검색 API를 이용하여 사용자가 입력한 대학교 이름을 검색한 다음, 해당 위치를 구글 지도에 표시한다.

첫 번째 애플리케이션은 아래에서 내려받을 수 있다.

🔗 *http://www.py4e.com/code3/geodata.zip*

해결할 문제는, 구글 위치 검색 API는 하루에 호출 가능한 횟수에 제한이 있다는 점이다. 데이터가 많다면 검색을 여러 번 다시 시작해야 할 수도 있다. 그래서 이 문제를 두 단계로 나눈다.

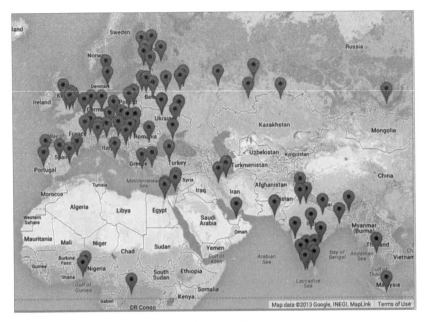

그림 16.1 구글 맵

첫 번째 단계에서는 where.data 파일의 데이터를 읽고, 구글 API로 검색한 다음, 반환된 위치 정보를 geodata.sqlite 데이터베이스에 저장한다. 이후에는 구글 API를 호출하기 전에, 이미 데이터베이스에 있는 데이터인지 확인한다. 이런 식으로 데이터베이스를 로컬 캐시로 활용하여, 동일한 데이터를 구글 위치 검색 API에 반복해서 질의하지 않도록 한다.

geodata.sqlite를 삭제해서, 언제든지 프로그램을 다시 시작할 수 있다.

geoload.py로 프로그램을 실행한다. 이 프로그램은 where.data에서 입력된 데이터를 읽고, 이미 데이터베이스에 있는지 확인한다. 데이터베이스에 없다면 구글 위치 검색 API를 호출해서 데이터를 가져온 다음, 데이터베이스에 저장한다.

다음은 데이터베이스에 데이터가 몇 개 들어가 있는 상태에서 프로그램을 실행한 결과다.

```
Found in database Northeastern University
Found in database University of Hong Kong, ...
```

```
Found in database Technion
Found in database Viswakarma Institute, Pune, India
Found in database UMD
Found in database Tufts University

Resolving Monash University
Retrieving http://maps.googleapis.com/maps/api/
geocode/json?address=Monash+University
Retrieved 2063 characters { "results" : [
{'status': 'OK', 'results': ... }

Resolving Kokshetau Institute of Economics and Management
Retrieving http://maps.googleapis.com/maps/api/
geocode/json?address=Kokshetau+Inst ...
Retrieved 1749 characters { "results" : [
{'status': 'OK', 'results': ... }
...
```

처음 여섯 곳의 위치는 이미 데이터베이스에 있기 때문에, 실제로 위치 API를 호출하지 않고 건너뛴다. 새로운 위치를 찾으면 검색을 시작한다. geoload.py 프로그램은 언제든 멈출 수 있으며, API 호출 횟수를 제한하기 위한 카운터가 있다. where.data 파일의 데이터는 몇백 개 정도여서 일일 호출 제한을 초과하지 않지만, 더 많은 입력 데이터를 처리해야 한다면 며칠에 걸쳐 프로그램을 실행해야 할 수도 있다.

데이터를 geodata.sqlite에 저장하면 geodump.py로 데이터를 시각화할 수 있다. 이 프로그램은 데이터베이스를 읽어서 위도, 경도 같은 위치 정보를 실행 가능한 자바스크립트 코드인 where.js 파일에 쓴다.

geodump.py 프로그램의 실행 결과는 아래와 같다.

```
Northeastern University, ... Boston, MA 02115, USA 42.3396998 -71.08975
Bradley University, 1501 ... Peoria, IL 61625, USA 40.6963857 -89.6160811
...
Technion, Viazman 87, Kesalsaba, 32000, Israel 32.7775 35.0216667
Monash University Clayton ... VIC 3800, Australia -37.9152113 145.134682
Kokshetau, Kazakhstan 53.2833333 69.3833333
...
12 records written to where.js
Open where.html to view the data in a browser
```

where.html 파일은 구글 지도에 위치 정보를 표시할 수 있는 HTML과 자바스크립트로 구성돼 있다. 이 파일은 where.js의 가장 최근 데이터를 읽는다. 아래는 where.js 파일 형식이다.

```
myData = [
[50.06688579999999,19.9136192, 'aleja Adama Mickiewicza 30, 30-059 Kraków, Poland'],
[52.2394019,21.0150792, 'Krakowskie Przedmieście 5, 00-068 Warszawa, Poland'],
[30.018923,31.499674, 'AUC Avenue, 11835, Egypt'],
...
];
```

이 파일에는 리스트의 리스트를 포함하는 자바스크립트 변수가 있다. 자바스크립트의 리스트 구문은 파이썬과 매우 유사하므로 낯설지 않을 것이다.

브라우저에서 where.html을 열면 위치를 볼 수 있다. 지도의 핀(pin) 모양 위에 마우스를 올려놓으면, 구글 위치 검색 API가 반환한 위치 데이터를 볼 수 있다. where.html 파일을 열었을 때 아무 데이터도 보이지 않는다면, 자바스크립트나 브라우저의 개발자 콘솔에서 문제를 확인하자.

16.2 네트워크 및 내부 연결 시각화

이번 애플리케이션은 검색 엔진의 기능 일부를 수행한다. 먼저, 웹의 특정 페이지를 수집하고, 구글 페이지 순위 알고리즘의 간소화 버전을 실행해서 어떤 페이지가 가장 많이 연결돼 있는지 확인한다. 다음으로, 페이지 순위와 수집한 페이지의 연결을 시각화한다. 시각적인 효과를 얻기 위해서 D3 자바스크립트 시각화 라이브러리(*http://d3js.org*)를 사용한다.

애플리케이션은 아래 링크에서 내려받아 실행할 수 있다.

🔗 *http://www.py4e.com/code3/pagerank.zip*

첫 번째 프로그램인 spider.py는 웹 사이트를 크롤링하고, 페이지 몇 개를 가져와서 spider.sqlite 데이터베이스에 넣은 다음, 페이지 간의 링크를 기록한다. spider.sqlite를 제거하고 spider.py를 시작하는 방법으로, 언제든지 프로그램을 재실행할 수 있다.

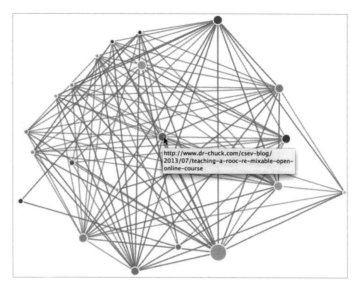

http://www.dr-chuck.com/csev-blog/
2013/07/teaching-a-rooc-re-mixable-open-
online-course

그림 16.2 페이지 랭킹

```
Enter web url or enter: http://www.dr-chuck.com/
['http://www.dr-chuck.com']
How many pages:2
1 http://www.dr-chuck.com (8554) 4
4 http://www.dr-chuck.com/sakai-book (5843) 4
How many pages:
```

여기서는 웹 사이트를 크롤링해서, 두 개의 페이지를 가져오도록 했다. 프로그램을 다시 시작해서 가져올 페이지 수를 증가시키면, 이미 데이터베이스에 있는 페이지는 다시 크롤링하지 않는다. 다시 시작할 때마다 아직 크롤링하지 않은 임의의 페이지로 이동해서 크롤링을 시작하므로, 프로그램을 실행할 때마다 데이터가 추가된다.

```
Enter web url or enter: http://www.dr-chuck.com/
['http://www.dr-chuck.com']
How many pages:3
3 http://www.dr-chuck.com/csev-blog 57
4 http://www.dr-chuck.com/dr-chuck/resume/speaking.htm 1
5 http://www.dr-chuck.com/dr-chuck/resume/index.htm 13
How many pages:
```

프로그램 내부의 동일 데이터베이스에서 여러 개의 시작 지점을 가질 수 있다. 이 데이터는 webs라는 테이블에 저장한다. 프로그램은 다음 수집할 페이지를, 아직 방문하지 않은 링크 중에서 무작위로 선택한다.

　spider.sqlite 파일의 내용을 출력하고 싶다면 spdump.py을 실행한다.

```
(5, None, 1.0, 3, 'http://www.dr-chuck.com/csev-blog')
(3, None, 1.0, 4, 'http://www.dr-chuck.com/dr-chuck/resume/speaking.htm')
(1, None, 1.0, 2, 'http://www.dr-chuck.com/csev-blog/')
(1, None, 1.0, 5, 'http://www.dr-chuck.com/dr-chuck/resume/index.htm')
4 rows.
```

출력된 내용은 유입되는 링크 수, 이전 페이지 순위, 새로운 페이지 순위, 페이지 id, 페이지 url이다. spdump.py는 적어도 하나의 유입되는 링크가 있는 페이지만 보여준다.

　데이터베이스에 몇 개 페이지가 저장된 후에는 sprank.py를 실행해서 페이지 순위를 매길 수 있다. 페이지 순위를 위한 반복을 얼마나 많이 실행할 것인지 입력한다.

```
How many iterations:2
1 0.546848992536
2 0.226714939664
[(1, 0.559), (2, 0.659), (3, 0.985), (4, 2.135), (5, 0.659)]
```

업데이트된 페이지 순위를 보려면 데이터베이스 내용을 다시 출력한다.

```
(5, 1.0, 0.985, 3, 'http://www.dr-chuck.com/csev-blog')
(3, 1.0, 2.135, 4, 'http://www.dr-chuck.com/dr-chuck/resume/speaking.htm')
(1, 1.0, 0.659, 2, 'http://www.dr-chuck.com/csev-blog/')
(1, 1.0, 0.659, 5, 'http://www.dr-chuck.com/dr-chuck/resume/index.htm')
4 rows.
```

원하는 만큼 sprank.py를 실행할 수 있으며, 그때마다 페이지 순위가 조정된다. sprank.py를 몇 번 실행한 다음, spider.py를 사용해서 페이지를 더 수집하고, sprank.py를 실행하여 페이지 순위 값을 다시 조사할 수도 있다. 검색 엔진은 보통, 크롤링과 랭킹 프로그램을 항상 같이 실행한다.

페이지를 다시 크롤링하지 않은 채로 순위 계산을 다시 하고 싶다면 spreset.py를 실행한 다음, sprank.py를 다시 실행한다.

```
How many iterations:50
1 0.546848992536
2 0.226714939664
3 0.0659516187242
4 0.0244199333
5 0.0102096489546
6 0.00610244329379
...
42 0.000109076928206
43 9.91987599002e-05
44 9.02151706798e-05
45 8.20451504471e-05
46 7.46150183837e-05
47 6.7857770908e-05
48 6.17124694224e-05
49 5.61236959327e-05
50 5.10410499467e-05
[(512, 0.0296), (1, 12.79), (2, 28.93), (3, 6.808), (4, 13.46)]
```

페이지 순위 알고리즘을 반복할 때마다 페이지 순위의 평균 변경을 출력한다. 처음에는 네트워크가 상당히 불균형하므로, 개별 페이지 순위의 변동 폭이 크다. 그러나 몇 번의 짧은 반복을 거치면서 고르게 집중된다.

페이지 순위를 시각화하려면, spjson.py를 실행해서 데이터베이스를 읽고, 가장 많이 연결된 페이지를 웹 브라우저에서 볼 수 있도록 JSON 포맷으로 기록한다.

```
Creating JSON output on spider.json...
How many nodes? 30
Open force.html in a browser to view the visualization
```

웹 브라우저에서 force.html 파일을 열어 데이터를 볼 수 있다. 각 노드와 노드 사이의 연결이 자동으로 표시된다. 아무 노드나 클릭해서 드래그할 수 있으며, 노드를 더블 클릭해서 URL을 확인할 수 있다.

다른 프로그램을 재실행했다면, spider.json을 다시 실행하고 spider.json으로부터 새 데이터를 가져오기 위해 브라우저의 '새로 고침' 버튼을 클릭한다.

16.3 메일 데이터 시각화

그림 16.3 사카이 개발자 리스트의 단어 클라우드

지금까지 책을 잘 따라왔다면 mbox-short.txt와 mbox.txt 파일에 익숙해졌을 것이다. 이번에는 더 높은 레벨에 올라서기 위해 이메일 데이터를 분석한다.

실생활에서는 서버에서 메일 데이터를 가져와야 할 때가 있다. 이런 일은 가끔씩 발생하며, 데이터는 일관성이 없고, 오류로 가득하므로 정리나 조정이 필요하다. 이번 절에서는 기가 바이트에 가까운 데이터를 가져와 이를 시각화해서 보여주는, 지금까지의 예제 중 가장 복잡한 프로그램을 다뤄본다.

아래에서 애플리케이션을 내려받을 수 있다.

🔗 *http://www.py4e.com/code3/gmane.zip*

여기서는 무료 이메일 보관 서비스인 *www.gmane.org*에서 데이터를 가져온다. 이 서비스는 메일 활동 내역을 검색할 수 있는 저장소를 제공하므로, 매우 인기 있는 오픈 소스 프로젝트다. 또한 API를 통한 데이터 접근과 관련해서 매우 자유로운 정책을 가지고 있다. 호출 횟수를 제한하지는 않지만, 서비스에 과부

하가 걸리지 않도록 필요한 데이터만 요청하자. 아래 페이지에서 gmane의 서비스 약관을 읽어볼 수 있다.

🔗 *http://gmane.org/export.php*

> 참고 gmane.org의 데이터를 이용할 때는 지연 시간을 추가하고, 시간이 오래 걸리는 작업에 대해서는 장기간에 걸쳐 작업을 나누는 방식으로, 책임감 있게 사용하는 것이 매우 중요하다. 이 무료 서비스를 남용하거나 훼손해서, 우리 자신이 피해를 입지 않도록 하자.

프로그램이 사카이(Sakai)[1] 이메일 데이터 목록을 수집하면, 거의 기가 바이트에 가까운 데이터를 생성하고, 여러 날 동안 여러 번에 걸쳐 가져온다. ZIP 파일에 포함된 README.txt를 보면, 데이터를 미리 수집해 둔 content.sqlite 파일의 다운로드 방법을 안내하고 있으므로, 며칠 동안 프로그램을 실행할 필요가 없다. 미리 수집된 데이터를 받는 경우에도, 최신 메시지를 얻기 위해서는 여전히 수집 프로그램을 실행할 필요가 있다.

첫 번째로 수집할 대상은 gmane 저장소다. 사용할 URL은 gmane.py에 하드코딩된 사카이 개발자 목록이다. 이 url을 변경해서 다른 저장소를 수집할 수도 있다. url을 변경하면 content.sqlite 파일도 지워야 한다.

gmane.py는 캐시 기능을 갖춘 수집 프로그램으로, 초당 하나의 메일만 천천히 가져오므로 gmane의 제제를 피한다. 모든 데이터를 데이터베이스에 저장하므로, 필요에 따라 여러 번 중지하고 다시 시작할 수 있다. 데이터를 가져오는 데 많은 시간이 필요하므로, 재시작이 여러 번 필요할 수 있다.

다음은 gmane.py를 실행해서, 사카이 개발자 목록의 마지막 메시지 5개를 가져왔을 때의 출력 결과다.

```
How many messages:10
http://mbox.dr-chuck.net/sakai.devel/1/2 2662
    ggolden@umich.edu 2005-12-08T23:34:30-06:00 call for participation:
        developers documentation
```

---

1 (옮긴이) 사카이(Sakai)는 교육 및 연구 협업을 지원하는 오픈 소스 교육용 소프트웨어 플랫폼으로, 이 책의 저자인 찰스 세브란스가 수석 아키텍트로 활동했다. *https://github.com/sakaiproject/sakai*

```
http://mbox.dr-chuck.net/sakai.devel/2/3 2434
    csev@umich.edu 2005-12-09T00:58:01-05:00 report from the austin conference:
        sakai developers break into song
http://mbox.dr-chuck.net/sakai.devel/3/4 3055
    kevin.carpenter@rsmart.com 2005-12-09T09:01:49-07:00 cas and sakai 1.5
http://mbox.dr-chuck.net/sakai.devel/4/5 11721
    michael.feldstein@suny.edu 2005-12-09T09:43:12-05:00 re: lms/vle rants/comments
http://mbox.dr-chuck.net/sakai.devel/5/6 9443
    john@caret.cam.ac.uk 2005-12-09T13:32:29+00:00 re: lms/vle rants/comments
```

이 프로그램은 content.sqlite를, 처음부터 아직 수집되지 않은 첫 번째 메시지까지 검색해서, 여기서부터 수집을 시작한다. 입력한 수만큼 메시지를 수집했거나, 포맷이 올바르지 않은 메시지가 수집될 때까지 프로그램은 계속 동작한다.

때로는 gmane.org에 메시지가 누락되는 경우도 있다. 아마도 관리자가 메시지를 지웠거나 다른 이유로 없어졌을 수 있다. 수집 프로세스가 메시지 누락으로 인해 멈췄다고 판단되면, SQLite 브라우저에서 누락된 ID로 데이터를 추가하자. 다른 모든 열은 비워두고 gmane.py를 다시 시작한다. 이렇게 하면 수집 작업을 이어갈 수 있다. 비어 있는 메시지는 프로세스의 다음 단계에서 무시된다.

수집된 모든 메시지를 content.sqlite에 넣었을 때 좋은 점은, gmane.py를 다시 실행해서 새 메시지를 얻을 수 있다는 것이다.

content.sqlite 데이터는 비효율적인 데이터 모델이며, 압축도 되지 않았다. 이렇게 한 건, 수집 과정에서 발생한 문제를 디버깅할 때, SQLite 브라우저에서 데이터를 쉽게 살펴보기 위한 의도적인 동작이다. 이 데이터베이스에 쿼리를 실행하면 매우 느리므로 피하는 것이 좋다.

두 번째 프로세스는 gmodel.py를 실행하는 것이다. 이 프로그램은 content.sqlite에서 가공되지 않은 데이터를 가져와, 깨끗이 다듬고 모델링한 데이터를 index.sqlite에 생성한다. 이 파일은 헤더와 본문 텍스트가 압축됐기 때문에 content.sqlite에 비해, 거의 10배 가까이 작다.

gmodel.py가 실행될 때마다 index.sqlite를 삭제하고 다시 만들기 때문에, 매개변수를 조정하고 content.sqlite의 매핑 테이블을 편집해서 데이터 정리 프로세스를 조정할 수 있다. 다음은 gmodel.py의 샘플 실행 결과다. 250개의 메일 메시지를 한 줄씩 표시하므로 어떤 일이 일어나는지 지켜볼 수 있다. 이 프로그램은 기가 바이트에 가까운 메일 데이터를 처리하는 동안 실행될 수 있다.

```
Loaded allsenders 1588 and mapping 28 dns mapping 1
1 2005-12-08T23:34:30-06:00 ggolden22@mac.com
251 2005-12-22T10:03:20-08:00 tpamsler@ucdavis.edu
501 2006-01-12T11:17:34-05:00 lance@indiana.edu
751 2006-01-24T11:13:28-08:00 vrajgopalan@ucmerced.edu
...
```

gmodel.py 프로그램은 여러 개의 데이터 정리 작업을 처리한다.

.com, .org, .edu 그리고 .net 도메인 이름은 2개의 레벨로 줄어든다. 다른 도메인 이름은 3개의 레벨로 줄어든다. 따라서 si.umich.edu는 umich.edu가 되고 caret.cam.ac.uk는 cam.ac.uk가 된다. 이메일 주소는 강제로 소문자로 변환되며, 다음과 같은 @gmane.org 주소 중 일부는

```
arwhyte-63aXycvo3TyHXe+LvDLADg@public.gmane.org
```

일치하는 실제 메일 주소가 다른 곳에 있다면, 실제 주소로 변환된다.

content.sqlite 파일에는 이메일 변경에 따라, 도메인 이름과 개별 이메일 주소를 모두 매핑할 수 있는 두 개의 테이블이 있다. 예를 들어 'Steve Githens'는 사카이 개발자 목록을 사용하는 동안, 일자리가 변경되면서 다음과 같은 이메일 주소를 사용했다.

```
s-githens@northwestern.edu
sgithens@cam.ac.uk
swgithen@mtu.edu
```

content.sqlite의 매핑 테이블에 두 개의 항목을 추가해서, gmodel.py가 세 개의 메일 주소를 하나의 주소로 매핑할 수 있게 한다.

```
s-githens@northwestern.edu -> swgithen@mtu.edu
sgithens@cam.ac.uk -> swgithen@mtu.edu
```

여러 개의 DNS 이름을 하나로 매핑하고 싶다면, DNSMapping 테이블에 비슷한

항목을 만들 수 있다. 다음 매핑이 사카이 데이터에 추가됐다.

```
iupui.edu -> indiana.edu
```

이렇게 해서, 인디아나 대학 캠퍼스의 다양한 계정이 하나로 매핑된다.

데이터를 확인하는 동안 gmodel.py를 반복해서 실행하고, 매핑을 추가하여 데이터를 더욱더 깨끗하게 만들 수 있다. 작업이 완료되면 index.sqlite에 깔끔히 색인된 이메일 데이터를 갖게 된다. 이 파일이 데이터 분석에 사용되며 매우 빠른 시간에 분석 작업을 수행할 수 있다.

먼저, 가장 단순한 데이터 분석은 '가장 많이 메일을 보낸 사람은 누구인가?' 그리고 '가장 많이 메일을 보낸 조직은 어디인가?'를 결정하는 것이다. gbasic. py로 이 작업을 처리할 수 있다.

```
How many to dump? 5
Loaded messages= 51330 subjects= 25033 senders= 1584

Top 5 Email list participants
steve.swinsburg@gmail.com 2657
azeckoski@unicon.net 1742
ieb@tfd.co.uk 1591
csev@umich.edu 1304
david.horwitz@uct.ac.za 1184

Top 5 Email list organizations
gmail.com 7339
umich.edu 6243
uct.ac.za 2451
indiana.edu 2258
unicon.net 2055
```

gbasic.py가 gmane.py나 gmodel.py에 비해 얼마나 빠르게 실행되는지 주의해서 보자. 이들은 모두 동일한 데이터를 다루지만 gbasic.py는 압축되고 정규화된 index.sqlite 파일을 사용한다. 다뤄야 할 데이터가 많을 때, 이 애플리케이션처럼 여러 단계로 처리하면 비록 개발 시간은 좀 더 늘어나겠지만, 실제로 데이터를 검색하고 시각화할 때 많은 시간을 절약할 수 있다.

다음과 같이, gword.py를 사용해서 이메일 제목의 단어 빈도수를 시각적인 형태로 표현할 수 있다.

```
Range of counts: 33229 129
Output written to gword.js
```

이렇게 하면 gword.js 파일에 필요한 데이터가 생성된다. 브라우저에서 gword.htm 파일을 열면 이번 절의 시작 부분의 그림과 유사한 단어 클라우드를 볼 수 있다.

　두 번째 시각화는 gline.py를 써서 생성하는데, 시간 경과에 따른 각 조직별 이메일 활동량을 계산한다.

```
Loaded messages= 51330 subjects= 25033 senders= 1584
Top 10 Oranizations
['gmail.com', 'umich.edu', 'uct.ac.za', 'indiana.edu',
'unicon.net', 'tfd.co.uk', 'berkeley.edu', 'longsight.com',
'stanford.edu', 'ox.ac.uk']
Output written to gline.js
```

출력 결과는 gline.js에 써지며, gline.htm을 사용해 볼 수 있다.

　이 프로그램은 상대적으로 복잡하고 정교한 애플리케이션이며, 실제 데이터를 검색하고, 정리하고, 시각화하는 기능을 가지고 있다.

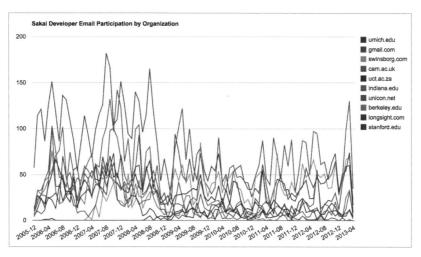

그림 16.4 조직별 사카이 메일 활동

부록 A

P y t h o n   f o r   E v e r y b o d y

기여

A.1 Python for Everybody의 기여자들

Elliott Hauser, Stephen Catto, Sue Blumenberg, Tamara Brunnock, Mihaela Mack, Chris Kolosiwsky, Dustin Farley, Jens Leerssen, Naveen KT, Mirza Ibrahimovic, Naveen (@togarnk), Zhou Fangyi, Alistair Walsh, Erica Brody, Jih-Sheng Huang, Louis Luangkesorn, and Michael Fudge.

기여에 대한 세부 내용은 아래에서 볼 수 있다.

🔗 *https://github.com/csev/py4e/graphs/contributors*

A.2 Python for Informatics의 기여자들

Bruce Shields for copy editing early drafts, Sarah Hegge, Steven Cherry, Sarah Kathleen Barbarow, Andrea Parker, Radaphat Chongthammakun, Megan Hixon, Kirby Urner, Sarah Kathleen Barbrow, Katie Kujala, Noah Botimer, Emily Alinder, Mark Thompson-Kular, James Perry, Eric Hofer, Eytan Adar, Peterm, Robinson, Deborah J. Nelson, Jonathan C. Anthony, Eden Rassette, Jeannette Schroeder, Justin Feezell, Chuanqi Li, Gerald Gordinier, Gavin Thomas Strassel, Ryan Clement, Alissa Talley, Caitlin Holman, Yong-Mi Kim,

Karen Stover, Cherie Edmonds, Maria Seiferle, Romer Kristi D. Aranas (RK), Grant Boyer, Hedemarrie Dussan.

A.3 『씽크 파이썬』 머리말

A.3.1 『씽크 파이썬』의 놀라운 역사

앨런 다우니

1999년 1월 나는 자바 프로그래밍 입문 과정을 준비 중이었다. 그 과정을 이미 세 번 진행하면서 좌절감을 느낄 수 밖에 없었는데, 과정을 끝까지 마치지 못하는 학생들이 너무 많았으며 수료한 학생들조차 학업 성취도가 매우 낮았다는 것이 그 이유다.

문제의 원인으로 생각한 것 중 하나는 수업 교재다. 교재에는 자바에 대한 세부 사항이 지나치게 많은 대신, 어떻게 프로그래밍을 할 수 있는지에 대한 안내는 부족했다. 학생들은 초반에는 쉽게 따라왔지만 5장쯤에 이르면 지쳐갔다. 짧은 시간 안에 배워야 할 범위가 비약적으로 늘어났으며 남은 학기 대부분을 이를 설명하는 데 소비했다.

과정을 시작하기 2주 전, 나는 직접 책을 써야겠다고 결심했다. 당시의 목표는 다음과 같다.

· 짧게 쓰자. 학생들이 읽지 않을 50페이지를 쓰는 것보다 읽을 수 있는 10페이지를 쓰는 것이 더 좋다.
· 어휘에 신경 쓰자. 전문 용어를 최소화하고 용어가 처음 등장했을 때는 뜻을 설명하자.
· 조금씩 전진하자. 학생들이 지치지 않도록 어려운 주제는 여러 작은 단계로 나누자.
· 프로그래밍 언어가 아니라 프로그래밍에 초점을 맞추자. 자바에서 알고 있어야 할 핵심만 설명하고 나머지는 과감히 생략하자.

책 제목은 즉흥적으로 *How to Think Like a Computer Scientist*(컴퓨터 과학자처럼 생각하기)로 정했다.

드디어 완성된 첫 번째 버전은 부족한 점이 더러 있었지만 기대에 부응했다. 학생들이 책의 내용을 충분히 이해하면서 잘 따라왔기 때문에, 어렵거나 흥미 있는 주제 그리고 가장 중요한 프로그래밍 실습을 하는 데 수업 시간을 적절히 활용할 수 있었다.

나는 사용자가 책을 복사, 수정하고 배포할 수 있는 GNU 자유 문서 라이선스에 따라 책을 펴냈다.

이 이야기의 놀라운 부분은 지금부터다. 버지니아의 고등학교 교사인 제프 엘크너(Jeff Elkner)는 내 책을 파이썬에 맞춰 번역했다. 제프는 나에게 번역본을 보냈고, 나는 '내 책을 읽으면서 파이썬을 배우는(!)' 특별한 경험을 했다.

제프와 나는 크리스 마이어스(Chris Meyers)의 사례 연구(case study)를 통합하여 책을 개정했으며 2001년에 *How to Think Like a Computer Scientist: Learning with Python*(컴퓨터 과학자처럼 생각하기: 파이썬으로 배우기)를 GNU 라이선스로 발표했다. 책은 그린 티 프레스(Green Tea Press)에서 출판했으며 아마존 및 대학 서점을 통해 판매했다. 이 출판사의 다른 책들은 *greenteapress.com*에서 구할 수 있다.

2003년에 나는 올린(Olin) 대학교에서 처음으로 파이썬을 가르치게 됐다. 자바를 가르쳤을 때에 비하면 차이점은 두드러졌다. 학생들은 더 많이 배우고 흥미로운 프로젝트를 진행했으며 어려움을 겪는 일도 적었다. 그들은 확실히 더 많은 재미를 느꼈다.

지난 5년 동안 책의 오류를 수정하고 연습문제를 추가하면서 책을 발전시켰다. 2008년에는 개정판[1] 작업을 시작했는데 때맞춰 개정판에 관심이 있는 캠브리지 대학교의 출판사로부터 연락을 받기도 했다.

이 책과 즐거운 시간을 보내길 바란다. 컴퓨터 과학자처럼 프로그램을 만들고 생각하는 법을 배우는 데 이 책이 조금이라도 도움이 되길 희망한다.

---

[1] (옮긴이) 번역서의 제목은 『씽크 파이썬: Think Python 컴퓨터 과학자처럼 생각하며 배우는 파이썬』(조현태 옮김, 길벗, 2017)이다.

A.3.2 『씽크 파이썬』 감사의 글

앨런 다우니

무엇보다 내 책을 파이썬에 맞춰 번역해준 제프 엘크너에게 감사하다. 이 책은 그로 인해 시작됐으며, 파이썬은 나에게 가장 흥미로운 언어가 됐다.

또한 『씽크 파이썬』의 여러 섹션에 도움을 준 크리스 마이어에게 감사의 말을 전한다.

제프와 크리스와의 협업이 가능했던 건 GNU 자유 문서 라이선스 때문이다. 라이선스를 개발한 자유 소프트웨어 재단(Free Software Foundation)에게 감사하다.

『씽크 파이썬』을 편집해 준 루루(Lulu)의 편집자들에게 감사의 말을 전한다.

이 책의 이전 버전으로 수업을 받았던 모든 학생 그리고 책에서 수정할 부분과 따뜻한 제안을 보내준 모든 기여자(부록에 수록함)께 감사하다.

마지막으로 아내 리사와 그린 티 프레스 그리고 다른 모든 것들에 감사하다.

A.4 『씽크 파이썬』 기여자 목록

앨런 다우니

지난 몇 년간 100명 이상의 독자들로부터 날카롭고 신중한 제안과 수정 사항을 받았다. 이 책에 대한 그들의 열정과 기여는 크나큰 도움이 됐다.

각 기여에 대한 자세한 내용은 『씽크 파이썬』에서 확인할 수 있다.

Lloyd Hugh Allen, Yvon Boulianne, Fred Bremmer, Jonah Cohen, Michael Conlon, Benoit Girard, Courtney Gleason and Katherine Smith, Lee Harr, James Kaylin, David Kershaw, Eddie Lam, Man-Yong Lee, David Mayo, Chris McAloon, Matthew J. Moelter, Simon Dicon Montford, John Ouzts, Kevin Parks, David Pool, Michael Schmitt, Robin Shaw, Paul Sleigh, Craig T. Snydal, Ian Thomas, Keith Verheyden, Peter Winstanley, Chris Wrobel, Moshe Zadka, Christoph Zwerschke, James Mayer, Hayden McAfee, Angel Arnal, Tauhidul Hoque and Lex Berezhny, Dr. Michele Alzetta, Andy

Mitchell, Kalin Harvey, Christopher P. Smith, David Hutchins, Gregor Lingl, Julie Peters, Florin Oprina, D. J. Webre, Ken, Ivo Wever, Curtis Yanko, Ben Logan, Jason Armstrong, Louis Cordier, Brian Cain, Rob Black, Jean-Philippe Rey at Ecole Centrale Paris, Jason Mader at George Washington University made a number Jan Gundtofte-Bruun, Abel David and Alexis Dinno, Charles Thayer, Roger Sperberg, Sam Bull, Andrew Cheung, C. Corey Capel, Alessandra, Wim Champagne, Douglas Wright, Jared Spindor, Lin Peiheng, Ray Hagtvedt, Torsten Hübsch, Inga Petuhhov, Arne Babenhauserheide, Mark E. Casida, Scott Tyler, Gordon Shephard, Andrew Turner, Adam Hobart, Daryl Hammond and Sarah Zimmerman, George Sass, Brian Bingham, Leah Engelbert-Fenton, Joe Funke, Chao-chao Chen, Jeff Paine, Lubos Pintes, Gregg Lind and Abigail Heithoff, Max Hailperin, Chotipat Pornavalai, Stanislaw Antol, Eric Pashman, Miguel Azevedo, Jianhua Liu, Nick King, Martin Zuther, Adam Zimmerman, Ratnakar Tiwari, Anurag Goel, Kelli Kratzer, Mark Griffiths, Roydan Ongie, Patryk Wolowiec, Mark Chonofsky, Russell Coleman, Wei Huang, Karen Barber, Nam Nguyen, Stéphane Morin, Fernando Tardio, and Paul Stoop.

앨런 다우니
Needham MA

앨런 다우니는 프랭클린 W. 올린 공과대학교의 컴퓨터학과 부교수다.

부록 B

저작권 세부 정보

이 저작물은 CC BY-NC-SA 3.0 라이선스에 따라 사용이 허가된다. 라이선스 내용은 아래에서 확인할 수 있다.

🔗 *https://creativecommons.org/licenses/by-nc-sa/3.0/*

사실 제한이 더 약한 CC-BY-SA 라이선스로 이 책을 내고 싶었다. 하지만 안타깝게도 이런 책들을 찾아서 LuLu나 CreateSpace에 그대로 게시하고 판매하는 부도덕한 단체들이 있다. CreateSpace는 고맙게도 저작권을 소유하지 않은 채, 자유 라이선스 책을 출판할 수 없게 하는 정책을 추가했다. 그렇지만 대부분의 주문형 인쇄 서비스들은 CreateSpace와 같은 정책을 시행하지 않는다.

그래서 누군가 이 책을 복제해서 상업적으로 판매하는 경우를 대비하여 라이선스에 NC(Non Commercial)를 추가했다. 하지만 NC를 추가하게 되면서 내가 허용하고 싶은 부분 역시 제한을 받게 됐다. 그래서 이 책의 상업적 사용을 허락하는 구체적인 상황을 여기에서 설명한다.

· 코스팩(coursepack)처럼, 학교 수업 자료로 사용하기 위해 이 책의 전체 또는 일부 사본을 제한적으로 인쇄하는 경우 CC-BY 라이선스가 부여된다.
· 만약, 대학 교수가 영어 이외의 언어로 이 책을 번역하고, 번역된 책으로 학생들을 가르칠 예정이라면 나에게 연락하기 바란다. 해당 책에 대해서는

CC-BY-SA 라이선스를 부여할 것이므로 상업적 판매가 가능하다.

책을 번역할 계획이라고 알려주면 관련된 자료들을 보내줄 것이다. 이 자료들도 역시 번역해서 펴낼 수 있다.

여기 내용이 부족한 경우 언제든지 나에게 연락해서 허락을 요청할 수 있다. 새로운 작업 결과로 인해 교수와 학생들 모두 확실하게 이득이 있다면 책의 재사용과 편집을 허락할 것이다.

찰스 세브란스

www.dr-chuck.com

Ann Arbor, MI, USA

2013년 9월 9일

찾아보기

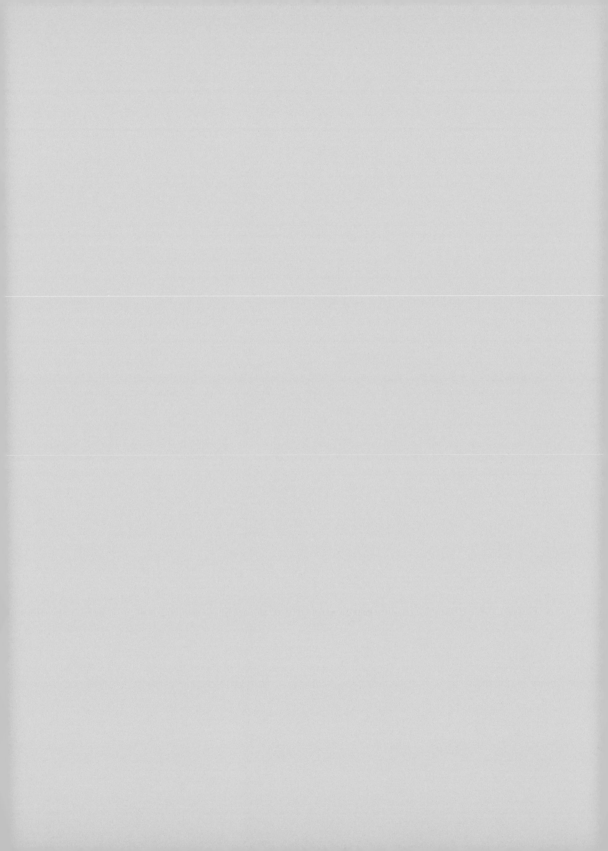